Sascha Denzer

Das grüne Herz

edition winterwork

Bibliografische Informationen der Deutschen Nationalbibliothek: Die Deutsche Nationalbibliothek verzeichnet diese Publikation in der Deutschen Nationalbibliografie. Detaillierte bibliografische Daten im Internet über http://www.d-nb.de abrufbar.

Impressum

Sascha Denzer, »Das grüne Herz«
www.edition-winterwork.de
© 2017 edition winterwork
Alle Rechte vorbehalten.
Satz: Sascha Denzer
Texte: © Copyright by Sascha Denzer
Umschlag: Sascha Denzer
Umschlagbild: „Erscheinung der Natur"; Pflanzenfarben-Aquarell auf Papier, 50x70cm, © Copyright by Sascha Denzer
Kontakt: sascha-supernatural@gmx.de
Druck und Bindung: winterwork Borsdorf

ISBN 978-3-96014-386-4

Das grüne Herz

Eine Abenteuerliche Naturreise zur Mitte
zwischen deutschem Dschungel und amazoniens Urwald

Sascha Denzer

Inhalt

Vorwort - Der Grüne Weg

Dieses Buch ist nicht nur ein weiterer Reisebericht. Immer wenn ich meine Geschichte erzählte, forderte sie die Zuhörer auf, sich ihres eigenen Traumes zu besinnen und an dessen Verwirklichung zu machen. Jeder Mensch muss irgendwann Hindernisse überwinden, um sein Leben weiterzuentwickeln – innere und äußere. Wo ich tausende Kilometer im Äußeren zurücklegte und alle Zivilisation zurückließ, ist bei einem anderen Menschen ein inneres Abenteuer ebenso wirklich.

Für mich war es damals eine Reise ans Ende meiner Welt. Und dann noch einen Schritt weiter. Was als Flucht begann, wurde zu einer Transformation und mündete in eine Rückkehr, mit einem „Ja!" zu diesem Leben, das vorher so nicht da war. Es war sozusagen erst mein eigentlicher Lebensbeginn.

Und auf diesem Weg begegneten mir Situationen, wie sie vielen Menschen begegnen, nicht nur mir. Menschen, die sich verändern, machen solche Stationen im Leben durch. Die Formen können sich unterscheiden, doch in ihrer Qualität sind sie archetypisch. Viele andere haben solche Initiations-Erlebnisse auch gehabt. Sie sind keine persönlichen oder psychischen Projektionen, sondern gesetzmäßig. Man durchlebt sie nicht nur innen, sondern auch konkret mit Dingen der äußeren Welt.

Sie werden hier als persönliche Erlebnisse erzählt, weil sie so erlebt wurden und weil es der Erzählform des Romans entspricht.

Wir wissen heute schon sehr viel, doch fehlt uns noch ein Weg für dessen Umsetzung in Lebensverbundenheit und aktueller Wahrnehmung. Alte Vorstellungen halten uns fest. Wer sich oder etwas verändern will, wird zunächst stark seinen Prägungen begegnen, die aus der Erziehung und sonstigen Banden entstanden sind. Er nimmt all diese Prägungen zunächst mit und wird in Situationen geraten, die noch mit diesen Banden spielen. Nur indem er sie bewusst wahrnimmt, kann er sie überwinden. Es entspricht dem Entwicklungsstand eines heutigen Menschen, dass er/sie sich mit eigenen Kräften und Gedanken daran versucht. Freilich, andere Menschen können auf diesem Weg Mithelfer sein.

Die Reise, die ein Mensch an die Grenzen seiner Welt unternimmt, birgt Hindernisse und Erfordernisse, doch sie trägt auch Früchte. Und wer sich gedankenklar darauf vorbereitet, kann viel Ballast schon vor dem Beginn des Abenteuers aus dem Gepäck herausnehmen.

Heute ist es vor allem jungen Zuhörern wichtig zu hören, wie es einem anderen Menschen auf seinem Weg ergangen ist. Viele meiner Zuhörer waren angeregt, eigenen Mut und Selbstvertrauen zu fassen und tiefer liegende Wünsche zu verfolgen. Ich bemerkte, wie sie ihrem Leben mehr vertrauen schenkten. Manche begannen sogar mit der Verwirklichung eigener Träume und überwanden Ängste dabei.

Man schreckt davor zurück. Unerwarteten Ereignissen zu begegnen ist nicht leicht. Zugegeben. Noch schwerer fällt es, Veränderungen zuzulassen. Doch der Weg lohnt sich.

Das grüne Herz schildert, wie Naturerlebnisse ein Weg sind, Urvertrauen zum Leben zu entwickeln. Wir alle haben ein grünes Blatt in den vielen Schichten unserer Seele. Es ist nicht der einzige Weg und führt nicht zwangsläufig zu letzten Antworten des Lebens. Aber möglicherweise zu den ersten.

Mancher hört den Ruf seiner Seele früh und verliert ihn nicht mehr. Ein anderer will zwischen zwei Lebensabschnitten zu Atem kommen, ein dritter sich zielvoll auf einen neuen Lebensschritt vorbereiten.

Es sind inzwischen einige aktuelle und historische Initiationswege bekannt. Und zunehmend werden diese, wie zum Beispiel der Jakobsweg, für solche Prozesse aufgesucht.

Dieses Buch deutet durch seinen inneren Aufbau eine Abfolge von sieben Entwicklungsstufen des Lebens an. Dem entsprechen sieben Energiezentren des Menschen, sogenannte Chakren. Asiatische Geisteslehren schildern, wie der Mensch mit einem Lichtkörper ausgestattet ist. Die verschiedenen Zonen dieses Lichtkörpers haben ein bestimmtes farbiges Licht. In ihm werden die Prozesse zuerst gebildet, die später in der physischen Realität erscheinen. Obwohl alle Farben in der Gesamtgestalt des Menschen vorhanden sind, wechselt sich die Phase einer Farbzone im folgenden Lebensabschnitt mit einer anderen Phase und Farbe ab. Jede Phase hat ihr vorherrschendes Thema, die dazugehörigen Lernprozesse und ihre Farbe. Die Wirkungen des farbigen Lichtes können, wenn man diese Art des Sehens gelernt hat. auf mehreren Lebensebenen beobachtet werden, sogar der körperlichen. Früher war das eine Geheimlehre. Heute darf es Allgemeinwissen werden.

Ich glaube, dass heute viele Menschen mit ihrer alltäglichen Wahrnehmung an der Grenze zu diesem Sehen angelangt sind. Manche entdecken ihre Fähigkeit damit schon nach wenigen Übungen. Wie sich diese Art des Sehens bei mir anfänglich einstellte, wird im Buch geschildert. Wer dieses Thema vertiefen möchte, findet darüber inzwischen weiterführende Literatur, oder kann an meinem Ernährungsseminar teilnehmen.

Vermutlich trug mein fester Entschluss meine alte Lebensform zu verlassen und über Grenzen zu gehen dazu bei, ein anderes Lebensbild bis in die tatsächlichen Sehvorgänge zu erreichen. In einer Zeit in der zunehmend gesamtgesellschaftlich von einer Wende gesprochen wird, darf nicht unerwähnt bleiben, dass diese Wende natürlich nur von einzelnen Menschen und von innen ausgehen kann.

Dass sich immer mehr Menschen auf ihren eigenen Weg begeben, ist wunderbar und gut. Das ist nicht nur für einen persönlich wichtig, sondern auch für die Gesellschaft. Der persönliche Weg, über alle Stationen, auch der spirituellen Weiterentwicklung, kann zur Individualität führen. Und echte Individualitäten haben mehrmals positive Entwicklungen in die Welt gebracht.

Das grüne Herz soll auch unterhaltsam Zusammenhänge zwischen persönlichen Lebensfragen und Gesellschaftsfragen aufzeigen. Oft sind mutige Experimente Einzelner in der Folge revolutionierende Erfindungen unserer Zivilisation geworden.

Ein weitsichtiger Psychologe sagte einmal: „Wir brauchen sie, die Außenseiter und Grenzgänger, denn sie machen uns deutlich, welche lebendigen Ansätze wir in unserer Mittelmäßigkeit aus dem Sinn verloren haben. Wir müssen ihnen, wie den Künstlern, sehr, sehr dankbar sein."

Es erfordert auch Mut. Der Hang zum Zentralismus und die Lähmung des eigenen Tuns durch Systemzwänge und virtuelle Faszinationen beherrscht die meisten Menschen sogenannter Demokratien.

Der wachsenden Masse von Menschen Impuls zu geben, die einen individuellen Weg gehen wollen, die sich selbst und die Welt wirklich erkennen wollen, auf ihre Gefühle und auf ihr Herz dabei hören wollen, denen ist dieses Buch gewidmet.

Wie stellt man sich wirklich dieser Aufgabe? Die Frage ist ganz einfach: Wie will ich wirklich leben und warum? Die

Umsetzung ist nicht mehr so einfach, vor allem, wenn man alleine ist. Friedrich Schiller half mit diesen Worten:

> *Wage deinen Kopf an den Gedanken,*
> *den noch niemand dachte,*
> *wage deinen Schritt auf den Weg,*
> *den noch niemand ging,*
> *auf dass der Mensch sich selber schaffe*
> *und nicht gemacht werde*
> *von irgendwem oder irgendwas.*

Was braucht ein Mensch, damit er mit Selbst-Bewusstsein im Leben stehen und sagen kann: „Das bin ich!". Haben wir ganz vergessen dass unser Leben nicht nur auf der Oberfläche der Erde sondern mit ihr untrennbar im Verhältnis steht? Und was geht dann tatsächlich in höhere Bereiche?

Weiterentwicklung werden wir nur erreichen, durch ein verantwortliches Verhältnis zur Natur. Jeder einzelne entscheidet mit, wohin seine Aufmerksamkeit geht und was er mit seinen Taten ins Leben bringt.

Natur und Erde sind übrigens nicht dasselbe. Im Unterschied zur Erde, existiert die oft zitierte Natur, ohne den Menschen, gar nicht. Ich pflege den Naturbegriff inklusive des Nichtdinglichen, der Kräfte, Gefühle und Gedanken, wie ihn manche Klassiker und Romantiker ebenfalls pflegten. Das grüne Herz, sowie die Geschichten mancher hohen Künstler, zeugen von den höheren Bereichen der Natur als Quelle von Werken, Lebendigkeit und Lebenssinn.

Und das heißt hingehen und mit der Hand etwas schaffen. . Das Konstrukt linker Ökologievorstellungen und materieller Wissenschaft überzeugt sich nicht von den Tatsachen echter Evolution, die Kräfte und noch Weitergehendes mit einbezieht. Denn die Spitze der Wissenschaft ist heut schon am Geist angelangt.

Das Lebendige zu verstehen ist der nächste Schritt. Und wenn wir ehrlich sind, haben wir das Lebendige noch nicht im Geringsten verstanden. Dieser Zusammenhang tut sich nur auf, wenn man ihn denken kann. Wie sind zum Beispiel die Qualitäten eines Dinges in einem Vorgang mit der Qualität seines Wesens in Verwandtschaft zu sehen?

In der Permakultur etwa konnte ich mich davon überzeugen, wie Naturgestaltung, die den Menschen als Natur und die Natur als werdenden Menschen mit einbezieht, konkret aussehen kann. Im Urwald war das Wirken der Ureinwohner ebenfalls zu erkennen, nachdem mein Blick dafür geschult worden war. Ohne diese gelebten Horizonte wäre dieses Buch abstrakte Spinnerei.

Andererseits: warum lieben immer mehr Kinder und Erwachsene Fantasy und Science-Fiction? Ich glaube sie haben Sehnsucht nach weiteren Seiten des Lebens und freuen sich über Geschichten in dieser Realität. Sie haben Recht. Doch was könnten sie mit ihrem wirklichen Leben alles erreichen? Da spielen Absichten und Sinn mit.

Ich sehe ein Zusammenwirken des Menschen mit seiner Natur von Anfang an. In der Naturauffassung nach Goethe ist die Beobachtung vor Ort wissenschaftlicher, als der Schreibtisch – wenn ich einmal so schreiben darf. Und es kann heute, bis es endlich zu allen Herzen durchdringt, nicht oft genug gesagt werden: Die persönlichen Wege sind für das Finden von allgemeingültigen Erkenntnissen nicht hinderlich. Gerade weil der Mensch ein Teil des Lebensgewebes ist. Mit dieser Haltung geforscht, entsteht sub-objektive Wirklichkeit.

Ein Schlüssel zur Tatkraft liegt hier. Wer Natur anschaut,

als wäre sie momentanes Resultat der gesamtmenschlichen Arbeit, der wird sich auch nicht scheuen, die Zukunft mit seiner Arbeit mitprägen zu wollen. Theoretisch nützt das vielen gar nichts. Es muss getan und erlebt werden.

Bis diese überwindende Brücke gebaut ist, werden wir oft, vielleicht sogar noch täglich in den Abgrund von Stimmungen und Widerständen fallen. Aber, wer auch nur ein einziges mal den Zusammenhang von äußeren Dingen mit den inneren voll erlebt hat, weiß es: Nichts fällt aus der Welt heraus, ist zufällig, oder zusammenhanglos. Und wer Zusammenhänge erkennt, kann vorausdenken und Handlungen und Beschlüsse auf die Zukunft ausrichten. Auch das gehört zu dem ursprünglichen Begriff von Bildung. Und in diesem Feld bin ich seit geraumer Zeit tätig.

Natürlich ist inzwischen ein Teil unserer künstlich geschaffenen Natur digitalisiert und maschinisiert. Aber soll man deshalb alle anderen und vielleicht wichtigeren Lebensbezüge fallen lassen und sich ihrer Entdeckung verschließen? Der Sinn des Lebens ist auch wirksamer Teil des Lebenszusammenhanges. Er muss gefunden und ins Leben gestellt werden. Auch wenn einige unserer Vertreter aus Wirtschaft, Medien und Politik uns vorbeten, die Zukunft sähe so oder so aus. Man setzt den Lebenssinn trotzdem selbst, oder man ist eben nicht selbst. Das ist, zugegeben, keine Kleinigkeit. Mit dem Sinn findet man zugleich Kräfte, um anzupacken – also zu verändern. Das war die alte Bedeutung des Wortes Glaube. Es war die Tatkraft gemeint.

Will ein Mensch ganz werden, muss er zu starken Veränderungen bereit sein. In den Prozessen bricht etwas sicher geglaubtes weg, an anderer Stelle wächst etwas Neues an. Das ist hart. Wer seinen Weg sucht, dem kann ich nur zurufen: „Fasse Mut es zu tun! Es kann am Ende nicht falsch sein!"

Die Menschen, die eigenständige Wege ergriffen haben, konnten am Ende auch für andere Menschen Beiträge leisten. Die Natur wartet nur still und wissend darauf und sie schenkt uns was wir brauchen, im Überfluss. Sie gibt immer mehr als nötig. Das habe ich immer so erlebt. Dem, der sich immer weiter verändert, loslösen kann. Dem, der mit jedem Schritt mehr er selbst wird, solange er weiter wird.

Deshalb endet dies Buch mit einem Neuanfang, zu wieder einem neuen Lebensabschnitt. Mit einer Essenz, einer neu errungenen Fähigkeit, in fast vier Jahre während der Wanderschaft gebildet. Es war ein Umschwung auf der Farbenampel meines Lichtorganismus. Eine neue Farbe übernahm die Führung, löste die alte ab. In möglichst vielen kleinen Schritten versuchte ich diese Vorgänge im Bezug auf das Herzchakra zu beschreiben. Ich hätte das auch für alle Entwicklungsstufen und Farben tun können. Doch entschied ich mich zu dieser Form und beschränkte mich auf die grüne Herzstufe. Denn hier sollte in seelisch geprägter Sprache zum Ausdruck kommen, was bei fortschreitenden Seelenphänomenen persönlich erlebt werden kann. Wer dieselben Gesetze rein gedanklich und geisteswissenschaftlich gefasst lesen will, kann Rudolf Steiners „Wie erlangt man Erkenntnisse der höheren Welten lesen.

Bei mir mündeten die vielen Schritte in eine neue Fähigkeit – mich zu bezwingen. Der Sich-Bezwingende ist mehr er selbst und setzt sich in der Welt ein.

Dieser Roman beruht auf wahren Erlebnissen. Manche Namen sind zum Schutz der Personen geändert. Manche Ereignisse in einem anderen zeitlichen Verlauf geschrieben und ganz wenig hinzu erfunden.

.

..

...

. Das .

. Grüne .

. Herz .

...

..

.

1. Konzentrationsstufe des Daseins
Tonstufe DO – Farbe: Rot
Element: Existenz, Erde
Sinn: Geruch, einhüllende raumgreifende Wärme
Körperzone: Skelett und Ausscheidung

Zum Nat-Urvertrauen

Ich bin ein Frühlingsgeborener. Die Sonnenbahn machte gerade ihren Aufstieg am Himmelshorizont des Jahres. In dieser Zeit atmete ich und öffnete ich die Augen erstmals in diesem Leben auf der Erde. Eine solche Bahn fuhr mein Lebensgefühl immer – vorwärts, aufwärts. Alles ging ich ein wenig so an, als ob es gelingen musste, wie ein Spaziergang in der warm werdenden Sonne. Unendlicher Optimismus machte sich in mir breit, grenzenlos, wie das staunende Blau am Himmel.

Es war als ob die Natur selbst mir zeigte, wie das Leben seinen Weg nahm. Für mich lag nahe, alle Wege der Welt auszuprobieren. Beim Laufen, Klettern, beim Fahrradfahren und auf allen anderen Lebenswegen, wollte ich stets Neues entdecken. Und wenn ein Weg für mich zu lange Zeit fest stand, dann ging ich ihn auf andere Weise als sonst.

Schon als Junge überschritt ich gerne Grenzen abgesehen davon, dass ich auch ein verträumtes und empfindsames Kerlchen war. Zunächst untersuchte ich die Spielräume, die sich in meinem Familienkreis boten, wie jedes unverschüchterte Kind. Mich wundernd, voll Abenteuerlust und neugierig tastete und testete der Forscher in mir alle Bereiche ab.

Ab der Schulzeit wollte ich alles wissen und lernen. Denn ich verstand irgendwann, dass die Geheimnisse der Welt durch Lernen der Naturgesetze zugänglich wurden.

Meine Eltern lebten vor, dass es lohnt, sich aus der Fülle des Lebens einige Möglichkeiten zu nehmen. Manche der besten Dinge der Welt sind einfach erreichbar und kostenlos. Freiheit konnte für uns Kinder manchmal damit beginnen, die Natur zu erobern, ihr mit einem Erlebnis ein Geheimnis zu entlocken. Wir durften auf Bäume klettern, in Naturseen baden und vieles mehr. Der Zug zur Natur wurde nie gebremst und blieb mir immer. Eine natürliche Steigerung lag in immer weiteren Unternehmungen.

Als Jugendlicher watete ich völlig selbstverständlich durch das Wasser eines Flusses auf eine Insel. Mit meinen Kleidern legte ich dort alle Bindungen an das moderne Leben ab. Einige Stunden öffnete ich mich ganz der mich umgebenden Welt. Es breitete sich die Natur von außen bis in mein Inneres aus. Viele Kinder erfahren sich so als Teil der Natur, Erwachsene seltener. Da mein Naturtrieb ungestört zur Seelenseite eines echten Natur-Wissenschafts-Kindes weiterwachsen konnte, folgte später das Bewusstsein den Hingabe-Erlebnissen nach.

War ich der Einzige, der so etwas erlebte? Oder trugen andere Menschen mit dieser Eigenschaft ein Geheimnis, das sie sich aus irgendeinem Grunde schworen, niemandem zu erzählen? Was erlebten sie auf ihren Reisen innerlich? Unzählige Male durfte ich mich in den Armen der Natur, etwa beim Baden im wilden Gewässer, völlig vergessen und wenn ich danach in der Sonne auf großen Kieseln lag, fühlte ich meinen Körper eine Grenze öffnen. Die Sonnenstrahlen traten durch meinen Körper hindurch und senkten ihre Wärme bis in die Steine herunter. Und die

Steine schickten ihrerseits Kräfte hoch durch meinen Rücken, wie einen Gesang zum Himmel. Ich war dann ihr Treffpunkt und fühlte mich von diesen Strömungen so genährt, dass ich diese Erlebnisse suchte so oft ich konnte.

Oft war ich zu leicht bekleidet unterwegs, oder kam völlig durchnässt von einer Fahrradtour zurück, weil mir das Unterwegssein in Kontakt mit den Elementen, wichtiger war, als Regenschutz. Mehrmals führten mich diese Erlebnisse über eine Grenze hinaus. Auch meine Freunde stellten fest, dass ich in der Natur aufgehen konnte, obwohl ich ihnen von meiner intimen Beziehung zu ihr und den Situationen, in denen sie wuchs, zunächst nie etwas erzählte.

Mit der Zeit wurde mein tiefer Kontakt zur Natur allerdings für meine Mitmenschen unübersehbar und meine Freundin war schließlich die erste, die es aussprach: „Wenn wir draußen sind, bist du so anders als Zuhause! Und wenn wir unter Menschen sind, scheinst du mir sogar ein ganz anderer Mensch zu sein, als in Natur."

Mein Freund Carsten fragte mich, als ich 23 Jahre alt war, zum ersten mal: „Manchmal tust du wie ein Verliebter, oder wie ein Kind, wenn wir hier zusammen im Park Frisbee spielen. Was hast du nur für eine Verbindung zur Natur?"

Nun war ich gefragt. Also versuchte ich eine Antwort darauf. Nur, je tiefer etwas sitzt, desto schwieriger ist es zu beschreiben. Wie konnte ich in Worten aussprechen, was sich kaum in Worte fassen lässt.

Ich ahnte bereits damals, dass in der Natur alle Geheimnisse verborgen liegen, Schönheit, alle Entwicklungsstufen, jede Melodie der Musik, jeder Gedanke. Vom Schreiben meiner Tagebücher wusste ich, dass sie die Sprache der Seele einflößte, je nach der Haltung in der man sich gerade zuwandte. Wie könnte es gelingen, mich meinem Freund aufrichtig mitzuteilen?

Verbundenheit mit Natur begnadete vor allem in Gefühlen. Viel später kann man sich die entsprechenden Gedanken formen, in denen man sich über das Geschenk dieser Begegnung klar wird und ausdrücke kann.

Früher hatte ich immer gedacht, dass es allen Menschen so ginge in der Natur. Für mich war es normal. Erst mit der Zeit lernte ich, wie verschieden die Menschen doch sind. Das machte es nicht unbedingt einfacher, aber bunter.

Nachdem ich hin- und herüberlegt hatte, entschied ich, Carsten eine konkrete Begebenheit zu erzählen, die ihm Gelegenheit gab, nachzufühlen, was ich fühlte.

Also antwortete ich: „Das erste starke Erlebnis dieser Art, an das ich mich erinnern kann, ist etwa zwanzig Jahre her. Wenn du willst, erzähle ich es dir."

Carsten schaute gespannt und antwortete schnell: „Ja klar, schieß los!"

Wir setzten uns ins Gras, die Vögel zwitscherten um uns herum. Mein Freund schaute mich aufmerksam an.

Langsam begann ich ihn an meinen Erlebnissen Teil haben zu lassen: „Das erste Mal begegnete ich „ihr", als ich drei Jahre alt war. Mit meinen Eltern ging ich in einem Steinbruch mit lauter Birken und Buchen spazieren. Es herrschte Frühligslicht und Maiwind. Das Leben war ein einziger Zauber noch, als ich in diesem Alter war. Das Glück war überall, sogar in mir und um mich. Und als wir an einem Hang entlang liefen, wo viele weiße Birken standen, da sah ich sie zum ersten Mal. Ich war nicht in dem Alter, in dem man seinen Augen nicht traut. Deshalb - sie war so unglaublich schön! In einem grünlichen wallenden Kleid stand sie unter dem Baum und strahlte mich an. Schöner als die Sonne selbst.

Ich fragte laut: „Du bist auch hier!?", denn sie war mir völlig vertraut. Ich wunderte mich unendlich, staunte sie an, wie den Himmel persönlich, ging noch näher heran und streckte die Hand zu ihr aus.

Sie hatte alle Alter zugleich, war jung wie ich, klein, und erhaben groß, und reif, wie eine weise Alte. Aber kein Fältchen war zu sehen, nur Strahlen und dieser liebe Blick, voll Farben-Strahlen und gleichzeitig vollem Ernst.

So vieles an ihr war, wie ich damals meine Mutter sah. Und so hatte ich volles Vertrauen und ging noch näher. Die Bäume säuselten im Wind. Das Blau des Himmels senkte sich rechts und links und oben ganz nah dazu. Die Blumen dufteten herrlich über der Wiese und streuten viele Farben darauf, als wir uns näher kamen.

Ich wollte nur noch in ihrem Licht stehen und ihr Gesicht anfassen und ging noch näher...

Meine Eltern kamen ein Stück hinter mir rechts und links und riefen, ich solle weiterkommen. Aber nun war ich ihr schon so nah...

Die liebe Birkenbaumfreundin zog mich weiter an und ich ging hin, breitete schon die Arme aus. Nichts konnte ich mehr hören, als das pulsende Rauschen der Erwartungsspannung. Und wie selig war ich, als wir uns trafen und unsere Berührung wie keine andere war. Sie war so zart, wie ein Hauch! Es umhüllten mich Tücher, grüne, blaue, gelbe und rote. Es hauchten die Farben bis in mein Herz und machten mir diese Umarmung für immer unvergesslich. Ströme gingen überall und kribbelten. Und komischerweise hörte ich sie wie eine Melodie, obwohl ich sie nur atmen sah, doch nicht mit dem Mund, sondern zusammen mit ihrer ganzen Umgebung, mit ihrer Aura.

Sie empfing mich. Dann tauschten wir Namen. So standen

wir ineinander verbunden, eine Ewigkeit, ganz kurz, ganz weit … bis meine Eltern kamen und Mutter rief:

„Oh mein lieber Schatz, bist du hingefallen? Warte mal, ich helfe dir. Und dann hast du dich an der Birke festgehalten? Warum bist du denn überhaupt so schnell hier hergelaufen?"

Und so gingen wir wieder. Aber ich war nicht traurig, im Gegenteil, ich wusste irgendwoher, dass wir uns noch wiedersehen würden. Und jedes Mal, wenn wir uns wiedersahen, hielt sie die Arme auf und strahlte wie beim ersten Mal, über Sonne und Regenbogen.

In manchen traurigen Momenten fing sie meine Tränen auf. Manchmal bereitete sie mit mir zusammen das Essen zu. Still war sie immer da und zu Abenteuern bereit. Und heute, viele Jahre später, versuche ich wieder gut zu machen, dass ich sie oft missachtet habe. Nun will ich noch ihren Namen nennen.

Sie sagte mir, sie heißt: „Natura"."

Nachdem ich geendet hatte sagte Carsten nur: „Oh, Mann, du bist ein Glückspilz!".

Was soll man sagen, wenn es jemand mit einem Erlebnis verrückt gut geht? Wir sprachen nicht lange darüber, sondern sprangen einfach wieder auf und genossen die Freude am Frisbeespiel, auf der Wiese.

Ein weiteres Erlebnis prägte mich in meiner Beziehung zur Natur nachhaltig. Äußerlich passierte da gar nicht viel. Doch wie das im Leben manchmal so ist, es entscheidet unser Innenleben darüber, was es wie wichtig nimmt. Das Erlebnis erzählte ich damals niemandem:

Mit meiner Großmutter ging ich in den Hügeln der Vulkaneifel spazieren. Damals machten wir fast jeden Tag eine kleine Wanderung. Gern rannte ich auch ein Stück voraus, die Hügel hinauf oder herunter. Einmal wartete ich gerade wieder auf Oma als ich an einem Busch eine schöne rote Beere sah. Rasch hatte ich sie gepflückt. Und sah die nächste … Bald hatte Oma aufgeholt und erschrak über das was ich aß. Sie erzählte dass diese Beeren giftig sind und schickte in erschrockenem Tonfall hinterher, dass ich sie sofort ausspucken sollte. Einige hatte ich davon gegessen und körperlich keinerlei Beschwerden empfunden. Doch auf ihre Ansprache hin war ich nun überzeugt, dass ich in wenigen Minuten sterben würde. Denn sie hatte mir nicht gesagt, dass giftig nicht sofort tödlich heißen muss. So aber klang mir ihre Ansprache und der erschrockene Ton.

Ich weinte und sagte ihr das Dringendste vor dem Sterben schnell. Zugleich lernte ich in aller Tiefe, dass der Umgang mit der Natur nicht nur sanft war, sondern echtes Lernen brauchte. Denn Natur, so lernte ich in diesen Sekunden, spendete nicht nur Leben und Freude, sondern war auch todesmächtig. Man musste gelernt haben, mit ihr umzugehen.

„Zu spät!", sagte mein Gefühl, das wie ein Scharfrichter mit seinem Beil da stand. Ich schrie ihr meine letzten Worte in Verzweiflung zu, bis sie endlich verstand, was in mir vorging. Erst dann klärte sie mich langsam auf. In beruhigenden Worten sprach sie zu mir.

Bis das Todeserwarten in mir wieder abflaute, hatte sich mir eine Lehre tief eingeprägt. Zur lebenspendenden Natur gehörte auch Todesmacht, Leben wieder zu nehmen. Deshalb wollte ich über alle Vorgänge der Natur viel lernen. Damit empfand ich mich umso mehr als Teil von ihr.

Damals war gerade die Disneyverfilmung von Kiplings „Dschungelbuch" in die Kinos gekommen. Das traf bei mir einen Nerv. Und ein Nachbarskind, bei dem ich damals oft spielte, hatte glücklicherweise das Hörspiel. Es dauerte nicht lange, bis ich jedes Wort und Lied aus dem Werk auswendig vortragen konnte.

Die Geschichte von Mogli traf in mir eine Seite, die zu unschuldigem Kontakt mit Tieren, Pflanzen und anderen Menschen in natürlicher Umgebung zog. Leben in Natur wie ein Tier! Das Ausleben dieser Sehnsucht nahm die verschiedensten phantastischen und spielerischen Formen an. Konkrete Ideen regten sich in mir, die im Laufe der Jahre Blüten in den Nischen des Alltagslebens trieben.

Lernte ich Neues von der Welt, fühlte ich mich mit ihr tief verbunden. Ich lebte nicht nur zwischen Häusern und Bäumen und unter Menschen mit vielen Gegenständen, sondern das Lernen selbst ermöglichte mir eine Art natürlichen Wachstums auf meine Umwelt zu. Die Pflanzen brachten neue frische Blätter hervor und ich lernte wieder etwas.

Noch zu Anfang meiner Gymnasialzeit wollte ich Bio-Chemiker werden. Auch die wissenschaftliche Vorgehensweise hatte etwas faszinierendes. Es tat sich in jeder Sache, mit der ich mich forschend beschäftigte, ein Raum auf, in dem ich mich mit dem Naturgesetz, der Lehre verbunden fand.

Diese Anschauung nannte die antike Wissenschaft den Stoff. Da wirkte ein geheimnisvoller, aber von mir noch unverstandener Zusammenhang. War die Erfassung dieses Zusammenhanges, was moderne Wissenschaft die Weltformel nannte? Nicht als tote Formel interessierte mich das, sondern als ein Wesen aller Dinge. In der Suche nach dieser Formel lag für mich der Versuch, die zersplitterten Einzelheiten die meinen Verstand bevölkerten, als Ganzheit wiederzufinden. Darin lag vielleicht auch eine Natur-Ahnung, wie sie die Romantiker hatten. Im Unterricht über die Kultur der alten Griechen zeigte sich eine ähnliche Auffassung der Welt. Jene Philosophen waren nicht zufällig zugleich Universalgelehrte. Auch sie interessierte alles und in Zusammenhängen.

Sie konnten unterschiedliche Qualitäten von Naturwirken entdecken, von den Elementen bis hinauf zum Geist. Sie entdeckten in jedem Feld Gesetze und in den Dingen und Vorgängen gesetzmäßig Wirkungen und Ausformungen davon. Ihre Mythen erzählten von einer Götterwelt, die in direkter Verbindung mit der Menschenwelt stand. Hier gab es nur graduelle Unterschiede zwischen Gott, Halbgott und Menschen.

Ich hatte zum Teil auch diese Welt- und Naturauffassung. Meine Leidenschaft für Zusammenhänge machte mir schwer, mein Interesse auf ein Berufsfeld einzugrenzen. Sollte ich die Welt in einen kleinen Ausschnitt der Lebenswirklichkeit zwingen. Mussten meine Entdeckungen nicht zwangsläufig bis an die Grenzen weitergehen? In jedem Sachgebiet wollte ich die bereits erkannten Welttatsachen wiederfinden.

In der Kunst sah ich schließlich die Weiterführung der Wissenschaft, da in ihr das Individuelle als Weg beschritten werden konnte. Hier waren Seele und Weltgesetze kein Widerspruch. So wurde es von der falsch verstandenen, rein materiellen Wissenschaft hingestellt. Sie behauptete, im Besitz objektiver Maßstäbe und Anschauungsmöglichkeiten zu sein. Die ehrlicheren meiner Lehrer gaben diesen Irrtum ebenfalls zu und genauso die unrealistische Basis rein dinglich-wissenschaftlicher Herangehensweisen.

Die Künste versprachen mir zumindest seelische Befreiung. Und vielleicht sogar eine tatsächliche in der Gesellschaft, würde ich mich als Künstler in der Kunstszene etablieren können. Hier half mir wieder mein frühlingshafter Optimismus. Ich tat was ich tun musste.

So war ich in meiner Teeniezeit vor allem mit Musik beschäftigt. Denn hier ging es für einen Lernenden nicht nur darum, Funktionsgleichungen nachzuvollziehen und Modelle von realen Vorgängen so zu behandeln, als seien sie Realität. In der Musik wurde Wirksamkeit in die Welt gestellt. Es hieß immer jetzt und alles neu zu schaffen und mit dem letzten Ausklang der Töne alles wieder in die Vergangenheit zu entlassen. Musik war eine Zeitmaschine und mehr als das. Sie verband einfach alles in der Welt, Menschen untereinander.

Ich entdeckte, dass durch sie ein Geflecht von Wellen ging. Und das waren nicht nur die sogenannten Schallwellen. Wirkungen wanderten so durch Ebenen des Daseins und erzeugten eine Art von schwebend schwingendem Gleichgewichtszustand der Beteiligten.

Von Atmosphäre durfte man noch mit jedem sprechen, ohne für verrückt erklärt zu werden. Und welche Qualität von Zusammenhängen der Welt bei einer Komposition oder Aufführung aufleben durfte, hing davon ab, wie man es unternahm. In Wahrheit waren alle Mitwirkende, nicht nur die Musiker, sondern auch der Raum und die Zuhörer. Das Wie, das Wer und das Was kamen in einem erlebbaren Verhältnis daher. Das war ein echter Ort des Lebens.

Und jeder Mensch hatte im Kunst-Gebiet wenigstens etwas Begriff von der wichtigsten Wirkung der Kunst – der Magie. Die Kraft der Transzendenz vermochte die Zusammenstellung des Raumes und seiner Teilnehmer in einem Moment neu zu definieren. Mit ihr gelangten festgefügte Tatsachen wieder zur Auflösung. Mir schien, dass alle diesen Wunsch verfolgten, auch wenn sie es nicht so nannten.

Darüber hinaus interessierte mich die soziale Natur zwischen den Menschen. Welche Kräfte brachten Menschen zusammen und trennten sie wieder? Worauf gründeten Entscheidungen? Ich entdeckte verschiedene Formen von Beziehungen, Seelenzusammenhänge, Bewusstseinszustände. All diese Fragen trieben mich herum, als mir meine engere Verbundenheit mit Naturkräften erlebbar wurde. Zum Beispiel, als ein Sturm mehrere Tage über unser Land fegte. Weil man kaum einen Schritt nach draußen tun konnte, stand ich oft am Fenster in der Wohnung und schaute den Bäumen zu, wie der Wind sie tief gegen das Fenster herunterdrückte. Seine mächtige Kraft bewunderte ich. Irgendwann fiel mir vom Hocken in der Stube fast die Decke auf den Kopf. Also beschloss ich, als der Wind wenigstens etwas nachließ, mit dem Fahrrad zum Wald zu fahren und auf dem Trimm-Pfad mein Lauftraining zu machen, wie bei normalem Wetter.

Kaum war ich dort das erste Stück gelaufen, wütete der Sturm wieder los und mähte Bäume in großer Zahl um. Krachend brachen sie und donnernd fielen sie zu Boden. Einerseits hatte ich Angst und war sehr aufmerksam, ob in meiner Nähe ein Baum nieder ging.

Doch immer deutlicher bekam ich ein Gefühl von Sicherheit, weil ich mich nicht mehr getrennt von diesen Kräften fühlte, sondern in sie hineinleben konnte. An ihnen beteiligt, schien mir der Richtungsverlauf der Kräfte nicht mehr zufällig. Mein Gefühl konnte mitverfolgen, von wo Schübe kamen und wohin sie trieben. Damit konnte ich mich von ihnen fern halten.

Dazu kam, dass ich vom Leben langsam lernte wahrzunehmen, wann ich in einer Gefahrensituation schwebte. Als mir das bewusst wurde, konnte ich es im Leben nutzen, wenn ich das Schicksal nicht allzu sehr herausforderte. Da ich es jetzt im Gefühl hatte, musste ich mich auch nicht mehr fürchten.

So konnte ich mein Waldlauf-Training unbeschadet beenden, während einige Spaziergänger ängstlich und schnell zu ihren Autos rannten und davonrasten.

2. Konzentrationsstufe des Daseins
Tonstufe RE – Farbe: Orange
Element: Wasser - Sinn: Gefühl, Geschmack
Eigenschaft: Aufnahme, Kreativität
Körperzone: Flüssigkeiten, Sexualität

Instincto

Meinen Zivildienst absolvierte ich in einem Jugendinternat. Es lag schön, außerhalb einer Kleinstadt, auf einer Hochebene, umgeben von Obsthöfen und Wald.

Dort war ein Gärtner angestellt, der ungewöhnlich in vielerlei Beziehung war. Zum Beispiel hatte er ungewöhnliche Augen. Wie klare Brunnen lagen sie in den Höhlen. Und ein sehr gesundes Augenlicht strahlte er aus. Als ich ihn darauf ansprach, sagte er zunächst, dass er nur reines Wasser trank. Etwas später gab er mir ein Buch über eine spezielle Rohkosternährung, Instincto genannt.

Darin wurde beschrieben, wie eine natürlichere Art von Ernährung möglich wäre. Man musste dafür nicht viel wissen, sondern konnte mit den Sinnen vorgehen und so seine Ernährungsauswahl treffen. Die Vorgehensweise war unkompliziert, natürlich und die Gedankenführung in dem Buch war bestechend unabhängig.

Auch die Erzählungen des Gärtners begeisterten mich. Denn beide erklärten die Dinge aus natürlichen und evolutiven Zusammenhängen heraus.

Ich hatte das ernährungswissenschaftliche Gymnasium besucht. Das musste mich also interessieren. Das Ziel sollte nur hier mit völlig anderen Mitteln als der Ernährungswissenschaft erreicht werden. Der Kopf war untergeordnet. Die Sinne und vor allem der Riechsinn waren hier Hauptinstrument. Man gab damit dem Körper die Möglichkeit, Signale aus dem eigenen System zum Wahrgenommenen zu geben. Das hob eine weitgehende Trennung unserer täglichen Lebenswahrnehmung von der Natur wieder auf. Die Signale konnten seelisch sein, aber auch körperlich. Zum Beispiel konnte ich bei aufmerksamem Vorgehen spontanen Speichelfluss oder Ekel bemerken.

Es war also vor allem eine andere Haltung, mit der ich ans Essen ging. Dafür brauchte ich nur Forschergeist.

„Mache ein Experiment!", sagte ich mir.

Der Gärtner wohnte auch im gleichen Haus. So konnte ich ihn über das spannende neue Forschungsgebiet ausfragen. Ich erfuhr, dass eine ganze Bewegung dahinter stand. So konnte ich einige Traditionen in Deutschland als Hintergrund der grüne Bewegung ausmachen. Zum Beispiel entstanden in den ersten Jahren des letzten Jahrhunderts die Bodenreformer, die Lebensreformer, die Wandervögel und auch die Vorläufer der heutigen Grünen Partei.

Wie ich hörte, existierte in Frankreich auch eine Gemeinschaft von „Instinctos". Dort hatten sie ein Schloss als Kurort aufgebaut. Man konnte Gesundheitskurse besuchen und beim Essen beraten werden. Zum Lebensunterhalt hatten sie eine Importfirma für exotische Früchte gegründet, namens „Orkos".

Auf den letzten Seiten des Buches war für den willigen Anfänger alles erklärt, um Instincto zu beginnen. Ich startete den Selbstversuch umgehend und es passierten, ohne Übertreibung, kleine Wunder. Ich fühlte schon nach wenigen Tagen weitgehende Veränderungen meiner lebendigen Funktionen. Das Körpergefühl, das Lebensgefühl, die Stimmung, das Verhalten, alles begann sich zu verändern. Doch wie weit diese Veränderungen gehen konnten, ahnte ich zunächst nicht.

Mein Körper war hochaktiv mit Umbau beschäftigt. Schnell nahm ich an Gewicht ab. „Gut so!", dachte ich, denn ich fand mit etwas zu schwer und träge, trotz meiner Bewegungsfreude.

Mein Vitalsystem fuhr in Bereiche, die ich mir nicht hätte träumen lassen. In kurzer Zeit bekam ich mit dieser Rohkostform eine strahlende Gesundheit. Eine tiefe Handverletzung, die ich mir bei einem Missgeschick zuzog, heilte in Sekunden vor meinen Augen zu, Anflüge von Hellsehen wehten mich an, mein Geruchssinn wurde so fein, dass ich über Gerüche Dinge wahrnehmen konnte, die man Menschen nie zutrauen würde. Zum Beispiel konnte ich eine feine Geruchsnote unterscheiden, wie eine Jungfrau roch.

Und ich konnte über lange Zeit körperlich und geistig leistungsfähig sein, bei friedlichem Wohlsein mit mir und meinem Körper. So hängte ich erst mal meine Leidenschaft fürs Kochen an den Nagel.

Diese Ernährungsform war ein willkommenes und radikales Mittel, mich von meinen Wurzeln unabhängig zu machen und einen eigenen Weg zu suchen, wie es in der Zeit des Erwachsenwerdens normal ist.

Wie viele Seiten des Lebens mit der Ernährung zusammenhängen, erfuhr ich mit der Zeit immer deutlicher. Sie ist substanzieller Teil der Mutterbindung. Die Mutter ist die erste Ernährerin.

Die Reaktionen der Menschen auf Instincto, auch sogenannter alternativ eingestellter Menschen, war hierzulande extrem ablehnend. Manche Äußerungen von Ärzten waren geradezu unverschämt: „Da müssen Sie aber viel Gras von der Weide fressen!".

Auswirkungen der Ernährungsform auf den Körper konnte jeder anerkennen. Seelische Auswirkungen zeigten sich auch daran, wie emotional einige Menschen auf das Thema Rohkost reagierten, oder darauf, dass ich etwas zu Essen in einem Beutel dabei hatte, wenn ich zu einer Party ging.

Gleichzeitig lernte ich viel über unsere Kultur. Es war beinahe unmöglich, ein völlig naturbelassenes Lebensmittel zu bekommen. Also etwas, das nicht irgendwie erhitzt, verzüchtet, vermischt, chemisch behandelt oder unreif geerntet war. Die Betreiber von Bioläden scherte eine thermische Behandlung von Lebensmitteln oder der Reifegrad weniger. Schon im Ernährungsbereich war unsere Kultur also fast völlig denaturiert und ich fragte mich, ob das eine direkte Auswirkung auf die Wahrnehmungen der Natur und des eigenen Lebens hatte.

Der Autor des Rohkost-Buches, Guy Claude Burger, beschrieb einleuchtend, wie unsere Babies mit denaturierter Nahrung in einen Zustand der Toleranz von unpassenden Nahrungsmitteln genötigt werden.

Die Sinne, so unterstellte er, suchten durch die langen Evolutionsläufe geprägt, nach idealen Lebensmitteln, welche nur naturbelassene sein konnten. Die stärke des Genusses war eine Rückwirkung auf die Auswahl, eine lehrende Belohnung sozusagen.

Wenn nun denaturierte Lebensmittel angeboten würden, suchte sich der Instikt davon das Beste heraus. Wenn nun aber die Wirkung gesundheitsschädlich wäre, wäre die Rückantwort des Körpers auf dieses Essen ein Misstrauen gegenüber der vorigen Entscheidung. Auf diesem Wege würden wir unsere psychische Sicherheit unterminieren, weil der Körper ein Signal vermittelt, das etwa so lauten würde: „Du hast eine Genussentscheidung getroffen, die mich ungesund macht. Deine Entscheidungen stimmen also nicht mit dem was meine Gesundheit fördert überein."

Die folge auf eine lange Entwicklung solcher Essensent-
scheidungen seien Selbstzweifel.

Burger widersprach saftig den normalen Konventionen,
aber mit Gedanken, die mir nachvollziehbar waren und zu
meiner Freude befreiend wirkten.

Ich bemühte mich also ab sofort, in meiner Lebensumge-
bung, weitgehend naturbelassenes Essen zu finden. Mit zusätzlichen Einsatz gelang das auch leidlich.

Interessanterweise nahmen meine damalige Lebensgefähr-
tin und meine Tochter gerne und problemlos teil. Meine
Tochter schien gar nicht so sehr einen Unterschied zu bemerken, zwischen solchem und solchem Essen. Es gab nun
einfach öfter Früchte, Nüsse, Avocados und Algen, statt
Brot, Milchprodukte und Suppe. Das schien der Behaup-
tung zu entsprechen, dass unsere kulturelle Prägung uns
von natürlicher Ernährung entfernte. Natürlich hätten wir
sie nicht gezwungen, wenn sie es nicht gemocht hätte.

Nach einer Weile bekam ich einen Kräfteeinbruch und rief
bei den Instinctos auf dem Kurschloss an. Sie vermuteten,
dass mir ein wichtiges Protein fehle und empfahlen mir,
dorthin zu kommen, um das zu untersuchen.

Ich fuhr hin und die Prognose stimmte. Dort lag auf dem
Essensbuffet eine herrliche Fülle von verschiedenen exoti-
schen Früchten aus aller Welt bereit. Dazu gab es alle nur
erdenklichen tierischen Lebensmittel und Meeresfrüchte im
Angebot. Tatsächlich fand sich ein Lebensmittel exotischer
Art, auf das mein Instinkt lenkte.

Wurde auf instinktivem Wege ein besonders gut passendes
Lebensmittel gefunden, ging der Genuss beim Essen über
alles gekannte Maß hinaus. Man nannte das „himmlische
Phase". Und das war kein übertriebener Begriff. Jeder konnte einen Menschen an seinem Strahlen im Gesicht das

Glück ansehen, wenn er diese Phase erreicht hatte. In der Folgezeit danach war an demselben Menschen dann eine erhebliche Stärkung im Seelischen und Körperlichen zu beobachten.

Nun musste ich große Teile der Ernährungslehre, wie ich sie zuvor gelernt hatte, in Frage stellen. Denn diese Phänomene, verlangten nach weiteren Erklärungen. Ich machte mir immer mehr Gedanken über Natur-Ernährung und wollte Weiteres im Selbstversuch erforschen.

Oftmals besuchte ich das Schloss der Rohköstler. Es war schön dort, erfrischend unkonventionell. Eine interessante Ansammlung von individuellen Menschen kam ständig zu Besuch. Dort konnte ich auch in geschütztem Rahmen Erfahrungen sammeln und mich gut ernähren.

Das Schwierigste waren für mich Konflikte in meiner Alltagsumgebung, die mit Menschen auftraten, wenn man nicht mehr mit ihnen Kaffee trinken konnte, oder Essen, ohne ein kritisches Gespräch über Ernährungsformen. Viele Menschen fühlten sich davon regelrecht angegriffen. Ich wertete es so, dass ich noch nicht genügend in der Lage war, diese Andersartigkeit störungsfrei zu integrieren. Und so ließ ich das Experiment nach einer längeren konsequenten Phase wieder fallen. Ein weiterer Schritt auf dem Naturweg war gegangen. Es war der Hintergedanke da, zu reifer Zeit damit fortzufahren.

Musik – Götternatur

In dieser Zeit bot mir am ehesten die Musik Perspektive für ein ganzes Weltsystem. Auch ohne viel Vorwissen erkannte ich eine hohe Ordnung in ihr. Beim Üben und Spielen mit anderen Musikern, so fühlte ich, gab es einen Ort, an den man gelangen konnte, wo alle Dinge restlos aufgingen. Das Streben wuchs, diesen Zustand möglichst oft zu erringen.

Die höhere Natur der Musik, völlig unabhängig von aller Physis, verschaffte mir tiefste und höchste Gefühle, wie ihn junge Leute oft in Drogen suchten. Hier waren sie aber auf natürlichem Wege erreichbar. Nicht nur, dass in der Musik die Zeit und der Raum sich veränderten und mich wegtrugen, momenteweise in wahrhaftigere Welten.

Das Streben nach gesellschaftlicher Normalität war mir immer seltener Maxime. Denn das Normale, hatte ich bemerkt, entfernte oft vom Leben. Wie die meisten Jugendlichen suchte ich nach Transzendenz, meiner Lebensauffassung entsprechend aber möglichst ohne Drogen.

„Wenn Musik das Paradies hierher trägt, dann ist mir das das Wichtigste der Welt! Ist dort vielleicht mein Sinn des Lebens leuchtend verborgen, wie ein Schatz auf dem Grund der Seele, den ich nur zu heben lernen muss? Nur wie kann ich einen Lebensentscheid alleine auf ein Gefühl stützen? Denn, im Konzert mit den anderen kann ich es fühlen. Es ist dann greifbar nah. Ich will diesem Gefühl trauen!"

So ging ich in dieser Richtung weiter. Der göttliche Ur-Muskel, die Musik, bäumte mich auf, bildete mit mir eine neue Stehkraft im Leben. Dank ihr überlebte ich seelisch. Sie gab mir die Hoffnung, dass es in dieser Gesellschaft einen Weg für mich geben könnte. Ich wollte etwas Lebendiges schaffen, innerhalb der Gesellschaft. Den Künstlerberuf konnte ich sehen, ohne als bürgerliche Mumie zu enden. Die Arbeit an der Musik war ein Sonnenaufgang und eine Therapie. Ich fühlte dieselben Kräfte, die sonst am Himmel Sterne vorantrieben und leuchten ließen, in ein Konzert bis zu den Musikern hinunter und zum Publikum strömen.

So sah ich in der Kunst den gleichzeitig den Prozess der kulturellen und einer persönlichen Metamorphose. Im Üben erlebte ich tiefgreifende Veränderungen und im Musizieren mit anderen eine Erlösung von seelischen Gesellschaftsseuchen. Musizieren war intensives Leben. Immer für eine Weile hielt diese Erlösung an. Kunst stellte meine Möglichkeit dar, dem zwangsläufigen Untergang in Bürgerlichkeit und eigener Unzulänglichkeit zu entgehen.

Nach ihr also richtete ich meine Berufsperspektive aus. Das war ein richtig harter Job, ein Ringen um alles, um Können, Mitmusiker, Anerkennung und Publikum. Aber es ermöglichte mir sowohl Integration, als auch Individuation in der Gesellschaft.

Billy Elgart war der Schlagzeugdozent am Würzburger Konservatorium. Als wir uns trafen, sagte er: „In Music one has only one reason to play. He has something to tell, a message. The simpliest form of telling a story in Jazz is the Blues. Every child can tell a story if it has something so say. So, play me a Blues and show me that you make me believe, you will be a musical storyteller from now on."

Da lernte ich, dass er die einfachste Sache der Welt verlangte. Und zugleich war es eine Prüfung. Alles im Leben spielte sich in erzählbaren Geschichten ab, so war hier die Auffssung. Wenn ich nur etwas von der inneren Poesie des Lebens verstand müsste ich das auf meinem Instrument ausdrücken können. Dann hatte man in Billys Augen Grund ein Musiker zu sein.

Ich verstand ihn und beschloss, mein Herz spielen zu lassen. Es schlug mir als Swing in den Rhythmus. Meine Bewegungen ließ ich mein Lebensgefühl ausdrücken. Ich schaute ihn an, dabei und zeigte ihm die Gefühle, die ich beim Spielen hatte, egal ob etwas gerade gut ging, oder misslang. Ich zeigte ihm alles was ich hatte.

Danach sagte er: „No one got that as quick as you!"

Dann forderte er weitere Ausdrucksarten auf dem Drumset. Ich folgte ihm, soweit es mir möglich war. Irgendwann war die Grenze meiner Möglichkeiten erreicht. Er versuchte, mir vieles zu erklären.

Dann unterbrach ich ihn und sagte: „Sorry, you know, I wanna learn a lot from you. I appreciate what your way of drumming and teaching is. But excuse me, at this point I have to take it in my own way of playing it."

Er hielt inne, schaute mich mit humorvollem und ernstem Ausdruck an: „True what you're sayin'. Every student says this to me one day. But you are the first one who says that on the first meeting. I think you should try to get in the next Aufnahmeprüfung!"

Und diesem Rat folgte ich natürlich gerne. Bei der Aufnahmeprüfung war ich auf das was kommen würde vorbereitet. Und er wählte mich für einen Studienplatz aus. Wir konnten gut miteinander spielen und verstanden uns.

Ein Musikstudium beginnt man nicht blank und voll am Anfang. Man ist am Start schon ein Könner. Aber dann muss man sich nochmals umschmieden und umformen.

Sowohl die Jazzszene als auch die Ethnoszene Würzburgs wurden mein neuer Lebensort. In Freud und Leid wirkte ich dort, zusammen mit anderen Musikern, in verschiedenen Bands und Projekten.

Die Wohngemeinschaft

Mit meiner Freundin Anne zog ich an den Stadtrand und gründete eine Haus-Wohngemeinschaft von sechs jungen Leuten, die eine Menge Leben zusammen brachten.

Nun war ich in meinen Zwanzigern. Es häuften sich die besonderen Begegnungen mit Natur. Sie blieben nicht immer auf mich und mein Innenleben beschränkt.

Ich erinnere mich noch gut an einen Ausflug mit einigen Freunden aus der Wohngemeinschaft und weiteren Personen. In drei Autos fuhren wir zum nahe gelegenen Badesee. Es war herrliches Wetter. An der Stelle wo wir badeten, wurde Nacktbaden geduldet. Es war herzlich unschuldig, erhebend.

Anfangs lagen wir auf unseren Decken und machten Späße mit Worten. Dann kitzelten wir uns, fuhren mit den Fingern zwischen die Zehen und übers Gesicht. So konnten das sonst nur Kinder. Die Stimmung des Augenblicks schenkte uns „Erwachsenen" das noch einmal. Später stimmte jemand ein Lied an und wer es kannte, sang mit. Die anderen lauschten.

Auf einmal sprangen einige zugleich los, purzelten ins Gras, oder zogen uns an den Armen herum. Dann spielten wir Frisbee auf einem recht ausgebreiteten Platz der Wiese, wo verteilt einige Büsche wuchsen. Alle waren dabei immens beweglich und rannten mühelos immer wieder vom einen zum anderen Platz. Rufend sprang einer hinter dem Busch hervor und forderte johlend einen Wurf heraus. Alle kommentierten den Flug der Scheibe mit gedehntem Johlen. Dann rief eine hinter einem anderen Busch nach dem Diskus. Und wenn das Ziel getroffen war und die Scheibe gefangen werden konnte, jubelten alle bestätigend.

Hin und wieder flogen Vögel tief über unseren „Spielplatz"

und stießen ihre Laute dazu hervor.

Der Platz mit seinen Büschen, ich kann es nicht anders ausdrücken, freute sich so über das Ganze mit, dass er an einer Stimmung mitwirkte, die einmalig war. In der Seele entstand eine Bewegung, die so war, als würden die Büsche ebenfalls mitlaufen und springen. Als würden die Steine in würdiger Stille ihre Augen wohlwollend auf unser Tun hin richten. Und die Grenze zwischen den verschiedenen Reichen der Natur, Steine, Pflanze, Tiere, Menschen war hier für ein paar unvergessliche Momente aufgehoben. Noch einige Tage später sprachen wir dieses Erlebnis an, ohne genaue Worte dafür zu haben: „Weißt Du noch, unser Badeausflug? Was war das denn? Spinne ich, oder ist das wirklich passiert?"

- „Erzähl´ das bloß niemandem, glaubt ja doch keiner!".

Tauchen mit den Walen

Andere Erlebnisse kann man vielleicht nur ganz alleine bekommen. An einem Morgen im April schien die Sonne sehr schön. Und da ich schon viele Tage nicht mehr draußen war, beschloss ich, eine Fahrradtour zu dem Badesee zu unternehmen. Die rostigen Glieder wurden langsam wärmer und agiler, auf den zwanzig Kilometern dorthin. Gut aufgewärmt und eingefahren, legte ich dann irgendwann mit voller Kraft in den Schenkeln los. Schwitzend und glühend kam ich an, wo außer mir nur ein paar Hunde mit ihren Haltern an dem unberührten See zu sehen waren. Im Sommer konnten sich hier viele Menschen lautstark tummeln. Aber jetzt herrschte meditative Stille, bei wärmenden Sonnenstrahlen. Ich riss mir die Kleider vom Leib und tauchte schnell in den noch empfindlich kalten See. Erfrischendes Kribbeln ging mir durch den Körper. In ausholenden Zügen schwamm ich in Richtung Seemitte. Am Anfang jedes Schwimmzuges tauchte ich unter die Wasseroberfläche und versuchte mich der Wasserwellenform gleich zu machen, einen delfinförmigen Körper zu bekommen, möglichst weit und weich zu treiben, bis ich zur Luft wieder an die Oberfläche musste. Da blies ich aus meinen Lungen letzte Luft aus und sog wieder ein. Dann kam wieder ein Tauchgang. Die Atemzüge wurden immer tiefer. Die Schwimmzüge immer länger. Und mit der Kälte kroch mein Bewusstsein tiefer in die Wellen des Wassers und der Atmung. Das löste aus mir eine Erinnerung an Wale hervor. Sie lebten ständig in dem Zustand wogender treibender Rhythmen und durchschwammen so in langsamer aber unaufhaltsamer Kraft ganze Ozeane mit ihren Familien. Ich spürte diese Kräfte immer deutlicher und konnte die Zeit unter Wasser und die Länge der Schwimmzüge bis zur Mitte des Sees erstaunlich steigern. Die Kälte in Verbindung mit der starken Bewegung zog aus meinen Zellen ein Ahnungswissen.

Als ich in der Seemitte wendete und wieder den Kopf hob, um kurz das Ufer anzupeilen, erfasste mich eine weitere Schicht davon. Die Zeit nahm in diesem Rhythmus eine völlig andere Gestalt an und veränderte die Wahrnehmung. So konnte ich in unglaublich langen, wenigen Schwimmschlägen auf dem Rückweg dahingleiten. Jetzt benötigte ich nicht halb so viele Züge mehr, wie hinwärts. Der Blick unter Wasser bot eine wunderbar bewegte Lichtprojektion. Die Sonnenstrahlen sickerten in türkisen, blauen und weißen Fäden hinunter, um sich im Dunkel zu verlieren. Lichtstrahlen und Wasser streichelten mir die Augen frisch. Es leuchtete heimatlich und etwas verträumt. Doch diese Frische machte mich auch lebendig wach. So zog sich mein kühler Wellenflug schnell an der Innenseite des blauen Wassers dahin. Am Ufer stieß ich sanft auf, schon war es zu Ende.

Ich erhob mich langsam wieder aus diesem elementaren Lebensraum. Wie nach der Geburt, jetzt wieder an der Oberfläche der Welt atmend. Oder gestrandet wie ein Amphib, das gerade ansetzen will, sich auf Land einzuleben, setzte ich meine Füße wieder vorsichtig auf trockenes, sonnengewärmtes Land, in die fortschreitende Evolution. Nach einigen Minuten normaler Atmung an der Luft konnte ich wieder voll zum Mensch metamorphosieren und meine Gedankenbahnen verliefen auch wieder entlang der Erdoberfläche. Ich schaute meine Hände an. Es wunderte mich schon ein wenig, dass ihre Form noch ganz menschlich war. Im letzten Nu hatte sich meine Gestalt noch so anders angefühlt, dass mich weniger gewundert hätte, wenn auf dieser Reise das vorhin noch so andere Heimat-Element meinen Körper umgestaltet hätte. Aber ich war auch froh, normal zurückkehren zu können und wunderte mich umso mehr, wie weit man sich durch die Seele in eine andere Realität leben konnte.

Studium

Würzburg hatte zwei sehr verschiedene Musikszenen. Die eine war die Afro- und Ethnomusikszene. Sie war sehr lebendig. Viele Afrikaner tummelten sich hier, zusammen mit Europäern. Man konnte gut leben und Spielräume zur Kunstentfaltung nutzen.

Die andere war die Bayrische Jazzszene der Region. Hier herrschte eine eigenartige Mischung aus progressiven Projekten einzelner Formationen und persönlichen Kontakten, mit den Kleinen und Größen des Geschäfts. Von Kontakten hingen die Bühnenengagements ab. Unter manchen Musikern herrschte ein Ringen, um die günstigeren Auftritte, die mehr Geld und Position hergaben. Das hatte natürlich auch viel mit Stolz und Ansehen zu tun. Von Jazzclubs über Festivals bis zu Weingut-Festen und Mainschiffen gab es eine große Bandbreite von Auftrittsmöglichkeiten. Man weitete seine Kontakte und Aktivitäten in viele Richtungen aus. Biedere Auftritte, die nannten wir ´Mucke´, wechselten mit echter Kunst ab. So hatte ich Musikprojekte zur Kunst und welche fürs Brot. Viele fanden das ganz normal und konnten das mit sich und der Welt gut vereinbaren. Mir gelang es mehr schlecht als recht, die künstlerische Doppelzüngigkeit zu leben. Außerdem waren beide Szenen in manchem Hinblick weit degeneriert und von Gesellschaftsmechanismen durchzogen - von Drogen und von Konkurrenzhaltung. Das stand manches Mal zu weit ab von „meiner Musi".

So erlebte ich leider, abgesehen von meinem wunderbaren Lehrer Billy Elgart und einigen schönen Erlebnissen, mit einigen anderen dort, den Betrieb der Hochschule, und der Musikszene, als kranken Markt.

Nicht dass ich mich als einzigen Gesunden sah. Mich selbst

sah ich auch mit meinen kranken Zügen deutlich. Doch gerade weil ich gesund werden wollte, hatte ich über das Wie andere Ideen. Von innen heraus musste doch eine harmonische Stimmigkeit im Prozess des Lebens, also auch des Musizierens selbst liegen. Danach suchte ich mit aller Kraft. Und das nicht nur in der Musik, sondern in allen Tätigkeiten des Lebens.

Das schuf einen Zwiespalt in mir, der zu einer Art Doppelleben führte. Mit einer Rolle versuchte ich „amtlich" Musiker zu werden und die gängigen Floskeln des Spiels in mein Repertoire aufzunehmen. Mit der anderen versuchte ich, einen Weg der Ganzheit und Reinheit aufzufinden, Schritt für Schritt.

Statt da eine Mitte aufzufinden, die alles miteinander vereinte, klafften die Seiten stets weiter auseinander. Jeden Tag kamen Erlebnisse hinzu, die eine eindeutige Positionierung herausforderten.

3. Konzentrationsstufe des Daseins
Tonstufe MI – Farbe: Gelb
Element: Feuer - Sinn: Sehen
Eigenschaft: Freiheit, Macht, Selbst, Vertrauen
Körperzone: Haut und Muskeln

Vorzeichen

Es gab zwei Schlüsselerlebnisse, die mir sagten, dass etwas Einschneidendes passieren würde. Zwei Situationen, in denen meine innere Stimme zu mir zu sprechen begann. Ich nannte diese Stimme später mein Ich. Ich hörte mich also aus höchster Warte sprechen, war zugleich Sprechender und Zuhörender. Ich hörte in klaren Worten, dass mein Leben anders werden würde. Ich wusste, dass das Gesprochene wahr war, aus innerer Sicherheit. Denn ein intuitiv sitzendes Wissen meldete sich dazu. Erst viel später erzählte ich davon einem guten Freund in vertrauter Stimmung. Es hatte mein Geist in Worten zu mir gesprochen, und ich spürte, erstaunlich fraglos, für einen Menschen der naturwissenschaftliche Methode im Gymnasium geübt hatte, die Gewissheit: „So ist es!". Dem gingen zwei „Aufweckerlebnisse" voraus:

Das erste passierte auf der Terrasse unserer Wohngemeinschaft. An einem Frühsommertag mit Sonnenschein und unserem üblichen gemeinschaftlichen Treiben auf der Terrasse. Das Leben ging dort schön und bunt durcheinander. Verschiedenste Geschichten aus dem Leben konnte man dort jeden Tag hören. Beim Essen, beim Feiern, oder zwischen Tür und Angel teilten wir uns vieles mit, wie das Leben mit uns spielte. Zu manchem Abenteuer luden wir uns gegenseitig ein. Wir hatten die Kraft. Wir hatten den Mut, für vieles. Genügend Zeit für Freiheiten auch. Waren wir doch auch zusammen gezogen, um eine Art Familie anders gestalteten Lebens zu sein. Bewusste Gestaltung war auch äußerlich dieses Haus. Treffpunkt für solche, die frei werden wollten. Wirklich, das lebte spürbar unter uns. Deswegen war diese Wohngemeinschaft auch ein starker Anziehungspunkt für viele Freunde. Nicht aus einer Ideologie, einem Parteiprogramm oder Sektendenken heraus. Wir waren einfach solche Menschen, hatten uns gefunden. Wir hatten Träume vom Leben zusammen, wenn auch erst mal nur hier, in diesem Haus, in Schutz. Es war unser Experimentallabor für ein paar Jahre besseren Lebens, mit Hintertürchen zur bürgerlichen Normalität. So konnte man zurückkehren, falls es schief gehen sollte. Und unterwegs fingen wir uns immer wieder auf, begleiteten einander mit unseren Plänen. Denn wir hatten alle den großen Hunger. Nach dem Leben und seinen vielen Möglichkeiten.

Zum Beispiel eine Badewannenparty und malende Renovieraktionen mit viel Musik und ausgelassenen Gesprächen. Vieles wurde zum Fest. Jeder ging seinen Weg ins Leben. Am Küchentisch und bei gemeinsamen Ausflügen zum Badesee, oder eben auf der Terrasse berichteten wir uns davon. Unikums, wir alle. Er, sie, ich, lebten ein Leben, nah an unserem Pulsschlag, das einen Unterschied in der Gesellschaft darstellte.

An so einem geselligen Tag saß ich auf einer Decke, in der Sonne mit ein paar Freunden. Nach einem längeren Gespräch schwiegen wir. Da bemerkte ich in meinem Bauch ein Gefühl, das völlig neu war. Ein noch ruhig und heiß glimmendes Brodeln begann. Und eine eigentümlich kreisende Bewegung darin. Zweimal noch, als das Gespräch weiter ging, konnte ich es missachten, dann nicht mehr, unmöglich! Es war wie das Beben der Erde, vor dem großen

Beben, oder wie das Rollen des Tsunami, noch vor der Küste, und wie das tiefe Gurgeln des glühenden Magmas, bevor der Vulkan spuckt. Als mein Bewusstsein ganz dort war, kam die Stimme meines hohen Ichs hinzu.

Entspannt wie im Gespräch zuvor, doch in tiefer Stimmlage sprach ich es aus: „Mein Leben wird sich in nächster Zeit sehr verändern. Was ich bis jetzt gelebt habe, war nur Vorbereitung zu dem, was kommen wird."

Die Worte kamen aus Gewissheit. Mein Bauch sprach mir etwas ins Leben, ins Wissen. Die Freunde blieben stumm und schauten mich groß an. Sie hatten mehrere Ideen bei mir schon zur Umsetzung mitverfolgen können. Nun hörten sie zu, denn meistens hatte ich nach Ideen etwas Konkretes, das ich tun wollte und sprach es aus. Diesmal nicht. Es lag einfach viel tiefer als sonst.

Stattdessen schickte ich wenige Monate später an alle eine Einladung zum Abschied. Doch davon später.

Das Brennen verglimmte bald darauf, die Stimme verklang. Das Erkennen sank langsam in die Erinnerung. Aber ich erwartete ab heute etwas und war immer angespannt.

Bald darauf fragte mein guter Freund Peter: „Hast du inzwischen eine Idee, was deine Ansprache in dieser unglaublich tiefen Stimme zu bedeuten hatte?"

Ich sagte: "Noch mehr als bisher ist mir klar geworden, warum ich als Kind so ein komisches Lebensgefühl hatte. Ich kann dir fast nicht sagen, wie falsch ich mich meistens in dieser Welt gefühlt habe. Als ob ich zwar auf die Erde gehörte, aber in einem falschen Land gelandet wäre, oder einem falschen Jahrhundert. Ich bin in ein Leben erzogen worden, von dem ich jetzt schon weiß, dass das Meiste daran nicht stimmt. Klar gibt es auch ein paar schöne Dinge – die Kunst, die Musik und so. Aber das meiste ist falsch, scheinheilig, voller fauler Kompromisse und erzeugt in mir eine riesige Spannung. Obwohl ich schon ein paar Lebensarten ausprobiert habe, war nichts dabei, wo ich sagen könnte, dass das meine Art zu Leben sein könnte. Außer Streifzüge in schöner Natur und ein wenig auch unsere Wohngemeinschaft. Irgendwo in mir gibt es ein Bild von meinem Leben, aber draußen sieht es sehr anders aus. Dazwischen ist ein Haufen Spannung, weißt Du? Was unsere Kultur mir mitgegeben hat, ist immerhin freiheitlich genug, um zu wissen, dass ich loszuziehen muss und vieles nochmal ganz anders machen. Was meinst Du, warum ich Künstler werden muss?

Künstler sind die einzigen in der Gesellschaft, die wenigstens ein bisschen Freiheit in ihrem Beruf haben. Wenn einer etwas Neues erfindet, in der Kunst, bekommt er dafür Ansehen. Falls er es überhaupt nach oben, zur Bekanntheit, schafft. Der Größte ist am Ende doch der, wer sein Kunstgebiet revolutioniert hat. Allerdings bekommt er meistens erst Anerkennung nach seinem Tod. Und ein wenig Verrücktheit ist auch dem Künstler erlaubt. Das ist vielleicht sogar gut für sein Image, weil die Öffentlichkeit sich an ihm unterhalten kann. Auf jeden Fall darf er als Künstler krasser sein als andere. Macht das einer auf irgend anderem Gebiet, ein Angestellter, ein Arbeiter, wird er klein gemacht.

Und schau mal unsere Wohngemeinschaft, das ist doch auch so eine Insel von kreativem Leben. Neue Formen erfinden, verändern. Und weißt du, Peter, als dann dieses Brennen im Bauch kam, diese riesige Kraft. Da kam mir etwas daran sehr vertraut vor. Es sagte mir ein Gefühl darin, dass es wieder um eine neue Lebens-Form geht. Es kommt Veränderung, verstehst du, aber nicht nur so ein bisschen, eher richtig krass! Und zugleich merkte ich, wie so vieles was mir nicht passte, damit besser wird. Sturm und Drang, ich muss irgendwie weiter. Allerdings weiß ich ehrlich gesagt noch nicht wie. Mut werde ich wohl brauchen. Verstehst du das?"

Peter sah mich länger an. Er kannte mich gut. Dann sagte er:

„Ja, ich glaub, so ungefähr versteh ich. Ein Mann weiß, wann er gehen muss. Bei mir war das auch so, als ich wusste, dass ich mich selbständig machen muss. Hörst Du mit dem Studium auf?"

- „Nee, das will ich schon fertig machen. Jetzt muss erst mal eine neue Idee her."

Das zweite Vorzeichen erschien, als ich mit meiner Salsaband auf dem Lohr-Tor-Straßenfest ein Konzert hatte. Ich saß an meinen Congas auf der Bühne und hatte mein fulminantes Solo. Auch da gab es ein riesiges Brodeln, aber auf der Straße. Die gesamte Fußgängerzone war voller tanzender Menschen. Eine riesige Party und eine wogende Welle Menschenkörper. Gesang, Tanz, Freude. Und mittendrin, während ich trommelte, hob sich mein Geist einfach heraus, aus dem Kopf und stieg über der Bühne hoch. Ich konnte alles überschauen. Die Geräusche wurden gedämpft, eine kristalline Klarheit im Kopf und meine innere Stimme sagte: „Schau mal, das ist genau das, was dir vor zehn Jahren vorschwebte, als du anfingst. Das wolltest du erreichen. Trommeln wurde für dich, eine Art von Gemeinschaft mit den Anderen zu leben. Hart hast du dafür gearbeitet, gekämpft und Vieles gelernt. Es ist erreicht. Nun, such dir ein neues Ziel! Eine andere Art mit den Menschen zusammenzuwirken ist nun dran."

Dann zog mein Geist wieder in den Körper und ich spielte

wieder mit den Anderen das Konzert zu Ende. Was mir die Stimme gesagt hatte, wollte ich erst nicht so ganz wahr haben. Es dauerte eine Weile, bis ich realisierte, dass ich mit der Musik in einer Sackgasse gelandet war. Immer mehr hatte ich das Gefühl bekommen, je professioneller ich Musik machte, dass es eigentlich immer weniger um die Musik ging, was wir machten. Es war weniger mit Sinn erfüllt, als früher. Und schließlich, wenn ich mich zu Hause zum Üben ans Klavier setzte, bekam ich so starke Rückenschmerzen, dass ich gar nicht weiterspielen konnte. Trotzdem war noch ein stärkerer Wecker nötig, um mir klar zu machen, dass es so mit der Musiklaufbahn nicht mehr weitergehen konnte.

Es befiel mich immer wieder die Sehnsucht nach tiefer Verbindung mit der Natur. Nach Tagen des Lebens ohne jegliche Technik. Der ständige Lärm von Maschinen den ich in der Stadt zwangsläufig in den Ohren hatte. Oder im Haushalt die Küchenmaschinen und Stereoanlagen konnten ganz plötzlich zum Stress werden. Es erwachte das Bedürfnis nach endlosen Spaziergängen, ohne einen einzigen unnatürlichen Gegenstand dabei. Eine Sehnsucht, die erst erfüllt schien, wenn mein Kopf überhaupt kein Bedürfnis nach keinem einzigen Ding der Welt mehr meldete. Lieber wanderte ich stundenlang durstig durch Wälder und labte mich an einigen Tautropfen von Blättern, oder erfrischte mir die Kehle an einem Bach mit wenigen Schlucken Wasser, als dass ich Proviant mitnahm. Und das lag nicht an einer Einstellung wie ein Asket sie hat, nie etwas brauchen zu wollen, sondern es war der Wille, wieder wahr zu machen, dass es nur die rechte Verbindung mit der Natur brauchte, bis sie für mich sorgte. Konnte ich meine Ängste fallen lassen und wieder losziehen? Ein Zustand wie im Leben der Vögel, dachte ich. So musste es Franz von Assisi entdeckt haben. Aus der Herzkraft heraus die Hingabe und Zuversicht zu nehmen und im vollen Vertrauen auf die Natur, in allem das Nötige gestellt zu bekommen.

Es häuften sich Erlebnisse, die diese Gewissheit stärkten. Manchmal gelang es mir durch meditative Übungen in diesen Zustand zu gelangen. Lösung von allem was vorwärts drängte war dafür nötig. Vergessen von allem was wichtig zu sein vorgab, aber in Wahrheit nicht war. Wenn es gelang, konnte ein einziger Moment genügen, vom Schleier der Ewigkeit einen Streif in der Seele zurückzubehalten. Alle Alltagsgesetze hatten sich dann im Nu hinweggehoben. Wenn ich dann wieder in die drei bis vier Dimensionen zurückgestoßen wurde, war ein kleiner, frischer Rest geborgen in meinem Gemüt. Dieser Nu war genug, für eine Zeit. Nach diesem Trunk am Oasenquell konnte ich im Alltag ein bis zwei Tage leben, ohne innen zu versiegen. Die Gewalttätigkeit des wölfisch eingerichteten Gesellschaftssystems fraß mich nicht ganz auf. Doch manchmal erreichte ich Frieden mit dem Leben nicht mehr. Druck in mir wuchs, zum Ausbrechen groß. Ich ging auf Streiftouren draußen. Raus, nur raus! Den Körper in Bewegung, das Blut in Wallung bringen und die Schienen des Systems im Feuer der Aktivität zerschmelzen.

Draußen war ich keinen Restriktionen und nur sehr wenigen Konventionen unterworfen. Selbst Bürger nahmen vieles in der Natur nicht mehr so eng. Außerdem merkte ich allmählich, dass die Deutschen, wie ich auch, einen Zug in der Seele zur Natur bargen. Manche lebten es sogar mehr oder weniger bewusst in manchen Nischen ihres Alltags aus. Ich erlebte einfach immer mehr den Wunsch, mich in der Natur aufzuhalten, zu bewegen und meine Ernährung zu verbessern.

Ein Problem bestand darin, dass auf die eine oder andere Weise die Natur sich mir schon etwas offenbart hatte. Und das galt auch für eine besondere Erscheinungsform der Natur, nämlich der Musik. In geheimer Tiefe hatte ich mehr als ein ahnendes Erleben der Musik, der Muse. Doch der Versuch, dieses Erleben mit den äußeren Tatsachen der Gesellschaft in eine lebbare Form zu bringen, zerriss mich manchmal völlig. Zum einen scheiterte ich an mir selbst, da mein Instrument: mein Körper, mein Geist, meine Seele, nicht in der Lage waren, jederzeit in diese tiefe Verbindung zu kommen. Zum anderen merkte ich mit der Zeit, dass meine Haltung und Absicht zur Musik eine völlig andere war, als bei den meisten anderen Musikern. Die meisten wollten Spaß und Einfluss, nicht Meditation, Transzendenz und Kunstinspiration. Manche fanden dabei ihre Bekannten und eine Nische, wo ein Kompromiss sich leben ließ. Und einige Jahre konnte ich ja noch mit einigen freigeistigen Musikern zusammen Projekte realisieren. Freie Schaffensprozesse ließen mich wieder etwas seelisch, rhythmisch, melodisch, harmonisch und lichtig atmen. Doch meine Lebensperspektive innerhalb der Gesellschaft fühlte sich wie in einer Sackgasse an. Ich war zu radikal, um einen faulen Kompromiss zu leben. Ich fand trotz aller Musik keine lebendigen Impulse mehr, die in unsere Kultur fließen konnten, also keinen Ansatz meine Arbeit auszurichten. Zwar erweiterte ich ständig meine Technik. Doch woraus konnte ich Neues schöpfen? Weder meine Eltern, Freunde, noch Lehrer hatten mir so eine Quelle aufgedeckt.

Das führte mich seelisch an einen Totpunkt. So einen Punkt kennt jeder Jugendliche. Die Wahrheit der Kindheit zerfällt, im Lauf der Pubertät. Die dunkle Seite von allem und die Gespaltenheit tut sich auf und droht, alles in der Seele hinunterzuschlucken. Im Lernen, der Kunst und Menschenbegegnung konnte ich die alles durchdringende Helligkeit wiederentdecken, doch nur da, wo echte Kunsthaltung im Spiel war, das echte Inspirationslicht schien. Wie viele gesellschaftliche Lügen und Selbstbetrug herrschten, wurde mir immer deutlicher. Das machte auch vor den Künstlern nicht Halt. Doch was viel schlimmer war: ich konnte mich davon nur sehr schwer abgrenzen, war selber von dieser Seuche befallen!

Ich wollte wirklich den alten Menschen in mir sterben lassen, war der Halblebigkeit müde. In einem Gefängnis fühlte ich mich, so groß wie unser Land. Ein Siechtum von Kultur erlebte ich in mir selbst und um mich. Und in meiner Seele schien es so dunkel. Ein allerletzter Glimmspan von Lebensfeuer schwelte – gerade genug, um mir zu erhellen, dass das wahre Leben noch nicht entdeckt war.

Wieder Instincto

Subhi war eine unserer Mitbewohnerinnen. Sie kam eines Tage von Freunden, ließ sich erschöpft ins Sofa fallen, das auf unserer riesigen Terrasse stand und lehnte sich an Anne. Nach ein paar Atemzügen konnte sie nicht mehr an sich halten. Denn sie war recht begeistert. Sie war immer nach interessanten Erfahrungen auf der Suche und hatte sich deshalb schon öfter in kuriose Situationen begeben. Außerdem hatte sie Sorgen mit ihrer Haut und forschte immer nach alternativen Mitteln dafür. Diesmal brachte sie das Instincto-Buch mit und verkündete, dass sie das für eine Weile ausprobieren wollte. Da hielt sie das Buch in den Händen, das mich vor Jahren so begeistert hatte. Das war ein Wink des Schicksals, auf den ich gewartet hatte. Ich sprang sofort auf und stimmte mit ein: „Wenn du das wirklich machst, bin ich dabei! Das lässt sich so viel besser realisieren, zusammen."

Schon am nächsten Tag starteten wir. Wir kauften eine Menge frischer Lebensmittel bester Qualität ein und futterten endlose Mahlzeiten durch, auf der Suche nach echter Befriedigung. Wieder waren Früchtesendungen von Orkos ein Segen. Nur, Subhi hatte keinen echten Willen. Sie hörte schon nach wenigen Tagen wieder auf. Nun ja, ich blieb für fast fünf Jahre dabei. Im ersten Moment hatte ich das so natürlich nicht vor. Es ging Schritt für Schritt.

Wieder kam eine herrliche Zeit des vitalen Aufgangs, mit dieser Ernährungsmethode. Und mein Lebensgefühl klärte sich deutlich in eine Richtung. Es zog mich immer mehr ins Grüne hinaus.

In dieser Zeit begann ich wieder Forschungen. Ich unternahm Essens-Spaziergänge, auf denen Stationen wie der Wochenmarkt, die Streuobstwiesen, die Pilzstellen im Wald und die Wildkräuter auf den Wiesen besucht wurden. Das Wasser und seine Qualität wurde ebenfalls ein Thema. Seit dieser Zeit begann ich, Wasser an Quellen zu schöpfen. Ich lernte viel über Botanik, besuchte Kurse und Treffen, lernte dazu und tauschte mich mit vielen erfahrenen Sonderlingen aus. Ich fand in Deutschland eine ausgedehnte Szene für Naturköstler vor. Auf einem der Kongresse traf ich eine Reihe von Menschen, die sich schon seit längerer Zeit nicht mehr materiell ernährten. Auch das gab es also. Mein Weltbild wuchs und das konnte mir als offenem und kreativem Menschen nur recht sein.

Ich war immer ein guter Esser. Mit Instincto nahm ich im Laufe eines guten Jahres 18 kg Körpergewicht ab, obwohl ich vorher keinen Dickwanst hatte und auch mengenmäßig keinerlei Einschränkungen vornahm. Solange ich kräftig und einsatzfähig blieb, wollte ich mir darüber keine Sorgen machen. Im Gegenteil, ich fühlte mich bestens. Übrigens nahm ich später bei gleichbleibender Ernährungseinstellung exakt dasselbe Gewicht wieder zu. Es war also ein geführter Austauschprozess meines Körpers, über längere Zeit. Alle Langzeitinstinctos sahen strahlend jugendlich aus, so auch ich. Das konnte man nicht von allen Rohköstlern sagen. Andere Richtungen bezogen nicht unbedingt natürliche Signale mit ein, sondern aßen nach Vorstellungen und Dogmen. Es gab darunter auch sehr dogmatisch eingestellte und körperlich und geistig verholzte.

Instincto war nicht gedankengesteuert sondern von den Sinnen her bestimmt. Unter anderem durch meine Ernährungsform entwickelten sich meine Sinne wieder über ein Normalmaß hinaus.

Joggen mit dem Tierbruder

Ich machte wieder außergewöhnliche Erfahrungen. Zum Beispiel: Um mein inneres Schmelzfeuer regelmäßig zu schüren, ging ich in den Hügeln, nahe unser Wohngemeinschaft, joggen. Wenige hundert Meter entfernt lag ein verträumtes Tal mit Bach. An den Hängen konnte man durch Streuobstwiesen streifen.

Hundehalter und Spaziergänger hielten sich dort gerne auf. Zwischen Hunden und Haltern konnte ich ab und zu ein Band sehen. Ich meine nicht die Hundeleine. Das tägliche Miteinander, wenn sie Seite an Seite durchs Leben gingen, hatte es geknüpft.

In diesen Hügeln sah man alle ausatmen, einatmen, sich weiten, sich mit dem Leben verbinden. Auch ich knüpfte dort ein Band, das jedoch nicht Halt machte, an der Grenze des Sichtbaren.

Wenn ich im Atem- und Laufrhythmus dort meine Joggingstrecke entlang rannte, kam ich schnell aus dem Kopf- und Weltgetriebe heraus. Je öfter ich dort lief, desto stärker merkte ich eine Kraft immer tiefer in mich einziehen. Sie sorgte dafür, dass sich mein Tastsinn über die Füße hindurch, bis in die Erde ausweitete. Von dort kam mir wohlige, warme Geborgenheit aus dem Erdinneren. Ich musste mich nur darauf konzentrieren. Meine Erdfühler wuchsen. Die Laufkraft ließ sich von dort herziehen. Dann über dem Kopf schob ich die ratternden Gedanken heraus. So konnte ich den Wind auf meiner Haut, in meinen Haaren spüren, und dehnte auch dort meinen Tastsinn aus. Ich durchbrach die Schädeldecke und sog die Licht-Luft aus den Höhen. Meine Lungen beatmeten sich so noch weiter und kühlten mir die heiß werdenden Fußsohlen.

Bald joggte ich barfuß. Dieser feine Anschluss an die Natur half mir, meine Füße so zu setzen, dass ich mich nicht verletzte. Wie ein Kind auf dem Schulweg versucht, im Spiel seine Füße nur auf freie Flächen zwischen Linien zu setzen, so setzte ich nun meine blanken Sohlen auf Gras und Erde zwischen Steine, Wurzeln und Pfützen.

Es hatte wieder diese spielerische Stimmung, hob das Herz hoch zu einem Jauchzen und gab mir volles Vertrauen in das Gute des Lebens. Alles in dieser Stimmung war mir im Leben gelungen. Die Ströme von oben und unten trafen sich in meinem Körper. Ich wurde ihre Mitte. Darin flossen meine Beine in pulsierenden Wellen. Mit der Zeit konnte ich wahrnehmen, wo diese Kräfte herkamen. Jedes Mal war es ein wenig anders. Immer mehr differenzierten sich Wahrnehmungen zu Formen und Farben bis ich innere Bilder und Landschaften, wie eine zweite Bildebene, vor dem Blick hatte.

Eines Tages, mitten im Laufen, kam ein Hirsch von der Seite aus dem Gebüsch gesprungen und nahm exakt mein Tempo an. Ich konnte seinen starken Rücken und sein mächtiges Geweih, hoch auf dem Kopf, im Lauf beobachten. Sein Rumpf war ganz Bewegung, die Kopfpartie völlig erhaben. Seine Hufe schlugen fest auf den Boden, mit dumpfem Aufprall. Noch waren seine muskulösen Hinterläufe direkt vor mir sichtbar. Ich konnte spüren, wie er auf mein Tempo Rücksicht nahm. Als ich anfing, mich zu freuen und auch mit ihm zu laufen, kam er dichter an mich heran. Kein Überfall, eine Absprache in Bewegung, ein Sich-bekannt-machen, Freundschaft schließen. Immer näher kam er und dann bis in mich hinein. Er lief dann in meiner inneren Landschaft weiter. Ich nahm von seiner Kraft, kontaktierte die Frühlingskräfte mit seinem Geweih, hatte nun vier Beine, nicht zwei, witterte die Luft aus seinen Nüstern. Beim ersten Mal kam ich erfüllt von diesem Wunderlauf nach Hause. War aber auch ein wenig verwirrt. Das Erlebnis lebte so ruhig, tief gegründet und klar in mir, dass ich nicht fürchtete, auf einmal verrückt geworden zu sein. Wiederum, wie nach dem Erlebnis im See als Wal, fühlte ich mich beschenkt, von einer wundersamen Seite der Welt, die mir bislang verborgen geblieben war. Ich traute dem Leben viel zu, doch, wie konnte ich diese, inzwischen häufigen Erlebnisse, in mein Weltbild einordnen und verstehen?

Langsam öffneten sich meine Augen für eine weitergehende Wirklichkeit in der Welt. Ich las Zeugnisse von Erlebnissen anderer Menschen, die noch ungewöhnlicher waren als meine. Ich las Bücher von Abenteurern und spirituell Suchenden, hielt Ausschau nach Wissenschaftsergebnissen, die an den Rand gingen.

Bald erinnerte ich mich an eine Geschichte, die ich als Kind gehört hatte, in der Indianer in tiefe Verbindung mit dem Geist eines Tieres treten konnten. Dieser wurde sozusagen ein Gefährte, ein Begleiter auf dem Weg durch das Leben und konnte in mancher Not raten und helfen. Die innere Verbindung, die durch Naturinitiation ins Bewusstsein gebracht wurde, konnte diese Gefährtenschaft aufgegriffen werden und lebenslang bestehen bleiben. Ich begann, mich mit den Indianern zu beschäftigen und fand dort tatsächlich Aufschluss, über mein Erlebnis mit dem Hirsch.

Viele Male kam er wieder, mein Tierbruder. Neue Kräfte erschlossen sich für spätere Läufe und versiegten nicht mehr. Bis zu der Zeit, da ich ihn vergaß...

Eine Frage tat sich mit diesen Erlebnissen umso mehr auf: Was genau machte mich eigentlich zum Menschen? Denn in solchen Momenten fühlte ich mich den Tierwesen so nah und verwandt. Ein anderes Mal fand eine Verbindung mit einer Pflanze statt. Das Denken würde dann gefühlsähnlicher. War das überhaupt noch ein Denken? Im Erkenntnisstreben, der Wissenschaft, der Kunst und im sprachlichen Ausdruck konnte ich menschlichen Ausdruck sehen. Warum aber erlebte ich dann die verschmelzenden Momente mit nichtmenschlichen Wesen so sehr als Erweiterung? Ich konnte mir diesen Zusammenhang vorerst nur damit erklären, dass alle Wesen, denen ich so begegnen konnte, mit mir denselben Urgrund teilten. Und dass aus irgendeinem Grund der trennende Schleier zwischen den verschiedenen Wesensarten bei mir manchmal durchscheinend war.

Natürlich hätten viele normal denkende Menschen von mir behauptet, dass ich sowieso spinne. Aber ich erlebte in diesen besonderen Momenten, dass gerade das wissenschaftliche Denken, das ich mir in der Schulzeit angeeignet hatte, es mir ermöglichte, mit Bewusstsein diese Vorgänge zu verfolgen und in Begriffe zu fassen.

Schwitzhütten

Viele dieser Erlebnisse erinnerten an indianische Initiationen. So war klar, dass ein bewusster Schritt in dieser Richtung kommen musste.

Eines Abends saß ich mit Peter auf der Terrasse der Wohngemeinschaft und wir sprachen über dieses Thema. Ich erzählte ihm auch das Erlebnis mit dem Hirsch und wie sehr mich das an die Indianer erinnerte.

Er sagte: „Ich kenne einen, der angeblich schon viele Schwitzhütten, wie die Indianer sie als Reinigungsritual durchführen, angeleitet hat. Anscheinend hat das einen ganz festgelegten Ablauf."

Ich war begeistert: „Au ja! Kannst du ihn einmal fragen, ob er das mit uns und vielleicht ein paar anderen macht?"

Peter telefonierte mit dem Mann, Denis hieß er und es wurde ein Termin ausgemacht. Wir sollten bis dahin so viele Decken wie nur möglich sammeln, sagte der. Am vereinbarten Tag fanden sich zwei Autos voll Menschen bei Denis zu Hause ein. Dort holten wir noch ein paar Kisten voller Decken aus seinem Keller.

Aber aus irgendeinem Grund war es mit ihm, als wäre die Handbremse noch angezogen, oder sonst etwas nicht gelöst. Er sprach von haufenweise heiklen Vorbedingungen. Alles müsste zusammenpassen, wie die Sterne, die beteiligten Leute und der Platz. Er wurde seine Vorbehalte nicht los.

Mit größter Mühe gelang es uns, über einen Platz einig zu

werden. Es war ein Steinbruch, den er vorschlug. Schließlich war er der Anleiter und sollte die Wahl haben. Aber als wir dort ankamen, war alles so ungemütlich und voller verregneter Pfützen, dass wir uns keine solche Aktion dort vorstellen konnten. Dann ging die Diskussion über geeignete Plätze von Neuem los.

Ich schlug einen schönen Platz an einer Quelle vor, den ich vom Wandern her kannte. Nur war er einige Kilometer weit weg. Endlich kamen wir auch dort hin. Dann hatte Denis weiter solche Bedenken. Nun vor allem wegen der vielen verlorenen Zeit. Denn die Sache brauchte einige Zeit.

Der Zweifler gewann inzwischen so viel Einfluss auf das Gemüt der anderen Gefährten, dass nun fast alle die Motivation verloren hatten. Nur Peter und ich, langsam ebenfalls leicht gesäuert, fragten, ob er uns das genau erklären würde, damit wir es selbst durchführen könnten. So könnten sich alle, die gehen wollten, in das eine Auto quetschen und wir hätten hier unsere Ruhe und jede Menge Decken zur Verfügung.

Wir bekamen tatsächlich die nötigen Erklärungen:

Man musste Äste sammeln, aus denen man eine Art igluförmiges Zeltgestell baute. Darüber wurden die Decken in mehreren Schichten gelegt. Sie hielten die Wärme im Inneren. Die Hütte würde dann geschlossen und mit Kräutern und Wasserdampf über den glühenden Steinen heiß gemacht. Während der Aufbauarbeit mussten große Steine im Feuer heiß gemacht werden. Sie wurden dann glühend in eine Erdmulde in der Mitte abgelegt. Dann wurden Gebete und Lieder gesungen, oder man sprach sich Belastendes von der Seele.

Auf diese Weise entstand ein neuer Bau, nur für dieses eine Ritual und verschwand am Ende auch wieder. Sämtliche verwendete Materialien waren möglichst natürlich, also Holz, Steine, Woll- oder Baumwolldecken usw.

Im schlechtesten Fall wäre es uninspiriert, also nur eine Einwegsauna, sagten wir uns. Kaum waren die Anderen trübsinnig abgefahren, kehrte bei uns eine entspannte Geschäftigkeit ein. Wir waren fest entschlossen, notfalls die ganze Nacht für diesen Versuch einzusetzen und freuten uns darauf. In aller Ruhe bauten wir die Hütte am oberen Ende der Quelle auf. Dort war eine kleine ebene Grasfläche mit einer Feuerstelle. Es war ein herrliches abgelegenes Plätzchen. Nur selten kamen tags Wanderer oder Schäfer mit ihren Herden vorbei. Nachts kam hier höchstens ein Käuzchen heran geflogen.

Während uns inzwischen ein kräftiges Feuer den Platz erhellte, die Steine aufheizte und schönes orangenes Licht auf die zwei Weidenreihen entlang des Bachlaufes warf, mussten wir immer wieder über unseren ersten kuriosen Schwitzhütten-Indianer lachen und stärkten uns gemeinsam den wilden eigensinnigen Unternehmungsgeist.

Nach dem ersten Durchgang wuschen wir uns mit Bachwasser und hockten eine Weile still am Bachlauf. Und ein zweiter Gang folgte.

Wenn Dampf und Kräuterduft allzu heiß wurden, beugten wir uns zu Boden, wo etwas kühlere Luft war. Wir waren, wie in vielen Situationen, ein gutes Team und es stellte sich ein guter Geist ein. Voller Ruhe und unspektakulär räumten wir auch wieder auf. Das Ganze ein wunderschöner erster Versuch.

Bald darauf wollten wir am schon erwähnten Badesee unsere zweite Schwitzhütte durchführen. Da verabredeten wir uns gleich nur zu zweit, um es unkompliziert zu halten. Wieder war es spät am Tag. Das letzte Licht hatten wir ge-

nutzt, um einen Berg Holz zu sammeln. Der See lag, groß-
räumig gesehen, zwischen einer Autobahn und einer Land-
straße. In der Stille der Nacht fiel es mir erstmals auf. Das
Rauschen des Verkehrs war deutlich zu hören. Wir ließen
uns davon nicht stören, waren wieder sehr fokussiert am
Werk und hielten uns so weit als möglich an die gelernten
Abläufe.

Diesmal geschah etwas Eigenartiges. Sobald der Dampf
aufstieg und wir anfingen uns ehrlich unsere Sorgen mitzuteilen, legte sich eine dichte Atmosphäre auf uns herunter,
die uns völlig ungestört ließ. Wie in einem zauberhaften Ei
oder unter einem Schutzmantel, so fühlte es sich an. Erst
merkte ich es nicht. Doch etwas später, als wir eine ganze
Weile schwiegen, war es überdeutlich. Es herrschte eine völlige Stille. Nicht der geringste Laut war zu hören. Und so
blieb es bis zur letzten Minute, als wir wieder die Tür aus
Decken öffneten. Dann war sogleich wieder Straßenrau-
schen hörbar. Wir erfrischten uns im See und brachten auch
diesmal ein schönes Erlebnis zustande.

Nicht immer nur leichte und erhebende Erlebnisse gab es
auf diesem Pfad. Eines der stärksten erfuhr ich einige Zeit
später mit ein paar Freunden in Marburg. Dort lebte eine
befreundete Erlebnispädagogin in einem großen Garten mit
einer Jurte. Sie war in die Lakota-Art Schwitzhütten abzu-
halten eingeführt worden. Deshalb stand in ihrem Garten
auch eine Schwitzhütte.

Wir beide hatten eine Gruppe als zukünftiges Betreuer-
Team für eine Kinderfreizeit zusammenzustellen. Und da
noch eine weitere Person in dieser Gruppe ebenfalls Lakota-
Schwitzhütten-Erfahrung hatte, kamen wir auf die Idee, wir
könnten eine Schwitzhütte als teambildendes Erlebnis ein-

setzen. Schließlich kannte ich Schwitzhütten nur als ruhigen und entspannten Event.

Ostern war gerade vorbei. Die beiden erfahrenen Frauen übernahmen die Durchführung. Alle waren vorbereitet und einverstanden. Wir hatten alles durchgesprochen. Zu sechst starteten wir, drei Frauen und drei Männer. Eine Person übernahm immer die Rolle des Feuerwächters. Er trug die glühenden Steine mit einer Schaufel vom Feuer in die Hütte. Er behütete auch die Feuerlinie, die niemand übertreten sollte. Und gegebenenfalls gab er den Teilnehmern Wasser, Kräuter oder Tücher an.

Professionell begann Simone mit einem Gesang und einer feierlichen Ansprache. Sie regte dazu an, dass sich alle aussprachen, mit ihren Wünschen und Belastungen für dieses Treffen, die Schwitzhütte oder auch die Kinderfreizeit. Mit erstaunlicher Offenheit teilten sich alle mit. So entstand eine sehr herzliche und innige Stimmung. Ich war als letzter an der Reihe und begann mit ein paar Beklemmungen, sie anzusprechen. Da sprach ich so eine Weile und dann überfiel mich plötzlich ein unsäglicher großer Schmerz. Ich konnte ihn mit nichts verbinden. Er war so unfassbar und gleichzeitig so grenzenlos, dass ich nur anfangen konnte zu schreien und zu heulen. Erst wogte das auf und wieder ab. Simone stimmte geistesgegenwärtig wieder ein Lied an. Das half mir nichts, aber sicherlich den Anderen. Die Welle des Schmerzes wogte wieder auf und türmte sich sogar noch höher zu einer Wand. Einfach alles tat unsäglich weh. Als ob die ganze Welt um mich aus Schmerz bestünde und nun mit einem Mal in mich hineinstürzte, so fühlte es sich an. Und ich konnte nicht im Geringsten dazu eine Distanz oder einen Begriff bekommen. Es war einfach da und nahm alles von mir ein.

Die Freunde hielten mich an beiden Seiten an den Händen. Ich schrie ohne Ende und würgte, dass ich auch immer wieder nach Luft schnappen musste. Eine unendlich lange Zeit ging das. Ich hatte kein zuverlässiges Zeitgefühl mehr. Aber sicher eine halbe Stunde lang.

Kein einziges seelisches Bild war damit verbunden. Keines Gedankens war ich fähig. Ich und Schmerz waren die gesamte Zeit nicht voneinander trennbar. Und zum Glück standen mir die Freunde bei, ohne Beschwerden. Irgendwann so wie es gekommen war, war es auch wieder verschwunden. Es klang ab. Und unendlich langsam wälzten wir uns aus der Schwitzhütte. Sobald ich mich am Wasser waschen konnte wendete sich die Wirkung. Als ob ich mit dem Wasser alle letzten Reste von Schmerz abwaschen könnte, wurde mir leicht und ich musste lachen. Jetzt lachte ich alle an, umarmte sie und bedankte mich bei ihnen.

Am Rest dieses und am folgenden Tag hatte ich ein rätselhaftes Strahlen im Gesicht. Ich bemerkte es erst nicht. Aber die anderen staunten ständig darüber, bis ich in den Spiegel sah. Tatsächlich sah ich auch viel jünger aus, als vor der Schwitzhütte. Als ob mit diesem Schmerz auch alle Belastung im Gesicht von mir abgefallen wäre. Für lange Zeit blieb mir dieses Erlebnis ein Rätsel. Erst viel später sollte ich Hinweise bekommen wie das alles zusammenhing.

Es hätte mich nicht gewundert, wenn einer oder mehrere von den Teammitgliedern nun abgeschreckt gewesen wären und ihre Teilnahme am Kinderlager gekündigt hätten. Doch es wurde ein gutes Lager mit einem richtig guten Team.

Instincto - Gemeinschaft

Je natürlicher mein Lebensstil wieder wurde, desto deutlicher empfand ich die innerlich kompromittierte Situation der Gesellschaft. Deshalb unterbrach ich mein Studium, unter der Angabe, ein Auslandssemester zu machen.

Dann wurde ich für ein gutes Jahr Mitglied in der Lebensgemeinschaft der Instinctos. Auf unbestimmte Zeit zog ich auf ihr Kurschloss in Frankreich und arbeitete im Früchteversand und Freizeitprogramm mit. Kurgäste wurden am Esstisch beraten und in ihrer Freizeit ging ich mit ihnen joggen oder machte Musik und Ausflüge. Als Telefonist und Versandverpacker machte ich mich ebenfalls nützlich.

Es war Frühling als ich dort ankam und ich erlebte eine weitere Serie von Naturerfahrungen:

Das Wetter ließ es zu, dass ich einer Lust, öfter draußen zu schlafen, nachgeben konnte. Ich breitete monatelang meine Matratze unter einem großen Baum aus und schlief dort sehr gut. Nur ganz wenige Male regnete es in dieser Zeit. Morgens konnte ich, von Naturklängen umgeben, langsam aufwachen. Ein Vogel war dort auch morgens öfter unterwegs und äugte mich aus gebührendem Abstand an. Eines Morgens saß ich noch im Dämmer des Erwachens, aufrecht in meinem Wiesenbett. Da flog mir der Vogel geradewegs auf den Kopf und pickte dort sanft herum. In den letzten Tagen hatte sich dort eine kleine Wunde geöffnet. Das kam bei intensiven Entgiftungsprozessen ab und zu vor. Der Vogel operierte mir fachmännisch den Schorf weg, der sich an meinem Kopf befand. Während er arbeitete, spürte ich die schnelle Heftigkeit seiner Bewegungen, gleichzeitig die Behutsamkeit. Ich war beeindruckt und erinnerte mich wieder stark an Franz von Assisi.

Gerne unternahm ich nachmittags längere Spaziergänge im angrenzendem Wald. Meiner Sehnsucht folgend, mich immer weiter in den unverfälschten Naturzustand zu begeben, fing ich an, meine Kleider an einer Stelle des Waldes liegen zu lassen und nackt weiter zu spazieren. Das war nicht ganz ungefährlich, denn in Frankreich ist das nicht eine Sittenwidrigkeit, sondern eine Straftat. Gerade das half mir aber, zu weiteren Entdeckungen. Denn meine Aufmerksamkeit war wie bei einem Reh aufs Äußerste gesteigert. Jeden noch so kleinen Laut fing ich auf, damit ich, falls es andere Menschen wären im Unsichtbaren bleiben konnte. Und meine Ohren wurden wirklich sehr hellhörig dabei. Niemand entdeckte mich. Manche Lebensäußerung kam mir zu Ohren...

An einem Tag lief ich den kleinen Bach entlang, der sich dort schlängelte. Das melodische Plätschern des Wassers drang mir immer tiefer in die Ohren. Gern wollte ich mich mit dieser Kraft des Wassers verbinden, trank einen Schluck, merkte, dass mein Körper diese Verbindung nicht gesucht hatte. Wie in einen Mantel wollte er sich in das Wasser kuscheln. Das Bächlein war recht flach. Deshalb legte ich mich flach auf den Rücken, so dass sich das Wasser gerade an meinem Kopf teilte und dann weiter am Körper herunterfloss. Die Augen waren über Wasser und konnten so geradeaus zum Himmel blicken. Himmelsblau floss mir in die Augen und das kühle Wasser strich immerzu kräftig an meinem Körper herunter. In dieser Badewanne verweilte ich andächtig einige Minuten und sog dieses Zusammenspiel tief ein. Immer reiner durchleuchtet und kristalliner fühlte sich alles an.
Anderntags stand ich etwas länger an einer Stelle, um einen Baum zu bewundern, der auf einer Lichtung im Wald erha-

ben dastand. Im Anblick versunken, wurde ich ganz still. Irgendwann hörte ich ein feines Geräusch neben mir und schaute dort hin. Da stand ein Fuchs, keine zwei Meter von mir entfernt und schaute mich wie eine Katze an. Ich verhielt mich weiter still und schaute. Er ebenfalls. Ich ging immer tiefer in seinen Blick und konnte sehen, wie wenig Bewusstsein darin lag, aber auch überhaupt keine Angst. Ich fragte mich, was er in mir sah. Ich hatte ja keine Menschenkleider an. Vielleicht hatte er einen Menschen so noch nie gesehen. Aber vielleicht war es auch etwas anderes, was ihm so unfremd vorkam, denn er schien mir nicht allzu sehr nach dem Sehen seine Umwelt einzustufen. Ich erinnerte mich an einen Satz, den ich im Survivaltraining gehört hatte, dass man nach drei Tagen in der Natur den Zivilisationsgeruch verlor. Vielleicht hatte ich inzwischen schon für Naturwesen eine etwas andere Erscheinung bekommen.

Das Sozialleben in dieser Gemeinschaft war auch unkonventionell. Ernährung war nicht nur eine Sache der Stoffe, erkannte ich langsam. Wir waren in einem ständigen Nahrungsprozess begriffen, bei dem es auch um frische Luft, Licht und Gedanken ging, nicht zuletzt auch um Gefühle. Die Rohkost war in diesem Sinn kein dogmatischer Selbstzweck, sondern ein Weg, sich die lebendigen Aufladungen der Natur in wahrnehmbar sinnvolleres Leben, in bewusster Begegnung zuzuführen. Und seinen Instinkt für Ernährung wieder zu stärken, war damit auch kein tierischer Prozess, wie manche vorurteilten.
Bewusster Sinneseinsatz und begleitende Gedanken, die in eine bewusste Entscheidung mündeten, steigerten den Prozess in eine andere Kategorie. Und genau dasselbe fand auch mit dem Körper statt, wenn man diese Ernährungs-

weise länger pflegte. Das Instrument wurde immer feiner und durchlichteter, was über die Grenzen der rein materiellen Zusammenhänge führte. Das konnte man schon bei normalem Essen beobachten. In dieser Methode führte es in Kontakt mit einer Art innerem Kontinuum, einem intuitiven Wissen über Lebenszusammenhänge. Die Instinctos behaupteten, das läge tief in den Zellen abgelegt. Die Annäherung an einen Naturzustand der Kräfte machte hohe Fähigkeiten möglich, die man sonst aus therapeutischen Berichten kannte, oder als Erlebnisse von Menschen die einen spirituellen Weg beschritten. Ich hielt die Erklärung aber für zu materialistisch. In meinem Erleben verband sich vielmehr die tiefliegende Körperebene mittels Licht, Wärme und Bewegungskräften mit einer viel weiteren Ebene im Raum. Dort war Bewusstsein zu finden und konnte in mir als Gedanken und Gefühle neu Ausdruck annehmen. Es schien mir wie ein künstlerischer Vorgang, während einer Tätigkeit eine Harmonieebene zu streifen und so inspirierend hereinwirken zu lassen. Warum sollte das nicht auch mit dem Körper selbst als Werkstoff möglich sein?

So war es für mich auch nur selbstverständlich, dass die Sozialformen auf dem Schloss andere waren. Man versuchte aus Inspirationen des Kontinuums zusätzliche Anhaltspunkte und Positionen aufzunehmen. (Den Begriff Kontinuum habe ich von der Anthropologin Jean Liedloff übernommen, die ihn als Quelle tiefliegenden Wissens nannte, das sie bei peruanischen Indianern entdeckte.) So konnte man aus einem erweiterten Horizont heraus zu Handlungen und Entscheidungen kommen. Dafür fanden auch spirituelle Treffen statt und Beratungen über Wirkungen und Entscheidungen in der Liebe. Diese Menschen machten sich mutig an neue Gestaltung von Lebenszügen.

Mit Yoga kam ich dort erstmals in richtigen Kontakt. Ulrich, ein betagter Berliner war kriegsversehrt, musste mit einem klumpigen Knie humpelnd laufen. Er hatte sich aber ansonsten mit zähem Gesundheitsstreben in erstaunliche Form gebracht. Ungeachtet seines hohen Alters war er einer der aktivsten Rohköstler im Schloss und bot mit wohltuendem Humor die einfachen 'Fünf-Tibeter-Yoga-Übungen' im Freizeitprogramm an. Die nahm ich gerne auf und übte sie oft.

Er erkannte auch auf einen Blick das Entwicklungsniveau der Teilnehmer und stellte sich auf sie ein.

Eines Morgens saßen wir beim gemeinsamen Frühstück, an einem großen Tisch in der Sonne, im Innenhof des Schlosses. Das Gespräch drehte sich gerade um Wunderheilungen durch Ernährung und andere alternative Maßnahmen.

Da sagte er in seiner schönen altmodischen Art: „Es gibt so viele wundersame Dinge in der Welt. Man tut besser daran, so viel wie möglich zu lernen und auszuprobieren, statt klug daherzureden. Egal was du erreichen willst, das Wichtigste ist erst einmal, genügend reines Wasser zu trinken. Und je besser die Wasserqualität ist desto nahrhafter ist es. Wie ich gerade beobachtet habe, haben hier einige das noch nicht beherzigt. Kommt Kinder, trinkt erst einmal ein Glas Wasser, dann spricht es sich auch über Gesundheit viel besser!"

Er schenkte den „Kindern" aller Altersgruppen ein Glas ein, wie man sonst seinen selbstgebrannten Schnaps. Keiner wollte sich seinem Altherrencharme widersetzen.

Dann wandte er sich zu mir: „Wer sich von den feineren Lebensmitteln ernähren will, muss irgendwann auch über die Elemente und Kräfte nachdenken. Wir ernähren uns nämlich nicht nur von Dingen. Selbst die Angabe, dass wir zu über 70% aus Wasser bestünden, ist nicht richtig. Denn wir sind doch nicht nur ein Ding. Wenn man nur auf die Stoffe guckt stimmt das vielleicht, aber was ist denn mit der Luft? Wenn wir das einmal genau nachprüfen, kommen wir auf hohe Anteile an Luft in uns. Riesenmengen schaufeln wir täglich durch uns hindurch.

Doch höre, es geht noch weiter! Wie steht es mit der Kunst und gutem Geist? Ist ein gutes Gespräch nicht Nahrung, oder ein Konzert, ein lieber Blick von einer schönen Frau, oder die Fünf Tibeter?"

Manche die lauschend dabei saßen, stimmten zu und nickten. Ulis Ausführungen waren für mich immer interessant. Er hatte enormen Weitblick. Und in seinem hohen Alter hatte er schon viel Mitteilenswertes gesehen.

Zum Glück fuhr er noch weiter fort: „Was immer wir zu uns nehmen, schon von den Dingen der Erde, woher kommen die denn eigentlich? Von der Sonne! Alles kommt von ihr. Es ist das Licht, das ernährt. Aus diesem Grund stelle ich meinen Salat und die Früchte die ich esse, erst einmal auf die Fensterbank. Das geht sogar mitten in der Großstadt."

Ich erinnerte mich daran, dass in der Ernährungslehre der Schule das Thema der optischen Aktivität einiger Lebensmittel für mich besonders interessant war. Man hatte zum Beispiel herausgefunden, dass Zucker regenbogenfarbige Schleier, bei seiner Auflösung, in Flüssigkeiten erzeugte.

Und Uli fuhr noch fort: „Es gibt eine alte asiatische Lehre, die schon vor Jahrtausenden existierte. Sie kann uns heute in dieser materialistischen Zeit helfen. Sie behaupten da, dass alles was uns passiert, zuerst in einem regenbogenbunten Leib, den wir in einem etwa drei Meter weiten Radius um uns herumtragen, sichtbar ist. In diesem sogenannten Lichtorganismus gehen lebendig geformte Lichtbewegungen einer Farbe in Bahnen zwischen Kraftfeldern und formen so die körperliche Wirklichkeit vor. Manche Stellen sind dabei zentral, die nennt man Chakren. Es gibt davon tausende. Doch alle unterstehen einer Steuerung von den sogenannten Hauptchakren. Davon gibt es sieben. Jedes hat eine andere Farbe. Sie fügen die Realität, die wir im darauf folgenden Stadium in den tatsächlichen Dingen und der körperlichen Realität erfahren.

Der Lichtkörper ist für manche geschulte Menschen sichtbar. Angeblich können sie eine Krankheit im Lichtleib, oder in der Aura, wie sie sagen, schon sehen, bevor du sie an deinem Körper bemerkst.

Diese Farbenkraftzentren werden in ihrem Aussehen mit Rädern oder Blumen verglichen. Bei Aktivität rotieren sie, wie eine duftende Blüte, die du in den Fingern drehst.

Manche Anhänger asiatischer Erleuchtungen setzen sich morgens in die Landschaft und schauen sich das Licht an, wie es vom Morgen geboren wird. Das macht die ganze Regenbogenpalette durch. Vom tiefen Blau bis zum strahlenden Weißgelb. Also wenn das keine Ernährung ist, dann weiß ich nicht. Wer kann ohne das Licht existieren, länger als ein paar Tage? Niemand!"

Mit diesem ersten Anfang einer Farbenlehre des Lebensorganismus machte mir Uli ein Riesengeschenk. Ich vermute sogar dass ihm das klar war, so klug wie er war. Es dauerte einige Jahre bis ich davon mehr durchdringen konnte. Die Zusammenhänge sind sehr weitgehend.

Bald darauf nahm ich an einem Mini-Triathlon teil. Einer unserer Mitarbeiter war sportbegeistert und stets darauf aus, zu beweisen, dass Instinctos leistungsfähiger sein könnten, als Sportler, die sich normal ernährten. So begeisterte er eine große Gruppe von uns zur Teilnahme. Wir trainierten zusammen und bestärkten uns beim Wettkampf. Es war wirklich eine Freude, entlang der Strecke mit etwa 800m Schwimmen, 35km Radfahren und 6km laufen.

Als ich im Ziel ankam, stand da meine Freundin. Sie umarmte mich und sagte: „Du riechst wirklich lecker, ganz fruchtig, nach Zitrone!"

Das war der Einstieg zu einer langjährigen Entwicklungskette von gezielten Bewegungsübungen. Ich pflegte sie, bis ich Sport für Freie Waldorfschulen studierte und in diesem Zuge die Bothmergymnastik und Eurythmie aufnehmen durfte.

Entscheidung

Den so progressiven Zügen einer selbstorganisierten Lebensgemeinschaft gegenüber, erlebte ich meine zivilgesellschaftlichen Lebensseiten an einem Ende angekommen.

Mein Interesse für diese Gebiete alternativer Lebensweise, hatte so weite Horizonte eröffnet, dass die weiteren, noch unentdeckten Wahrheiten unendlich schienen. Diese spannende Forschung wollte ich noch viel weiter treiben! So geheimnisvoll und gütig erschien mir das Leben auf dieser Fährte, dass mich nichts davon hätte abbringen können.

Auch das dritte Jahrtausend stand vor der Tür. In der Öffentlichkeit fieberte man ständig der Erreichung der Jahreszahl 2000 entgegen. Doch außer im Feld der Technik wurde über keine Pläne für ein neues Jahrhundert oder gar Jahrtausend gesprochen.

Die Bürgerlichkeit saß überall noch so tief in den Seelen, lähmte auch mich noch und hielt im Schlaf- bis Traumzustand. Vom erfrischenden Anhub grünen Bewusstseins durch den politischen Erfolg der Partei „Die Grünen" war in diesen Jahren wenig zu spüren. Die Themen waren von anderen vereinnahmt worden und das Progressive der Partei in inneren Streitigkeiten und einem Bestreben nach Macht gewichen.

In dieser zu laschen, zu bürgerlichen Haltung in Lebensfragen, sah ich die alte Seite meiner Herkunft, die ich wie eine Schlangenhaut abstreifen wollte.

Den Grund dafür sah ich darin, dass die Kulturlandschaft bei uns innerlich völlig ausgehöhlt war.

Irgendwann war die Kultur wohl einer lebendigen Quelle entsprungen, doch die sprudelte nicht mehr, wurde nicht mehr besucht. Das Resultat erlebten die Menschen als Leere. Ersatzweise suchten viele ihren Sinn in Erfolg oder Geld. Ich erlebte mich und uns alle in einem Gefängnis, so groß wie unser Land. Und so trug ich die Hoffnung zum Sterben. War es möglich, dass im Sterben alter Teile etwas Gesundes war, eine Entwicklung zum Geistigen hin?

„Jeder alte Zug des Lebens soll sterben!", dachte ich in meiner Radikalität.

Capoeira

Während mich diese Fragen innerlich aufwühlten, machte ich mich auf die Suche nach einer Capoeira-Gruppe. Diesen Kampftanz aus Brasilien hatte ich ab und an in Medien und auf der Straße gesehen.

Am meisten faszinierte mich daran die Verbindung von Musik, Gesang und Bewegung. Vor allem wurde dabei das Berimbao gespielt. Dieser einsaitige Musikbogen wurde mit Rassel und Stöckchen in der Hand, rhythmisch gespielt. Mit einem Stein verkürzte man die Saite zu einem höheren Ton. Sein eigenartig erdiger und schnarrender Klang zog mich stark in seinen Bann. Zum ersten Mal hatte ich Nana Vasconcelos den Bogen spielen sehen. Sein Gesang erzählte mir aus einem fernen Land Geschichten die mich lockten.

Ich wollte es lernen. Kurzerhand suchte ich eine Capoeira-gruppe auf, die in den Räumen einer Christlichen Gemeinde üben durfte. Der Trainingsleiter brachte mir schon am ersten Abend etwas darauf bei und half mir, ein Instrument zu besorgen. Vieles davon konnte man selber herstellen.

Bei den Treffen lernte ich nur noch viel mehr. Die ganze Seite des kultischen Kampftanzes tat sich auf. Und wöchentlich ging ich nun zum Training der Tänze, Gesänge und des Berimbaospiels.

Auch der Umgang miteinander war besonders. Man ging sehr lustig und entspannt miteinander um. Der Tanzkreis bot ein Podium, alle Arten von Spannungen auszuleben und loszuwerden. Es konnte auch einmal sehr heftig zu Auseinandersetzungen kommen, wenn zwei im Tanz ihren Aggressionen Luft machten. Doch gerade deswegen konnte man danach wieder zwanglos miteinander unbeschwert sein. Dort schloss ich einige Freundschaften, die bis heute hielten. Ein Stück brasilianische Lebensart kam mir dabei so nah, dass es neues Licht warf, auf die Frage, in welches Land ich einmal reisen sollte, um das Trommeln vor Ort direkt aus der Kultur aufzunehmen. Kuba, West-Afrika oder Brasilien hatten mir für dieses Projekt vorgeschwebt. Nun ging das ganz organisch in Richtung Südamerika.

Erwachen

Im Jazzclub wurde damals noch geraucht. In dem Nebel, vermengt mit Alkoholgeruch und harten Brocken von Rhythmus und Jazzmelodien purzelten so einige Aktivitäten durcheinander. Um uns zu verständigen, mussten wir uns regelrecht anschreien. Der größte Tisch im Clubkeller war während der Jazz-Sessions für die Musiker reserviert. Viele junge Frauen waren hier immer zu Gast. Denn Musiker waren für sie irgendwie mystisch faszinierend. Wir waren natürlich die treuesten Besucher, da immer Mitstudenten hier aufspielten. Und meist waren wir auch die wohlwollendsten Kritiker. Eine Session hatte immer viel mit Begeisterung zu höheren Leistungen zu tun. Viele anfeuernde Rufe, mitten im Spiel der schwitzenden Musiker, waren keine Seltenheit. Und manche neue Idee bekam ein Jazzer in solcher Umgebung. An diesem Abend war es auch wieder so, anfangs. Die Stammbesetzung durfte ungestört die ersten 30-40 Minuten ihr Programm spielen. Danach durfte man die Musiker ablösen und die Session mitgestalten.

Eine attraktive Brunette mit schmalem Gesicht fragte mich: „Bist du auch einer von denen?"

Ich sah sie an. Es leuchtete in ihren Augen.

Ich sagte: „Ja, sagen wir, ich versuche es mal ernsthaft."

Sie lachte: „Warum Jazz und nicht Klassik?"

Sie war anscheinend ein interessierter Mensch.

Ich antwortete: „Ich studiere improvisierte Musik. Das ist ein Weg der Freiheit!" Ich wies auf die Bühne und fügte hinzu: „Falls die anderen Musiker dabei gerade mitmachen."

Sie war zum Glück nicht so oberflächlich, wie die meisten anderen dort. Und auch nicht vom Lärm kleinlaut geworden. Dann fragte sie: „Warum siehst du dann so trübe drein?"

Nun war ich doch erstaunt und erfreut zugleich, gab mir also etwas Mühe: „Diese Musikart hat ein Ansehen und eine Lobby, ja eine Industrie und eine „Szene". Eine kleine Gesellschaft in der Gesellschaft, ein Netzwerk von Freundschaften und Bekanntschaften. Einige hier fühlen sich wohl und können von ihren Konzerten leben. Manchmal trifft man hier sogar einen interessanten Menschen, wie dich zum Beispiel. Aber so schön das hier momenteweise ist, hatte ich doch in den vergangenen zwei Studienjahren hier nur ein ernüchterndes Leben." Ich griff mit der Hand ans Herz. „Weil es irgendwie nicht ehrlich ist und da drinnen bleibt es leer, verstehst du?"

Sie nickte.

Ich fuhr fort: „Alle meine Freunde in dieser Stadt sind keine Jazzer, sondern aus der Weltmusikszene. Da ist Offenheit für Urkräfte. Ein Musiker ist dort angesehen. Es herrscht eine positive Magie, bis ins Soziale. Da ist, als ob musikalische Geister zum Musizieren gerufen hätten.

Sie erwiderte: „Aber schau mal, das ist doch eine tolle Stimmung hier!"

Noch einmal sah ich durch den Raum. Dann sagte ich: „Im Moment ist es vor allem laut! Das allein finden schon viele toll, egal ob gut oder schlecht gespielt wird. Aber wenn du genau hinschaust, wirst du sehen, ob die hier miteinander am Glück basteln."

Der Raum war von Drogen und einem oberflächlichen Begegnungsstil der Menschen geprägt. Viele waren auch nicht mehr recht bei Sinnen, manche sogar betrunken. Sie drehte den Kopf durch den Raum und schaute wieder zu mir: „Die meisten hier wollen doch nur ihren Spaß. Und sie haben ihn auch, mit Alkohol, Lärm und Musik. Was willst du denn?"

Ihre vorurteilsfreie Haltung bestach mich und selten fand ich jemanden so interessiert. Und wir kannten uns nicht.

So antwortete ich: „Langsam wurde mir klar, dass du hier als Musiker zur Unterhaltung zu funktionieren hast. Jeder soll hier musikalische Floskeln nach technischer Verlässlichkeit zur möglichst spektakulären Geltung bringen. Wie jemand zu eigener musikalischer Identität gelangen kann, oder welche Melodie im Moment über dieser Stadt zur Neuentstehung aus den Wolken herunter sinkt, bleibt ein Geheimnis. Wie machen wir uns hier zu Grenzen auf, oder sogar darüber hinaus, zu etwas Neuem? Klingt natürlich sehr philosophisch, entschuldige, vielleicht langweile ich Dich, aber ich finde diese Art hier, Musik zu betreiben, langweilig!"

Sie sagte: „Schon ok. Dann musst du etwas tun, da auf die Bühne gehen und anders spielen!"

Ich stimmte zu: „Ja, da hast du Recht. Mache ich auch ab und zu. Und vielleicht mache ich es auch nochmal ganz anders, irgendwann."

Sie bohrte nach: „Worauf wartest du?"

Ich druckste etwas: „Ich muss noch ein wenig klarer bekommen, was ich machen will. Irgendwie muss ich das Alte auch loswerden. Aber wie geht das?"

Sie zuckte die Schultern: „Wenn wir sterben geht das ganz von selbst. Bis dahin können wir auch ein wenig Spaß haben und etwas wagen."

Ich sagte: „Wenn ich auch nur halbwegs weiß, was ich im Leben machen kann und davon aber hier nichts finde, kann ich damit keinen Spaß haben."

Sie ließ nicht locker: „Du nimmst es aber ganz ernst, was?"

Betroffen sagte ich: „Kann nicht anders, hab schon genug falsch gemacht."

Sie hielt mir das Glas zum Anstoßen hin. Ich ließ es klirren und wir lächelten uns an.

An diesem Ort fühlte ich mich wieder wie ein Fast-Toter, in einem Riesenheer von ebensolchen. Doch je verbundener ich mich des Tags oben im Licht mit dem Leben fühlte, desto sicherer wollte ich den Ersteren zu Grabe tragen, den Alten in mir sterben lassen, Schicht um Schicht. Ich dachte immer mehr über meine Wurzeln nach, familiäre, zivilisatorische, völkische.

Und wie zur Illustration unseres kleinen Gespräches, passierte eine häufig vorkommende Situation: Mein Freund Martin, war ein feiner Gitarrist, hatte schon viele schöne Ideen gehabt, während gemeinsamer Proben und Sessions. Er nahm seine Gitarre und ging zur Bühne. Da war gerade einer der regionalen Sternchen auf der Bühne, ein Saxofonist, und spielte den großen Max. Als Martin kam, sprachen sie über einige Stücke die sie anspielen wollten. Da waren sie sich nicht ganz einig. Also sagte Mr. Sax kurzerhand zum Abschluss des Gespräches: „Ich spiele dich an die Wand!" und grinste.

Die Rhythmusgruppe und die anderen Solisten machten sich bereit, als Martin aus dem Stimmen heraus eine kleine Melodie anspielte, die er immer rhythmischer gestaltete. Der Bassist stieg darauf ein und der Schlagzeuger folgte, bis ein zauberhaftes kleines Stück daraus improvisiert zustande kam.

Üblich war, dass in jedem Stück mehrere Solisten an die Reihe kamen. Mr. Sax übernahm mit einem Solo und fügte darin die Melodie eines bekannten Stückes ein. Die Rhythmusgruppe ging auch darauf ein und somit war ein Jazzstandard daraus geworden. Dann heizte er dabei so stark ein, dass keine Gitarre mehr zu hören war. In den folgenden Stücken ging es gerade so, bis Mr. Sax sogar in ein Solo von Martin eingriff, indem er einfach ein lautes anderes Riff vorgab. The Show must go on ist bis zuletzt auf der Bühne das Motto und deshalb versuchte Martin noch das Beste daraus zu machen. So bemerkte ein Großteil des Publikums nicht einmal, dass da auf der Bühne gerade ein Streit ausgespielt wurde. Nach diesem Stück ging Martin von der Bühne.

Ich schlug ihm auf die Schulter und sagte: „Nicht immer Platz für echte Künstler auf der Bühne, was?"

Er schaute echt betrübt drein und ging nach Hause. Meine Gesprächspartnerin wandte sich wieder zu mir und sagte: „Jetzt weiß ich was du meinst. So ein A...!"

Das war nicht das erste Mal, dass ich so eine Situation miterlebte. Doch diesmal kam es stärker zu Bewusstsein und brachte etwas in mir zur Reife. Wahrscheinlich wegen der Fragen von der interessanten Frau mir gegenüber. Ich wusste nicht mal ihren Namen.

Ich dachte: „Seltsam, wie einem manchmal das Schicksal spielt, durch Menschen, die man noch nie gesehen hat und einen doch ansprechen, wie ein guter Freund. Noch einmal wandte ich mich an sie: „Wie heißt du eigentlich?"

Wieder sprach sie leicht und spitz daher, schaute mir aber tief in die Augen: „Eigentlich heiße ich Norma und du bist Sascha, stimmts?"

Langsam fand ich sie spannend: „Äh, ja, woher weißt du das?"

Sie lächelte: „Bin nicht das erste mal hier und habe andere dich im Gespräch beim Namen rufen hören. Ist ein schöner Name."

- „Danke Norma und vor allem danke für deine Fragen vorhin. Die haben mir geholfen, etwas klarer zu werden."

- „Gerne, gehn wir noch woanders hin, es ist so laut hier?"

Diese Begegnung versprach also noch interessanter zu werden. Sofort sagte ich: „Jawoll! Lass uns gehen! Aber sag mir noch gleich, was du machst."

Sie patschte mir auf den Unterarm und antwortete: „Dasselbe wie du, Musik, aber alte Musik."

Wir gingen schon die Treppe hinauf und ich sagte nur: „Cool!"

An diesem Abend wurden Norma und ich Freunde. Öfter in den folgenden Monaten trafen wir uns. Sie half mir, weiter zu kommen. Sie verstand meine Situation so gut, obwohl es ihr selbst nicht so ging, wie mir.

Sie sagte: „Ich habe meinen Traum schon gefunden. Deshalb studiere ich hier alte Musik. Was anderes will ich nicht. Vielleicht musst du deinen noch finden." Sie schaute mich fragend an.

Ich zögerte: „Musik war bisher mein größter Traum. Im Moment fühle ich mich damit wie unter Marter. Und ich befürchte, wenn ich einen neuen Traum aufkommen lasse, ist es mit dem alten vorbei. Und vor allem befürchte ich als Nächstes etwas Größenwahnsinniges."

Sie runzelte die Stirne und wies mit offener Hand auf mich: „Große Menschen haben große Träume. Du traust dir nicht so ganz über den Weg, oder?"

Wieder mal war ich von ihrer Weisheit verdutzt, und sagte: „Da drinnen rumort es so dermaßen, dass ich sogar Angst vor mir selber habe. Was, wenn ich das nicht halten kann, was da kommt?"

Sie schaute mich groß an: „Wer sich nicht traut, dem kann keiner mehr trauen!"

Manchmal konnte sie richtig aufdringlich zwicken, mit ihren philosophischen Kalendersprüchen. Ich fragte etwas schroff: „Wo hast du eigentlich diese Weisheiten gelöffelt, he?"

Sie war nicht im Geringsten beleidigt und sagte nur, das erste Wort besonders betonend: „Eigentlich... hatte ich ein Paar wunderbare Eltern und ältere Geschwister. Die waren auch wie meine Freunde, sozusagen. Wir sprachen viel miteinander, bei langen Essensabenden, vor allem an Wochenenden."

Ich stimmte zu: „Ja, das hatte ich auch oft, mit meiner Mutter und meiner Schwester. Manchmal haben wir beim Sonntagsbrunch den ganzen Tag verquatscht und Gott und die Welt umrundet, sowie sämtliche Probleme durchgekaut."

Wir lachten herzlich über die gemeinsamen Vorstellungen und verbrachten einen erfüllenden Abend.

Manchmal ist ein Mensch die beste Medizin für einen Menschen. Norma traf bei mir etwas, war mir über den Weg gekommen, wie man so sagt, wie gerufen. Sie half mir, eine Tür zu meinem Unterbewusstsein aufzusperren. So konnte sich ein Bild aus meiner Zukunft anregend in mein Leben spielen. Eines Nachts hatte ich einen Traum, so real wie kaum je einer zuvor:

Ich stand in einem dichten Wald, voller dunklem Grün. Anfangs herrschte Zwielicht und ich konnte nichts erkennen. Es war zwar an einer Stelle recht hell, aber auch voller Nebel. Dann blendeten mich Sonnenstrahlen gelb im Gegenlicht. Die Bäume standen so hoch, dass ich nicht ihre Kronen sehen konnte. Ich stand unten auf der Erde in Laub und Moos und schaute ins Licht, das da von irgendwo über den Kronen blendend her strahlte. Erst war alles weiß-gelb. Dann nahmen die Strahlenlinien verschiedene Farben an. Sie wurden in allen Regenbogenfarben nebeneinander aufgefächert. Ich ging langsam durch die Bäume hindurch. Zwischen ihnen kam jeweils eine Farbe wie ein bunter Wasserfall herunter. So konnte ich mich darunter stellen, wie unter eine Dusche. Und das perlte auch nicht ab, auf der Haut. In dem Moment als das Licht auf meinen Körper traf, sog er es auf und tränkte sich damit durch, nahm die Farbe an. Das machte zu jeder Farbe ein bestimmtes Gefühl. In mir zu einem bunten Regenbogen anwachsend, erzeugte es ein Glücksgefühl.

Ein Kolibri flog über meine Schulter, blieb kurz vor meinen Augen in der Luft stehen. Ich konnte sein Summen hören. Und sein langer gebogener Schnabel zeigte nach oben, wo das Licht herkam. Auch sein blaugrün schimmerndes Gefieder schien von dort genährt. Dann flog er dort hinein. Die Klänge veränderten sich, wurden zu kristallinen Glöckchen. Zuvor hatten sie eher wie Streicher geklungen. Dann kamen von dort bunte Papageien auf mich zu, ganz viele. Ihr Gekrächze wurde, je näher sie kamen, immer mehr wie Menschenstimmen. Als sie zu den tiefsten Baumästen flatterten, erklangen tatsächlich Menschenstimmen. Sie riefen meinen Namen. Ab und zu rannte ein Waldtier an mir vorbei. Ein Reh, ein Schwein, ein kleines Pferd, alle liefen in dieselbe Richtung. Als ich dort ebenfalls ankam, waren Lichter und Klänge und Stimmen zu einer Symphonie angeschwollen. Alles in Klarheit und Ordnung. Der Nebel war restlos aufgestiegen. Die Farben hatten im Wald Plätze, wie Farbzonen, angenommen. Und ein lebendiger, langer, gerader Wasserfall fiel auf eine Waldlichtung, ohne dass sich Wasser dort ansammelte. Er ging in Licht über und machte den Boden heller, auf dem wir standen. Wir waren nun versammelt, Menschen, Pflanzen, Vögel, Tiere. Die Menschen lachten. Alle standen wie im Chor, im Orchester der Symphonie. Eine hallende Stimme rief donnernd: „Koooomm!" und später ein noch längeres: „Kkoooooooooooommmm hheeeeeeerrrraaaaaeeiiiiiiiiiinnnn!" Bis alles in einem großen Licht- und Klangfinale endete.

Ich wachte auf und brauchte minutenlang, bis diese starken Eindrücke langsam abklangen. Noch völlig erfreut, wachte ich auf und sah die Sonne vor dem Fenster meines Zimmers. Immer noch musste ich bis zu meiner Gedankenfähigkeit auftauchen. Der erste Gedanke, den ich fasste, war : „Norma, ich muss Norma anrufen, das war es, ich habs!" Zum ersten Mal gestand ich mir den Mut zu, eine Reise in den Urwald zu denken. Das Ganze hatte durch den Traum Dynamik bekommen. Alles schien vorbereitet, für den Fall dass ich mich entschließen würde. Meine Sinne und Gedanken arbeiteten und stellten sich auf dieses Grundthema ein. Dann wurde mir klar, dass die Landschaft im Traum ich selbst war und ihre Erscheinung meine Auffassung des Themas. Mein Inneres hatte mich schon dort hin gestellt. Mein Entschluss folgte nun. Ich wollte nach Brasilien, wirklich und ganz, auswandern! Zunächst erzählte ich nur Norma davon.

Einige aus der Capoeiragruppe waren schon in Brasilien gewesen. Ich ließ mir nun alles von ihnen erzählen. Einer von ihnen gab mir einen Zettel mit einer Adresse von einer Frau in der brasilianischen Großstadt Recife und sagte: „Schau, sie heißt Socorro, das heißt auf deutsch Hilfe. Sie hat von der Kirche hier in Deutschland eine teure Hüftoperation gespendet bekommen. Dafür ist sie sehr dankbar und wird wahrscheinlich jeden Deutschen gerne für ein paar Tage aufnehmen. Keine Ahnung wie es dort aussieht, aber meine Freundin ist seit einigen Wochen dort. Kann so schlecht nicht sein. Wenn Du dort starten willst, hast Du immerhin schon mal eine Anlaufadresse im Land." Ich bedankte mich und steckte den Zettel ein. Die Sache kam in Bewegung.

Nachdem die Idee in den Amazonas zu reisen erst einmal Raum greifen durfte, stellte ich mich langsam auf vorbereitende und umgestaltende Tätigkeiten ein. Von dieser Stelle aus wollte ich mir nun einen eigenen Weg in den Urwald bahnen. Die Bilder die ich von diesem Weltteil im Kopf hatte, entsprachen meiner tief liegenden Sehnsucht nach einer Ur-Form des Lebens. Ursprünglichkeit und Natürlichkeit waren immer Größen für mich gewesen. Ich war sehr gerne mit Menschen zusammen, die diese Charaktereigenschaften hatten. Auch in unserer hochorganisierten und technisierten Lebensform konnte man es ihnen anmerken.

Ich hatte auch Interesse an Technik, doch lernte ich mit der Zeit unterscheiden, welcher Umgang damit unfrei machte und dass Beherrschung nötig war.

Die tiefe Verbindung zum Leben war mein Kompass geworden. Ich las ihn ab und richtete Pläne und Tätigkeiten nach ihm. Handlungsmotive konnten so aus meiner Innenwelt stammen. Das war für einige Mitmenschen nicht einfach.

Es folgte eine Übergangszeit, die wie ein Doppelleben war. Noch lebte ich hier und studierte, aber innerlich lebte ich schon auf Brasilien zu und begann langsam mit Vorbereitungen.

Meine besonders eigenartigen Verhaltensweisen und Entwicklungen der letzten Monate waren für meine damalige Freundin Anne bemerkenswerterweise nicht schwierig. Sie hatte Respekt vor meinen Motiven und hegte nicht den Anspruch, mich immer verstehen zu müssen. Ich bewundere ihre Großzügigkeit noch heute.

Viele Menschen konnten in ihrem Denken nur mit Einzelheiten umgehen. Die Einen taten Entschlüsse, die inneren Motiven folgten, als träumerische Phantastik ab. Solche

Menschen propagierten den Materialismus – Realität nannten sie ihn oft, ignorierend, dass es viele Realitäten gibt. Die Anderen negierten viele reelle Dinge in der Welt, wie Technik und Systeme, und suchten sich zur Rechtfertigung eine totalitär linke Meinung. Beide Positionen fand ich lebensfremd. Lebten wir alle Menschen nicht aus inneren geistigen Motiven heraus und zugleich mit den natürlich und künstlich geschaffenen Umwelttatsachen in einem Wechselverhältnis? Positionen konnten nicht Lösung sein.

Es musste auf ein bestimmtes Verhältnis hingearbeitet werden, in dem viele lebendigen Aspekte zugleich zueinander stehen konnten. Naturbegegnungen machten mir gerade diesen Zusammenhang überdeutlich.

In der Mitte musste der Weg entlang führen, so war ich überzeugt, obwohl ich ihn noch nicht hatte. Aber eine Mitte oder Seele kann nur dem Menschen erreichbar sein, der Widersprüche mit Leben und Einsicht überbrücken kann. Das wollte ich erreichen, und sollte es mein ganzes verbleibendes Leben dauern. Es dämmerte mir, ein Mensch kann nur so leben: indem er aus eigenen Motiven die Tatsachen der Welt praktisch meistert. Ich suchte danach. Im Dickicht des krank und verlogen gewordenen Kulturlebens war eine Bresche zu schlagen. In der lianenverstrickten Gesellschaft fand ich nur einen Pfad voller Versuchungen und trügerischer Genüsse. Ich lebte doch schon im wildesten Dschungel der Welt!

Mein Herz sehnte sich nach Auflösung der Widersprüche und echtem Leben, ohne Täuschungen und Lügen. In meinem Familienleben, in der gesellschaftlichen Öffentlichkeit und sogar im Kunstgebiet erlebte ich etwas wie Infektionen, wie überwuchernde Schlingpflanzen, so dass ich nicht Mut und Hoffnung fand, dort hindurch zu dringen. Ich wollte zu dieser Zeit nicht hindurch sondern raus, weg davon. Eine Insel, eine Oase wollte ich finden und glaubte auch irgendwie an die Welt, in ihrer Vielfältigkeit und dass irgendwo dieses Paradies war und auf mich wartete. Den Weg dorthin wollte ich gehen.

Und immerhin war ich so freiheitlich erzogen worden, dass ich mit einigermaßen gesundem Selbstvertrauen daherkam. Ich zweifelte nicht so sehr an mir, wie fast alle weiteren Menschen, denen ich begegnete. Ich machte mich langsam auf den Weg, ans Ende der Welt, an den Ort, wo der Urwald mir als ein Bühnenbild des Lebens wuchs. Dort wollte ich die versunkene Stadt meiner inneren Urwelt wiederfinden und Schätze heben. So klar war ich mir meines Lebens immerhin schon geworden, dass ich wusste: meinen lebensrettenden Anker hatte ich noch nicht. Und Selbstaufgabe in die Vernebelungen des Konsumsystems, seiner Vergnügungshalbwelt kam für mich nicht mehr in Frage. Die Halb- und Viertelswahrheiten in den Weltbildern so vieler Mitmenschen, führten in meinen Augen, zu einer erbärmlich bürgerlichen und würdelosen Niveaulosigkeit des Lebens. Ich konnte mir nicht die Bereitschaft abringen, darauf einen Lebensplan zu bauen.

„Tut mir leid Freunde, nicht mit mir! Das kann es noch nicht sein. Da hab ich noch was Besseres vor!", dachte ich. Ich war radikal genug, um das Leben neu erfinden zu wollen, wenn dort draußen kein real existierendes Modell für mich annehmbar war.

Ein Gespräch mit meinem Vater lag schon einige Jahre zurück. Nun fiel es mir wieder ein: „Wenn du dieses System an so vielen Stellen nur für schlecht halten kannst, dann solltest du es verlassen, anders leben", sagte er. Wahrscheinlich konnte er sich gar nicht mehr daran erinnern, doch diese Erwägung hatte ich nun wirklich. Vielleicht sollte ich nicht nur eine Reise machen, sondern in ein ganz anderes Leben ziehen, auswandern!

Alle diese Leiden hatten plötzlich einen Ausweg, mit den Bildern, die mir im Traum erschienen waren. Es gab nun ein Positivbild.

Da, ganz tief unten, in mir drinnen, da fand ich neuen Kontakt zu den Quellen. Es leuchtete in mir noch das Ur-Feuer und loderte. Darüber lag eine dicke Schicht Gestein. Darüber floss das Leben mächtig dahin. Die Quelle anzuschließen, mit dem Leben, wie es mir dort draußen begegnete, diesen Weg musste ich suchen gehen. Es war existenziell wichtig, dass hier eine Verbindung nach draußen zum konkreten Leben greifbar wurde. Einen quellenden Zufluss zur Kultur hatte ich in Deutschland bislang nur in der Kunst und der Liebe gefunden. Zumeist berührte mich in diesem Sinne damals nur noch die Natur.

Die innerliche Regung, die die geschilderten Erlebnisse völlig durchzog war Liebe. Was war sie eigentlich? Es war ein Gefühl, als ob die Natur mich in diesem alldurchziehenden und gleichzeitig wissenden Gefühl göttlich aufnahm. Sie war die Einheit allen Lebens selbst, öffnete eine Tür zwischen mir und sich. Sie teilte sich mit, in einer einzigen allen Altern und Wesen verständlichen Sprache. Ein Aufleuchten in Schönheit und Wissen war das - die Liebe.

Wo waren denn die anderen Menschen, die so empfanden wie ich? Es mussten viele sein. Aber fast jeder verheimlichte es, wenn er solche Erlebnisse hatte. Vor sich und vor anderen. Wo waren die, die nicht vergessen hatten, die göttliche Einheit, oder sie wenigstens suchten?

In unserer Kultur existierten nur hie und da interessante Lebensgemeinschaften, die sich so organisierten, dass unter ihnen tiefere Züge freier strömen konnten.

In ethnologischen Studien war mir ein vielfältiges Bild von den Völkern der Erde gewachsen. Unterschiedlichste Formen von Miteinander wurde gleichzeitig auf dieser Erde gelebt. Und ich war nicht so arrogant, zu denken dass Naturvölker primitiv, ja vielleicht sogar doch keine Menschen im vollen Sinne wären. Auch sie waren eine Form von alternativer Gemeinschaft. Eine besondere Verbindung von Naturauffassung und Gesellschaft hatten auch die Naturvölker gelebt. Die Waldindianer Brasiliens gaben mir ein Ur-Bild des Lebens, wovon ich mir einen Fortschritt versprach. Der grüne Smaragdwald schien mir der beste Ort für unverstellte Realität zu sein. Konnte ich dort vielleicht noch die Verbindung von Natur, Mensch und Spiritualität finden? Ich hoffte, diesen Schatz heben zu können.

Manche Menschen sagten, man käme irgendwann an den Ort seiner Geburt zurück, um sein Schicksal aufzunehmen. Was, wenn ich noch weiter als bis zu meiner Geburt zurück musste? Wenn ich so wenig in diesem Leben fand, um an etwas mit echter Substanz, mit echtem Halt anknüpfen zu können, vielleicht konnte ich etwas finden, das ich in vorigen Leben hinterlassen hatte. Davon versprach ich mir, auch in diesem Leben in Kontakt mit meinen Ur-Quellen zu kommen.

Die Verbindung von Vergangenheit und Zukunft war meiner Familie noch nicht gelungen. Auch die deutsche, oder multikulturelle Gesellschaft hatte die Linie durch die Geschichte seit Ende des zweiten Weltkrieges noch nicht identitätsstiftend vollzogen. Einzig die Klassiker und manche anderen Künstler fand ich kulturell verankernd. Doch der Anschluss des aktuellen Kulturlebens zu ihnen war so halbherzig, oder museal antiquiert, dass ich es kaum ernst nehmen konnte.

Ein funkelnder Schatz war da, doch musste er gehoben werden. Und Licht musste geworfen werden, auf neue Dinge des Lebens. Die wollte ich finden, durch die Schau, auf das eigene Selbst. Damit ich endlich sagen konnte: „Schau, das bist du!".

Das Thema der Indianer berührte mich nun stark. Ebenso das der Ureinwohner unserer Gebiete, wie die Kelten, die Germanen usw. Und es fiel mir auf, dass die alten Volksmusiken eine besondere Faszination auf mich ausübten. Sie enthielten für mich im Klang immer etwas von Eingeborenheit. In solchen Gesängen schwang Erdkontakt mit. Etwas identitätsstiftendes lag in den Melodien.

Einmal übersetzte ich diese Unterschwingung in Text: „Ich weiß woher ich komme, denn im Fluss, nahe bei der Quelle bestieg ich mein Boot, zusammen mit meiner Familie und den anderen die mir nahe sind. Es trug uns dieser Strom herunter, auf seinen Wellen. Auf und nieder wogte das Leben dabei. Immer war ich auf der Suche nach dir, meine allergrößte Liebe des Lebens. Bis in diesem Land mein Boot auf Grund stieß. Und hier traf ich dich am Ufer. Ich sah in deine Augen und fand darin das Licht, das scheint auf unseren Garten, wo ich Blumen und Bäume und Kinder nun zu pflegen habe. Du, ihr, seid nun meine Aufgabe. Die Erde hat uns all die Zeit oben getragen und Halt gegeben. Nun, im Alter danke ich dem Leben, dass es mich so reich mit allem beschenkt hat."

So ein Lied hätte ich damals gerne geschrieben. Doch ehrlich gesagt, war ich mit dem Komponieren noch nicht so weit. Hätten mich meine Freunde gefragt, wäre ich einmal kritisch über den Missstand unseres Systems hergefallen, ein andermal hätte ich mein Freibrechen aus den Banden als stolzen Fortschritt gerühmt. Doch was nützen Urteile? Ich wollte eine Lebensform erreichen, die einen radikalen Unterschied zu den Formen die mich geprägt hatten, schuf. Wie ein pubertierendes Kind negierte ich erst einmal alle Pfeiler, die das Gebäude meiner Herkunft hielten. Doch die Erde hielt auch mich noch. Dankbar war ich dafür. Und auch das Leben hatte mich nicht im Stich gelassen. Es war ja nicht starr und leer in mir. Wieder war da eine Idee, auf die ich zu wollte. Und das so sehr, dass ich nun auswandern wollte. Einen ganz neuen Anfang machen.

Es war zunächst schon eine Form von Flucht, doch auch nicht völlig naiv und illusionär. Nie malte ich mir aus, in einem Indianerstamm hinweg zu träumen und halbbewusst, alle Schwierigkeiten der Welt ignorierend, im Tagesgeschehen glücklicher zu werden als hier. Ich suchte wirklich eine Begegnung, nur mit etwas Neuem und Alten zugleich. Waren die Menschen dort vielleicht anders? Würden sie mir eine neue Seite des Lebens zeigen?

Bewusst war mir vor allem eine Sehnsucht, die so stark war, dass es richtig weh tat. Sie war so konkret, als ob sie einen Namen hätte, der mir nur vorübergehend entfallen war. Es war eine Sehnsucht, wie man sie zu einem geliebten Menschen empfindet, mit dem man lange eine Partnerschaft teilte, die dann das Schicksal plötzlich auseinanderriss.

Diesen Menschen wollte ich um alles wiederfinden; diese andere Seite des Ich. Und es war mir, als säße er nahe dem Feuerstrom, in den Tiefen meiner Eingeweide auf einem Stein und wartete. Mein Körper barg ihn noch. Er war nicht nur eine phantastische Idee, haltlos in Lüften, sondern zumindest schon in meiner Wahrnehmung etwas substanzielles, in meinem Organismus wohnend.

Deshalb konnte es nicht reichen, eine Musik zu spielen oder eine andere geistige Tätigkeit aufzugreifen, um die Lösung zu bringen. Was hatte ich denn schon mit meiner Kunst erreicht?

Ein paar schöne unterhaltsame Stunden für das Publikum und Anerkennung für mich.

War das genug?

Ein Bild wuchs aus meinem Inneren, genährt vom Licht der Natur, das seine Triebe in mir sprießen ließ. Es wucherte da mehr und mehr und drängte mich, das Erreichte und so lieb gewonnene noch einmal in die Luft zu werfen.

Ich fühlte, ich musste mich und meinen Körper leibhaftig zu dem Ort hinbewegen, der in mir als Bild so stark lebte. Existenziell krachten die Balken des alten Lebensgebäudes. Ich musste hier heraus, bevor es über meinem Kopf einstürzte!

Vorbereitungen

Als der Entschluss gefasst war, wollte ich das Vorhaben möglichst schnell manifestieren. Aber es dauerte ein paar Wochen, bis das richtige Flugticket gefunden war. Es ließ sich ein Ticket finden, mit festem Termin für den Hinflug und offenem Rückfluggutschein. So hatte ich für den Fall der Fälle eine Hintertür offen, um kurzfristig wieder nach Europa zu kommen.

Ein Visum für drei Monate war über den Postweg leicht zu bekommen. Danach könnte ich einmal um weitere drei Monate verlängern, sowie kurz über die Grenze ins Ausland aus- und sofort wieder einreisen. Das wäre auch das geeignete Mittel, um immer wieder drei Monate Aufenthaltsgenehmigung zu bekommen.

R. Nehberg

Ein Freund erzählte mir von einem mutigen Kämpfer für die Rechte eines indigenes Volk in Brasilien, der Yanomami-Indianer. Dieser deutsche versuchte seit Jahren Aufsehen für sie zu erregen und die Wahrung ihrer Rechte zu erwirken. Deren Rechte wurden von den öffentlichen Stellen nicht geschützt. Diese Indianer hatten vom Staat ausgewiesene Schutzreservate. Doch leider konnte auch die dafür verantwortliche Indianerschutzbehörde sie nicht schützen, vor den Goldsuchern, die sie misshandelten und sogar erschossen. Rüdiger Nehberg stammte aus meinem Kulturkreis und verhielt sich in meinen Augen wie ein guter Mensch und Europäer. Außerdem war er in genau dem Erdteil und der Kultur, in die ich wollte, bestens orientiert. Seit Jahren hatte er im Yanomami-Territorium in Nordbrasilien Krankenstationen errichtet und für Publicity mehrere Male mit eigenartigen Wasserfahrzeugen den Atlantik überquert. Den Medienrummel nutze er dann, um an die Regierung in Brasilia zur Einhaltung der Indianerrechte zu appellieren. Sogar als Goldsucher getarnt, hatte er Filmaufnahmen versucht. Denn, der Zug der Weißen hatte mit Goldsuchern, Missionaren, Farmern, Wissenschaftlern und zuletzt sogar Filmleuten den Indianern meist nur Dekadenz, Krankheiten und Ausbeutungen gebracht und ihnen dafür ihre Vertraulichkeit und Natürlichkeit genommen.

Nehberg hatte in meinen Augen Menschenliebe, Kreativität, Durchhaltevermögen und Humor bewiesen. Warum bekam er den Friedensnobelpreis nicht?

Ein Brief von mir an ihn wurde tatsächlich nach zwei Monaten beantwortet. Ich hatte bei ihm angefragt, ob ich ihn im Land besuchen könnte und dort helfen. Er antwortete, dass er illegal im Land sei und mich deshalb nicht einladen könne. Doch gleich im nächsten Absatz beschrieb er genau den Weg dorthin: „Du nimmst Das Amazonas-Schiff bis nach Barcelos. Dann folgst Du dem Seitenarm des Flusses nach Norden bis ein weiterer Zufluss auftaucht. Da gehst Du an Land und wanderst einen halben Tag nach Nord-West...".

Daraus sprach genau das Maß an Abenteuer und konkreter Herausforderung, das ich brauchte, um dorthin zu wollen. Vor allem aber gab es meinem Traum mit einem beschriebenen Blatt Papier eine konkrete Perspektive. Jeden langen Marsch zu starten ist weniger schwer, wenn man das Ziel hat.

Ich kaufte einige Dinge zur Ausrüstung in der Wildnis. Ich wollte für möglichst viele Situationen im Urwald gerüstet sein und dort zur Not ein bis zwei Wochen auskommen, falls irgendetwas schief ging. Das hieß: Feuer machen, ja-gen, insekten- und schlangensicher auf einem Baum schla-fen, bis hin zur Stand-by-Medikation für Malaria.

Zum ersten Mal kaufte ich mir einen richtig guten Ruck-sack, im Trekking-Shop. Der wurde mit all dem neuerwor-benen Zeug schon ohne Proviant bedenklich schwer. Aber solange meine Kräfte reichten, war mir das egal.

Auf gewisses Geistesgut wollte ich auch nicht verzichten. Vier Bücher kamen, neben dem Brasilien-Reiseführer, mit ins Gepäck. Unter anderem war da ein Buch für Traumdeu-tung, das ich schon lange lesen wollte. Je fertiger mein Zu-kunftsgepäck wurde, desto schwerer lasteten die alten Dinge auf meinen Schultern.

Am liebsten hätte ich alles Alte wegschaffen wollen, bevor ich auswandern konnte. Alle Dinge und auch fast alle Bin-dungen. Denn es ging nicht nur um eine Reise von ein paar Wochen irgendwohin, um dann wieder in die altgewohnten

Bahnen zurückzukommen. Ich wollte ja wirklich die Ketten, die mich an dies bisherige Leben zur Haft zwangen, abwerfen. Und ich spürte an der lähmenden Schwere, die mir diese Dinge verursachten, bis ich sie los war, dass die alte Lebensform, wie auch mein Körper, anscheinend ein und dasselbe Sediment meiner Vergangenheit waren. Das sollte sich in meinen Augen restlos auflösen.

Das Auto verkaufte sich noch leicht, es war ein Mercedes. Möbel und Bücher schon schwerer. Besonders schwer fiel mir es mir, Kleider und Fotos wegzuwerfen. Und so landeten am Ende doch immerhin noch vier Kubikmeter „Eigentum" auf dem Speicher der Wohngemeinschaft. Es war mir nicht gelungen, alles restlos aufzulösen. Die Last die diese Dinge ausmachten, war in den kommenden Jahren der Wanderschaft ein Wenig immer spürbar.

Doch was loskam, verwandelte sich tatsächlich in freie Kräfte fürs Leben. Ich wurde immer leichter. Jeder kennt das ein wenig vom Frühjahrsputz, oder vom Ausmisten vor einem Umzug. Manche heftige Trennung von einem Beziehungspartner zwingt zu einer Trennung von Dingen und Gedanken, die man mit dem Anderen verbindet, um Bindungen auszulöschen. Die halten einen fest. Vor fast nichts machte mein Exorzismus halt.

Eigentlich wollte ich alle hochzivilisierten Dinge loswerden. Doch die Flexibilität und auch die Sicherheit für Notfälle, die eine Kreditkarte geben konnte, wollte ich dann doch nicht aufgeben. Damals war es nicht gerade üblich, dass ein Student eine MasterCard-Gold in die Hand bekam. Der Leiter der Bank-Filiale erklärte mir freundlich das Risiko, das die Bank damit eingehen würde. Denn ich hatte damit automatisch ein Kreditvolumen von 10.000,- US-Dollars.

Der freundliche Bankleiter fragte mich: „Können sie dieses

Volumen, von wenigstens 10.000,-DM, auf ihr Kartenkonto einzahlen, Herr Denzer?"

Ich dachte scharf nach. So viel Geld konnte ich nicht auftreiben. Ich fragte mich, was mir im äußersten Fall möglich wäre und sagte ihm: „In Ordnung, ich verkaufe mein Klavier und überweise bis nächsten Monat 5.000,- DM auf das Kartenkonto!"

Mit diesem frechen Vorstoß nötigte ich ihm natürlich auf, mir dafür eine Karte auszustellen. Er lachte und ließ sich tatsächlich darauf ein. So hatte ich die Karte.

Auf den Zahn gefühlt

In der Zeit als Rohköstler war mir eine gewisse Sicherheit gewachsen, dass alles was ich im Leben brauchte, ohne Technik in der Welt erreichbar war. Ich hatte nur lernen müssen, meinen Lebensinstinkt in allen Belangen so weit zu trauen und ihm zu folgen, bis die Fährte zur Erfüllung führte.

Das konnte leider nicht für alle Umstände gelten, die auf Technikweg herbeigeführt waren. Ein letzter Rest von Unsicherheit betraf meine Zähne. In meiner Kindheit hatte ich viele kranke Zähne. So hatte ich viel in den Geldbeutel meines Zahnarztes beigetragen. Und die Zahnärzte hatten mit vielen quecksilberhaltigen Amalgamfüllungen einen gigantischen Beitrag zu meiner Vergiftung beigetragen. In den USA wurde Amalgam schon vor dem Jahre 1900 wegen seiner Giftigkeit verboten. Hierzulande orientieren sich die Kassen noch immer am Preis dieser billigen, aber giftigen Füllungen – menschenverachtend.

Da mein Gesundheitsinteresse in alle Richtungen ging, musste ich hier natürlich auch etwas unternehmen. Ich las Bücher von Toxikologen und wollte die Füllungen bald noch aus meinen Zähnen entfernen lassen. Ich wusste ja nicht, wie viele Jahre ich keinen Arzt mehr aufsuchen könnte.

Damals waren alternative Zahnbehandlungen noch selten. Da kam ich mit meinen 26 Jahren und meinem aufkeimenden Gesundheitsbewusstsein, hatte mich selbst über Toxikologie informiert und kam so mit eigenen Überzeugungen und Bedingungen in die Sprechstunde. Das hatten die natürlich nicht so gerne. Viele Ärzte behandelten die Patienten wie Dummlinge. Nie fragte einer, was ich über ein Thema, das wir besprachen, wusste. Ich musste lange suchen, bis ich einen Zahnarzt fand, der zustimmte, dass ich während der Behandlung eine Sauerstoffmaske gegen die giftigen Quecksilberdämpfe trage. Das war eigentlich nur so eine Plastikhaube mit Atemschlauch über der Nase. Außerdem musste er bereit sein, ein Gummituch für die Bohrspäne im Mundraum aufzuspannen. Das nannte man Kofferdam. Und da ich die Kapillaren der Zähne noch eine Weile nach der Sanierung offen halten wollte, damit über sie eine Entgiftung stattfinden konnte, sollten als Füllstoffe nur die relativ durchlässigen Silikat-Zemente verwendet werden. Das war vor allem bei größeren Füllungen nicht üblich, da sie nicht zuverlässig abdichteten. Für die Schwermetall-Ausleitung besorgte ich mir DMPS. Ein sehr starkes und deshalb auch berüchtigtes Mittel, das die Russen zur Entgiftung von Schwermetallen entwickelt hatten.

Heute sind diese Maßnahmen nicht mehr allzu ungewöhnlich. Aber für die Ärzte war das damals mehr als exotisch. Und vor allem waren sie gar nicht gewohnt, in ihrer Flexibilität herausgefordert zu werden. Ich musste mir schon einige unverschämte Kommentare und Absagen anhören, obwohl ich die Ärzte-Liste abarbeitete, die mir bei der Gesellschaft für ganzheitliche Zahnmedizin mitgeteilt wurde. Endlich, beim sechsten klappte es dann. Er war völlig nüchtern und professionell bei der Besprechung, Behandlung und meinen Sonderwünschen. Dann war alles ganz einfach. Schon im ersten Moment, nachdem alles Amalgam restlos aus meinem Mund entfernt war, fiel mir ein Stein vom Herzen. Und das, obwohl alle Spezialisten behaupteten, die Bohrdämpfe verusachten nochmals eine gewisse Vergiftung. Um das in Grenzen zu halten, diente die Sauerstoffmaske. Im Laufe der Jahre seither sind mir in Erinnerungen nachträglich viele Symptome einer Schwermetallvergiftung eingefallen. Die hatte ich seit meiner Kindheit mit mir herumgetragen. Mit diesem ganzen Thema war eine große Hürde genommen.

Diese Geschichte warf auch ein besonderes Licht auf die Zusammenhänge der Gesundheitsversorgung in unserem Land. Die war hauptsächlich an Kassen, Pharma und Ärzte delegiert und damit weitgehend aus unseren Händen genommen.

Krankenkasse

Die Stärke unserer Krankenversicherungsstrukturen hatte ich unterschätzt. Vor allem in ihrer psychischen Dimension. Einfach war bis dahin alles gewesen, im Vergleich mit der inneren Hürde, der Angst, die mir vorstand, meine Krankenversicherung aufzugeben. Sie war mir von Kindesbeinen an regelrecht eingeflößt. Nur hatte ich das nie bemerkt. Als Kind hatte ich mehrere schwere Krankheitsprozesse erlebt: Lungenentzündung, Infektion, Brüche... Aus der Vergangenheit konnte ich also nicht die uneingeschränkte Zuversicht schöpfen, immer gesund zu sein und leicht auf eine Krankenkasse verzichten. Doch spürte ich auch den lähmenden Zwang, der von diesem System ausging. Ich war sicher, aus diesem Teil des Systems aussteigen zu wollen, gerade weil ich mich nicht von Angst gefangen nehmen lassen wollte. Es war auch unübersehbar, dass viele, die in diesem System arbeiteten, angstschürende Äußerungen machten. Das war schon in den Schaufenstern der Apotheken überdeutlich erkennbar. Die erzeugten eine diffuse Angst vor Erregern und stellten das vermeintlich helfende Medikament daneben. In beinahe jeder Praxis hörte ich im Laufe der Jahre entsprechende Äußerungen, damit die Patienten ihre Gesundheits-Mündigkeit nicht ausübten.

Im letzten Jahr meines Pfades auf dem Weg zu natürlicher Gesundheit hatte ich gelernt, dass für alles Richtige und Wichtige im Leben ein gesunder innerer Drang existierte, sobald alle betäubenden Züge des Lebens weggelassen würden. Und zur Orientierung, was das Richtige zu tun wäre, brauchte ich vor allem Aufmerksamkeit für die Signale, die sich innerhalb meines Systems zeigten. Dafür brauchte es vor allem eine Abkehr von den starken äußeren Ablenkungen, den Manipulationen. Die innere Öffnung zu schaffen, für eine neue Lösungsmöglichkeit, war der erste Schritt.

Aus den vielen kleinen Schritten, die inzwischen schon geschafft waren, wuchs eine größere Sicherheit. Meine Schritte in der Ernährung, der Zahnversorgung und in tausend anderen kleinen Alltags-Entscheidungen brachten eine gewisse Stärke. Ein innerer Glaube an die Richtigkeit der aufkommenden Signale wuchs mit jeder weiteren gelingenden Tat zur Gewissheit. Sie strahlte ins Dunkel der Zukunft vor. Mit dieser Überzeugung als Schild, konnte ich mich bewusst trainieren. Wie eine Situation mit den beteiligten Kräften zusammenhing, konnte nämlich bei aufmerksamer Betrachtung der Phänomene erkannt werden. Sonst verträumte ich die meisten Zusammenhänge des täglichen Lebens. Nun kamen sie in den wahrnehmbaren Bereich.

Es begann als Ahnung, sobald ich meine Aufmerksamkeit dahin wendete. Die Ahnung konnte ich mit der Zeit zu Wahrnehmungen und Begriffen bringen. Es wuchs mir auf diesem Weg etwas wie ein neues Wahrnehmungsorgan, auf der Basis der normalen Sinnesorgane, bis gesteigerte Wahrnehmungen greifbar waren. Diese standen für tätige Umsetzung im Alltag dann mit klaren Gedanken und Kräften zur Verfügung.

Mit dieser zusätzlichen Kraft konnte ich genügend Mut fassen und mich von der Krankenkasse abmelden. Dort gab ich an, im Auslandssemester zu studieren. Ansonsten sprang ich ins Leere, ohne Netz. Und noch am selben Tag überrollte mich eine neue Kraftwelle.

Dieser neue Antrieb sorgte nun für weitere Schritte zur Meisterung der Gesundheit. Das erlebte ich sehr stark und konkret, fast wie ein neues Körperteil. Ich hatte Risiko und Verantwortung erwogen und eine auf Schicksal und Natur vertrauende Haltung gefunden, diese Verantwortung zu tragen. Es klingt etwas banal. Das war es aber nicht. Innerhalb von wenigen Stunden fühlte ich mich gesünder und kräftiger als jemals in der Vergangenheit. Und vor allem hatte ich mehr Zuversicht, mein Schicksal in die eigenen Hände nehmen zu können. Das war ein Riesenschritt auf dem Weg zur freien Selbstbestimmung.

Fünf Jahre später wurde ich wieder aus beruflichen Gründen Mitglied einer Krankenkasse. Dazwischen lagen fünf völlig gesunde Jahre. Kaum war ich wieder Mitglied, wurde ich krank. Das System heißt ja auch bis heute Krankenkasse und nicht Gesundheitskasse.

Zur Einreise nach Brasilien waren Impfungen gegen Gelbfieber und Cholera vorgeschrieben. Den Stempel für die Choleraimpfung bekam ich geschenkt. Die Ärztin sagte, die Wirkwahrscheinlichkeit der Impfung läge sowieso nur bei 30% und die Erreger seien regional unterschiedlich und damit die Wirkung ein purer Glücksfall. Sie knallte den Stempel ins Impfbuch und rief: „So, Impfung erfolgt, nicht wahr?"

Ich antwortete freudig: „Genau, danke schön!"

Auf dem Impfamt dagegen konnte die Ärztin Horrorgeschichten von übelsten Krankheitssymptomen erzählen, dass mir schon vom Zuhören unwohl wurde. Doch ich behielt einen kühlen Kopf und ließ mir die Erkrankungszahlen dazu geben. Die gaben deutlich wieder, dass rein rechnerisch mehr Wahrscheinlichkeit war, an Grippe zu sterben, als an diesen Krankheiten zu erkranken.

Ich sagte nur: „Nein, danke ich bleibe auch ohne gesund."

Die Malariaimpfung nahm ich auch nicht. Es gab eine Akut-Medikation. Die die hatte ich schon im Rucksack.

Brasileiro

In der Volkshochschule belegte ich einen Sprachkurs mit zehn Terminen in Portugiesisch/Brasilianisch. Mit der Sprache tat ich mich nicht allzu schwer, denn ich war in Reisen und Fremdsprachen schon etwas erfahren. Und diese hatte einen schönen musikalischen Klang. Ich mochte die Sprache sehr. Nach dem achten Kurstermin kam ich, mit meinem Flugticket wedelnd, in die Stunde: „Oi amigos, tudo bem? Hallo Freunde, geht es euch gut? Ich lerne drüben weiter, auf der anderen Seite des Atlantiks. Und ich wünsche euch einen schönen kalten Winter und fröhliche Weihnachten!"

Auf diesen frechen Witz antworteten meine Mitschüler zum

Glück nicht mit Verärgerung. Sondern sie freuten sich mit mir und konnten sich erst recht für ihren Sprachkurs begeistern.

Die Kursleiterin sagte: „Ja, danke. Seht ihr, hier haben wir einen Teilnehmer, dem der Kurs wohl wirklich etwas nützte. Boa Viagem, Sascha, und gute Reise!"

Mein Flug ging im November und führte über den Äquator hinaus. Ich würde also direkt in den Sommer der Südhalbkugel der Erde reisen. So weit war ich noch nie gekommen. Natürlich waren einige Kursteilnehmer neidisch, freuten sich aber auch, dass einer ernst macht, nach unseren stolpernden Sprach-Übungen. Wir malten uns aus, wie ich mit perfekten Sprachkenntnissen wiederkäme, dort drüben eine schöne Brasilianerin heiraten würde und den Carneval mitfeierte.

Abschied

Nachdem ich mein Vorhaben, auszuwandern und eventuell nie wieder zu kommen, rundum mitgeteilt hatte, klingelte das Telefon oft. Wie das so ist mit endgültigen Beschlüssen und Abschieden. Viele bekommen klar ins Bewusstsein, was im Gemeinsamen noch unerfüllt ist, aber auch der Stellenwert der gemeinsamen Erlebnisse in Vergangenheit.

Mein Freund Clemens sagte: „Danke dir, für die schönen Jahre echter Freundschaft. Und es macht mich stolz, einen so mutigen Freund zu haben, der kompromisslos seinen Weg nimmt. Aber es macht mich auch traurig, weil wir nun keine Zeit mehr miteinander teilen können."

Mein Freund Peter hatte ganz andere Töne: „Was fällt dir ein, einfach so abzuhauen und uns hier im Stich zu lassen! Was hatten wir noch alles vor? Die große Tour nach Indien über den Landweg wollten wir noch machen. Mit wem soll ich jetzt die verwegensten Ideen umsetzen und über Frauen endlos reden, he? Aber andererseits, wenn ich deine Situation so anschaue, ich glaube ich würde an deiner Stelle dasselbe tun. Machs gut, Mann!"

Nicht einmal meine Mutter hatte Einwände. Sie überraschte mich wie eh und je mit ihrem völligen Vertrauen in meine Pläne. Es hatte etwas sehr Bewegendes, beim Abschied von vielen eine Anerkennung zu bekommen. Vor allem etwas in ihrem Leben angestoßen zu haben, war das häufigste Zeugnis, das mir ausgestellt wurde. Ich weiß, dass das nicht immer leicht war. Trotzdem wurde es mir anerkannt. Manchmal hatte ich den Eindruck, dass Menschen sich nach starken Erlebnissen sehnten und selbst wenn sie sie nur einigermaßen aushalten konnten, dafür dankbar waren. Mit mir in Kontakt gewesen zu sein, hatte für meine Freunde Gewicht.

Natürlich wollte mich meine Familie auch noch sehen. So beschloss ich eine große Abschiedsfeier zu machen und lud Freunde und Familie zusammen ins Haus. Ein riesiges Tropenfrüchtebuffet und Kissenlager hatte ich dafür in meinem großen Zimmer hergerichtet. Das nahm viele schon etwas auf die Reise mit und lenkte auch schön ab, von mancher Abschiedswehmut und anderen traurigen Themen. Ein wenig eigenartige Stimmung herrschte schon. Es lag so etwas Fatales in der Luft, wenn ich sagte: „Weiß nicht genau, wohin die Reise geht. Und ich weiß auch nicht, ob ich wiederkomme."

Meine Tochter Rebecca war zu der Zeit in den Armen ihrer Mutter gut aufgehoben. Diese war im Begriff, wieder einen Mann zu heiraten und Rebecca noch neue Geschwister zu bescheren. Trotzdem freute sie sich nicht allzu sehr, natürlich. Ich nahm Rebecca beiseite und sagte ihr schweren Herzens: „Meine liebe Kleine, ich gehe auf eine große Reise. Weißt du noch, als wir nach Frankreich gereist sind, zusammen?"

Sie nickte: „Ja, das war schöön!"

„Eben", sagte ich , „so weit muss ich diesmal auch wieder und noch etwas weiter. Ich will dass du weißt, dass ich dich immer lieb habe und deshalb auch immer bei dir bin, egal ob du mich gerade siehst und anfassen kannst, oder nicht. Das geht auch so, wenn man aneinander denkt. Und außerdem schreibe ich dir gaaaaanz viele Briefe. Einverstanden?"

Sie schaute mich groß an, sagte nur: „Ahem", und nahm es hin. Später teilte sie mir mit, dass diese Worte für sie sehr wichtig waren und mit den vielen Briefen, die sie von mir bekam sogar fand, dass ich mehr da war, als wenn ich in einer andern Ecke Deutschlands steckte und wir uns gerade nicht sehen konnten. Ein kleiner Trost.

Seit einigen glücklichen Monaten war ich mit Steffi zusammen. Wir saßen auf der Terrasse, als ich würgend mit zähen Worten herausbrachte: „Du, ich bin so froh, dass wir uns begegnet sind. Und die letzten Monate habe ich so viel Schönes mit dir erlebt. Ich liebe dich echt,... aber ich bin da auf einem Pfad, den ich gehen muss und wohl nur alleine gehen kann. So weiß ich nicht was kommt und ob ich wiederkomme. Deshalb muss ich dich bitten, mich gehen zu lassen und dich selbst frei zu machen. Vielleicht wirst du wieder eine schöne Partnerschaft danach erleben. Das wünsche ich dir."

Sie konnte es tatsächlich annehmen. Ob ich das gekonnt hätte, wenn sie gegangen wäre? Steffi sagte mir einmal später, dass meine Offenheit bei diesem Vorhaben und die Radikalität, mit der ich den Entschluss durch getragen hatte, für sie ein wichtiges Erlebnis waren. Und sie sagte, es hätte sie später bestärkt, eigene Wege zu finden.

Die Feier nahm kein Ende. Tiefe Gespräche hielten uns die ganze Nacht wach. Wenn man weiß, dass man sich nie wiedersieht, hat man sich doch noch einiges zu sagen, oder genießt die letzten Stunden in vollen Zügen. Ich schlief überhaupt nicht und packte allerletzte Dinge, als die Zeit schon zur Abfahrt drängte.

Für mich war es schwerer, meinen bisherigen Lebensort auf der Erde zu verlassen, als meine Familienangehörigen oder Freunde. Das wunderte mich.

Abflug
Es fuhren mich Steffi und Andi zum Frankfurter Flughafen. Ich hatte die beiden ausgewählt, weil sie die leichtesten Begleiter waren, für diesen Schritt der Reise. Die beiden hatten am ehesten ein lockeres Gemüt und würden mir den letzten Schritt nicht schwer machen. Das wusste ich. Auf der Rückbank des Autos nickte ich ein. Um länger zu schlafen war ich viel zu aufgeregt. Ein Hemd mit schrillen Farben hatte ich an. Meine Jacke gab ich am Check-in des Flughafens noch Steffi in die Hand. Hier war zwar November. Doch war ich nun schon auf den Sommer voreingestellt und gespannt. Bis zum letzten Moment war ich von meinen Freunden geleitet. Zwei herzliche Umarmungen: „Danke Euch, lebt wohl! Sollte ich sterben, war es mir eine Freude mit euch gelebt zu haben!"
Der Flug dauerte acht Stunden und nahm seine Richtung gegen die Zeitzonen, nach Westen, über den Atlantik. Am

Ankunftsort wurden die Uhren sechs Stunden zurückgestellt. Die Minuten der reellen acht Stunden aber, gingen furchtbar langsam vorbei. Ich durchlebte sie einzeln, wach und aufmerksam, im Direktflug. Nachdem ich monatelang, in vielen kleinen Schritten, dies alles vorausgeplant hatte, konnte ich es kaum erwarten.

Für manche Menschen war das Fliegen etwas besonders Schönes. Ich war nicht allzu begeistert davon, vor allem weil man sich die ganze Zeit kaum bewegen konnte. Hier oben fiel mir wieder auf, wie selten ich vom Fliegen geträumt hatte, in meinem Leben. Manche meiner Freunde hatten davon erzählt. Ich war wohl eher eine „Landratte". Doch ging es mir nicht so schlecht, wie manchen, den ich hier vor Angst zusammengekrümmt sah. Es fröstelte mich, mit meiner leichten Kleidung, Hemd und kurzer Hose, in der klimatisierten Luft des Flugzeugs. Dann endlich senkte sich die Flugzeugspitze wieder. Der Sinkflug. Nach meinem Gefühl endlos viel später, landeten wir. Von der Meerseite aus sanken wir auf die Landebahn. Dort unten sollte ein völlig neues Kapitel meiner Lebensgeschichten beginnen.

„Recife, endlich!", sagte ich, während ich aus dem Fenster lugte. Der Landeanflug ging in den letzten Sekunden über den ärmlichen Hütten einer Favela abwärts. Bei ihren Bewohnern mussten die Wände wackeln! Ich war gespannt!

3b) Farbe: Grün-gelb

Brasilien

Auf der Gangway war ein Blick über die blaue Weite des atlantischen Ozeans möglich. Die Mittagssonne schien hoch und hell. Hier war ich ja im Sommer gelandet, nur ein paar Stunden weit vom deutschen Winter entfernt. Es lagen Blumendüfte im feuchten Küstenwind. Sie drangen schon im Flugzeug herrlich ein.

Unwillkürlich sagte ich: „Gott sei Dank!"

Am Boden setzte ich langsam die Füße auf und sofort war die ganze Weite eines Riesenlandes zu spüren. Die Füße gingen leicht über die neue Erde.

Es war herrlich warm und feucht, wie in einer Waschküche. Meine Kleidung war passend. Ja, alles fand ich in diesem Moment passend. Ich passte einfach hierher, so fühlte ich.

Die Stadt war schon damals ein Ziel vieler europäischer Touristen, vor allem wegen der Strandlage und mit einem großen Flughafen.

Recife, eine der Großstädte der Atlantikküste, öffnete ihre steinernen Arme. Ich lief langsam stadteinwärts und akklimatisierte mich im salzigen Küstenwind. Noch war ich nicht angekommen.

In die erstbeste Pension ging ich, mit der Frage nach einem Telefon. Die ersten brasilianischen Sätze polterten mir noch sperrig und hölzern wie Stöcke aus dem Mund. Aber sofort war sanfte Freundlichkeit zu spüren. Eine ganz andere Haltung als in Europa konnte ich wahrnehmen. Ich konnte hier noch so fremd sein, diese Menschen waren nicht im geringsten Fremdenfeindlich und bezogen mich sofort selbstverständlich in ihre Lebensfreude mit ein.

Agua Fria – die Favela

Ich rief Ulrike an, die Freundin von dem Capoeirista in Würzburg, der mir die Adresse von Soccorro, einer Brasilianerin in Recife, weitergegeben hatte. Sie war für einige Wochen hier beschäftigt und konnte mir so in vielem beim Ankommen helfen. Ulrike sagte am Telefon nur: „Warte dort an der Pension, bis ich dich hole, das ist wichtig!"

Sie nahm ein Taxi, um mich abzuholen. Normalerweise war ich gewohnt, an jedem Ort eine beliebige Adresse problemlos selbst zu finden.

Aus dem Taxi stieg eine langhaarige, kleine und entschlossene Frau in den 30ern: „Oi, bon dia! Hattest du einen guten Flug?"

Sie drückte mir fest die Hand. Jetzt erst bemerkte ich, dass sie etwas humpelte. Als das Taxi anfuhr, begannen wir zu plaudern. Ich fragte zuerst, ob hier Mangos wuchsen. Sie musste mich enttäuschen. In diesem Landesteil war im Moment keine Saison.

Auf der längeren Taxifahrt versuchte sie mich mit möglichst vielen Umständen von unserem Gastort vertraut zu machen.

Ulrike fügte dann noch hinzu: „Ein Hexenschuss hat mich erwischt, aus heiterem Himmel, vor vier Tagen. Der Ort an den wir fahren, ist nicht Recife, musst du wissen, sondern eine Favela namens Agua Fria (Kaltes Wasser). Eine Favela ist etwas ganz anderes, als eine Großstadt. Du wirst sehen, wie anders das ist, vor allem für uns Europäer. So etwas kennen wir überhaupt nicht. Und die Menschen fassen viele Dinge auch anders auf, als wir es gewohnt sind. Vor einigen Tagen hing ein geköpfter Hahn am Tor. Damit versucht jemand hier, einen Voodoozauber auf das Haus zu legen.

„Glaubst du denn an so etwas?", fragte ich.

Sie war eine deutsche Kirchenchristin, doch ihre Rede hatte einen leicht besorgten Unterton. Sie antwortete: „Ich weiß es nicht."

Als wir nach einer Viertelstunde durch den Favela fuhren, begann ich zu verstehen. Es gab keine Straßen, nur holprige Staubpiste. Es gab keine Kanalisation, nur einen stinkenden Kanal voller Müll und Abwasser in der Mitte aller provisorischen Bauten aus Schrottteilen. Nicht jeder hatte ordentliche Kleidung, vor allem die Kinder.

Das Taxi verließen wir an einer staubigen Kreuzung. Der Wind wehte den Sand an vielen Stellen auf. Wir gingen nur wenige Hütten die Piste entlang zu Socorros „Haus". Unterwegs hatten die Gangs, die Herren der Viertel, mich blonden „Americano" sofort im Auge.

Ulrike sagte schnell: „Schau nicht dort hin, das provoziert sie vielleicht!".

Sie wusste inzwischen weitgehend, wie es hier lief. Sie schob mich schnell bei Socorros Heim in den Eingang. Das Gittertor wurde fest verschlossen. Ich musste geschützt werden.

Socorro begrüßte mich offen. Sie hatte schwarze Haare und eine von innen strahlende, sowie durch Härten des Lebens gezeichnete Erscheinung. Sie konnte einigermaßen aufrecht humpeln, seit ihrer Operation an der Hüfte.

„Ich bin Deutschland dankbar und der Kirche", sagte sie, „ansonsten säße ich jetzt im Rollstuhl. Willkommen in Agua Fria! Es kann schön sein hier", sagte sie mit bitterem Lächeln, „doch zu deinem Schutz musst du erst einige Tage hier bleiben. Du darfst nicht hinaus gehen!"

Ich nickte, halb erfreut über die nette Aufnahme, aber auch betrübt. Denn jetzt saß ich hier im Gefängnis, bis sich herumgesprochen hatte, dass ich bei ihr zu Besuch war.

Sie hatte eine Wohnküche und ein Schlafzimmer. Beides nur mit Fenstern zum Hof. Da hausten die beiden Frauen. Ein Bett stand am hintersten Ende der Küche. Ich durfte meine Hängematte im vergitterten Vorhof aufspannen. Zum ersten Mal schlief ich in der Hängematte. Es war für mich sehr ungewohnt. In sehr großen Hängematten konnte man quer hinein liegen. Dann hing man nicht mit dem Rücken durch. Aber meine war dafür zu klein. So waren die ersten Nächte nicht allzu erholsam.

Wie ein Hund schlief ich auf der Vorderterrasse des Hauses. Da es hier so viel Kriminalität gab, vergitterte jeder seinen Eingang. Hier war ein komplett geschlossener Käfig, über den Grenzmäuerchen einzementiert. So hörte man alles von der Straße her. Zum Glück war es nachts nicht allzu laut. Aber von den vorbeilaufenden Leuten hatten viele keine Hemmung, einen Schlafenden aufzuwecken. Das war schon mal ganz anders als in Europa.

Nach ein paar Tagen nahmen mich die beiden zu ihrer Glaubensgemeinde nahebei mit und begleiteten mich auf dem Weg schützend rechts und links. Sofort hatten die Jugendlichen von der Straßenbande aus ihrem Auto wieder ein Auge auf mich, aber unternahmen nichts, da inzwischen bekannt war, dass ich als Gast von Socorro hier und deshalb respektiert war.

Socorro war rege tätig, in der Kirchengemeinde gegenüber. Viele gingen dort ein und aus. Sie hatte viel zu tun: Junge Frauen aufklären, jungen Müttern das Kochen beibringen, mit Gemeindemitgliedern singen, Gemeindekinder unterrichten, Streit schlichten, die Räume für ein Fest schmücken und vieles mehr. Alle waren ihr gegenüber ehrfürchtig und hatten großen Respekt. Dabei gebärdete sie sich ruhig. Sie führte ein Haus der Hoffnung, es war ein Leuchtturm, in dieser Umgebung des Slums und seiner Halbzivilisation. Ihr Name, Socorro, war Programm, er bedeutet Hilfe.

Eines Vormittags kam Socorro mit einem Messer auf mich zu. Sie sagte: „Corta arvore!"

Nach meinem ersten Schrecken, ging sie an mir vorbei in den Hof und zeigte damit auf eine Palme, die dort wuchs. Immerzu wiederholte sie die Worte und zeigte Schneidegesten mit den Händen, bis ich endlich verstand. Sie wollte, dass ich für sie einige der Palmwedel abschnitt. Der einzige Weg dort hoch führte über das Verandadach. Das war mit Wellasbest dürftig gedeckt. Ich versuchte meine Füße vorsichtig auf die Zwischenbalken, die mir von hier oben dünn wie Zahnstocher vorkamen, zu setzen. Eine Zimmermannsarbeit war das nicht. So kam ich leidlich bis an die Palme und sägte herumwackelnd einige Wedel ab, bis Socorro zufrieden war und mich wieder herunter winkte.

Auf dem Rückweg kam ich nicht mehr so glücklich durch und brach durch die Platten. Die Splitter plumpsten mit mir herunter und durch den Aufprall auf die Bodenkacheln staken sie mir an den Hüften im Fleisch. Ich zog mir die Teile leidlich heraus. Dann eilten die beiden Frauen herbei. Erschrocken packten sie mir unter die Arme und schleppten mich ins Haus. Sie legten mich aufs Bett und verarzteten mich notdürftig. Durch den Schmerz konnte ich besonders klar denken und kombinierte auf einmal in einer Art Überschau, dass mehrere Ereignisse im Haus das selbe Muster hatten: sowohl Ulrike mit ihrem Hexenschuss als auch ich erlitten Verletzungen, etwa an derselben Körperzone wie Socorro damals. Dazu fiel mir der Voodooangriff auf dieses Haus wieder ein, von dem Ulrike erzählt hatte. Hier drängte sich mir ein mysteriöser Zusammenhang auf, den ich früher nicht im entferntesten erwogen hätte. Mochte das die richtige Erklärung sein oder nicht, für mich stand der Entschluss fest, dass es für mich das Beste wäre, so schnell wie möglich von diesem Ort zu verschwinden. Sobald ich einigermaßen schmerzfrei meinen Rucksack tragen konnte, bedankte und verabschiedete ich mich. Ich dankte sowohl Socorro als auch Ulrike. Die beiden standen mit mir im Staub der Straße, als ich den Bus in Richtung Busbahnhof bestieg.

Mein papierner Reiseführer beschrieb reihenweise schöne Orte, entlang der Atlantikküste, auf dem Weg nach Belem. Durch drei Bundesstaaten musste ich noch durch den 'Nordeste', den Nordwesten dieses riesigen Landes. Das war der Teil, in dem der höchste Anteil schwarzer Bevölkerung lebte. Und das war zu meiner Freude auch der Musik anzuhören. Und Musik begleitete hier alles und überall. Wenn sie nicht aus Lautsprechern dröhnte, sang jemand irgendwo. Diese Menschen waren unglaublich musikalisch. Und die Popmusik war harmonisch viel reicher als bei uns gesetzt. Die Staaten Pará, mit seiner Hauptstadt Belem, und Amazonas mit seiner Hauptstadt Manaus, lagen dem Äquator am nächsten und hatten den höchsten Anteil indigener Bevölkerung. In Belem lag der Hafen für die Amazonasschiffe, von wo aus ich den Fluss entlang in die Urwaldgebiete fahren wollte. Bis dorthin lagen weit über 2000km Strecke durch sieben Bundesstaaten vor mir, entlang Brasiliens traumhafter Atlantikküste. Diese Strecke in aller Gemütlichkeit, mit vielen Zwischenhalten entlang zu reisen, sollte ausreichen, um dieses Land in seiner Vielfalt, mit seiner bunten Menschenmischung, ein wenig kennen zu lernen und meine Sprachkenntnisse voran zu bringen. Ich nutzte das gut ausgebaute Netz von Überlandbussen.

Aus dem Moloch der Großstadt Recife wollte ich in einen kleineren Ort und wählte Natal. Hier versuchte ich erstmals öfter mit Menschen in Kontakt zu treten. Das Lehrbuch für die Sprache hatte ich mitgenommen und lernte nun täglich zwei Stunden Brasilianisch aus dem Buch und versuchte es sofort auf der Straße aus. Die Menschen waren so offen, dass es nicht schwer war, viele kleine Gespräche zu führen, mit meinem Minivokabular.

Um weniger aufzufallen trug ich einfachste Kleider, kurze Hose, Baseball-cap und Sandalen. Das Wetter war herrlich warm. Mit Absicht hatte ich keine Bauchtasche und keinen Fotoapparat, um nicht wie ein Tourist und mit Motivblick herumzulaufen. Ich wollte eintauchen, in dieses Land, wie ein Kind gehen und sprechen lernt, ganz mitschwimmen, in den Lebenswellen. Nichts sollte mich auch nur eine Sekunde ablenken.

Viele Konversationen begannen so: „É amerivano vocé?, Bist du Amerikaner?"

Dann sagte ich: „Nao, alemao. Nein, Deutscher."

Dann sagten die meisten: „A, é, tem muitos, ai, no sul. Ah, so ist das. Davon gibt es viele im Süden."

Es war auffällig, wie sich alle deutlich entspannten, wenn sie hörten, dass ich nicht US-Amerikaner war. Die mochten sie anscheinend überhaupt nicht.

Die schlichten Leute auf dem Markt halfen mir sehr, in die Art ihrer Gesprächsführung hineinzuleben. Sie sprachen in kurzen Sätzen. Es ging um einfache Dinge. Der Kommunikationsgehalt lag hier meist ganz woanders, als in der textlichen Bedeutung. Die Kommunikation wurde eher im Klang und der Melodie geführt. In Töne gehüllt, wurde ein Satz vor der Brust, oft mit einer Armbewegung, zum Gesprächspartner geleitet. Auch das Zuhören wurde oft mit Lauten ohne Wortbedeutung begleitet. Das hatte viel mit Singen zu tun. Oft sprachen sie auch gleichzeitig, wie ein mehrstimmiger Chor. Nur konnten sie sich wundersamerweise dabei verstehen. Der Klang trug viel mit. Schnell kam ich aus dem Kopf heraus in einen Bereich weiter unten. Mit der Zeit ging das auch bei mir immer mehr vom Herzbereich aus. Ich fühlte zunehmend dort eine wärmende Kraft beim Sprechen hin und hergehen. Das kannte ich noch nicht und es tat sehr gut.

Viel wurde hier mit dem Überlandbus gereist. 1000km Entfernung waren hier gar nichts. Manche fuhren so weit jede Woche zur Arbeit in eine Stadt und zum Wochenende wieder zur Familie nach Hause. Hier lernte ich, dass keine Strecke weit ist. Die Haltung dazu muss nur passen. Völlig entspannt, mit Gesprächen oder Fernsehen begleitet, brachte man die Fahrt hinter sich.

Als ich endlich aus der Stadt heraus und wieder in natürlicherer Umgebung auf dem Land war, konnte ich aufatmen. Die Luft war wieder frischer.

Die erste Nacht in Natal schlief ich, völlig ungestört, in den Sanddünen am Strand. Sie waren etwa 20 Meter hoch und reichten direkt bis ans Meer heran. Man konnte auf ihnen herunterspringen, bis ins Wasser.

Die Art der Menschen in diesem Land war so wunderbar anders. Das ganze schief und scheinheilig von der Kirche Geprägte, war nicht da. Allerdings auch weniger die Höflichkeit. Die Menschen waren völlig vom inneren Moralapostel ungetrübt, eben natürlich. Das legte sich auch auf die Plätze, als gute Atmosphäre, aus den Seelen. Fast alle Menschen waren sehr nett.

Mit der Rohkost hatte ich hier keine Probleme. Seit den 50er

Jahren waren Kokospalmen aus Asien hier angepflanzt worden. Nun war die Küste voll davon. An vielen Straßenecken sah man ganze Pyramiden der grünschaligen Nüsse aufgestapelt. Heimisch waren zahlreiche Mangosorten. Irgendeine Sorte konnte hier, unweit des Äquators, immer geerntet werden. Ich sah Leute auf der Straße Mangos massieren, bis das Fruchtfleisch in der Schale zu Saftmus geworden war. An der Spitze bissen sie die Schale auf und sogen den Saft heraus. Manche Städte hatten sogar Mangoalleen. Jeder bediente sich, wenn eine Mango fiel. Früchte hatte dieses Land im Überfluss. Sie kosteten auf dem Markt sehr wenig. Außerdem gab es Ananas, Papaya, Minibananen, Avocados, Paranüsse, Cashewnüsse und -früchte, sowie einzigartige regionale Früchte. Die Orangen des Landes hatten grünorangene Färbung, da sie hier nie kühl gelagert wurden. Erst unter 5 Grad verfärben sie sich komplett orange.

Ganze Einkaufsstände gab es, nur mit Fruchtsäften. Die Brasilianer aßen Früchte meist zum Frühstück. Papaya mit Kaffee war üblich. Zu Mittag bevorzugten sie deftige Kost, mit Fisch und Fleisch, zu Beilagen wie Reis und Manjok mit Bohnen.

Für mich war die, ebenfalls hier heimische, Jackfrucht die Königin aller Früchte. Die riesigen, bis zu 20kg schweren Früchte wuchsen wie grüne noppige Klumpen an hohen Bäumen. Einmal konnte ich beobachten, wie eine baumgereifte Frucht mit dumpfem Aufprall auf dem Boden aufschlug. Zu Glück war ich nicht darunter gestanden! Es dauerte nur wenige Minuten, bis sich Insekten und Tiere in Scharen über das vollreife, nach Himbeer-Zitroneneis-mit-Vanille schmeckende Fruchtfleisch hermachten. Selbst die kleinsten Früchte waren 2kg schwer. So wurde davon immer etwas verschenkt, wenn eine Frucht geöffnet wurde. Was für eine soziale Frucht? Sie hatte verbindende Wirkung. Jackfrucht, „Jaca", aß ich immer, wenn sie erhältlich war.

In einem Ort auf dem Land roch ich den feinen Geruch, in der sonnenwarmen Luft. Es musste ein duftender Jacabaum in der Nähe stehen. Als ich nachfragte, wurde ich in eine Richtung geschickt. Dort ging ein Obstbauer langsam die Straße entlang. In seinem Schubkarren lag noch eine Jaca.

Ich sagte: „Ah, du hast noch eine Jaca, wie schön! Wieviel willst du dafür?"

Er schaute sanft, taxierte mich und sagte dann: „Es ist Nebensaison. Es gibt gerade nicht so viele. Vier Real!", und streckte ebenso viele Finger in die Luft.

Das war ein stolzer Preis. Da ich gerne handelte sagte ich: „Oochh, warum so teuer? Gib sie mir für zwei!"

Er hob den Arm und zeigte auf den Horizont: „Siehst du den Berg dort. Ganz oben liegt mein Garten. Von dort habe ich die Jaca heute morgen mit meinem Schubkarren heruntergeschleppt. Gib mir 3,50!"

Auf seinen Ansatz wollte ich einsteigen und sagte: „Ok, gib mir die für 2,50 und ich trage für dich so viele Früchte von dort oben herunter, wie ich tragen kann, ja?"

Er lachte und glaubte mir wahrscheinlich kein Wort. Trotzdem stimmte er zu und sagte: „Übermorgen gehe ich wieder hinauf. Du musst um sechs Uhr morgens, wenn es noch dunkel ist dort sein. Dann nehme ich dich mit."

Ich war zur verabredeten Zeit da und er auch. Wir gingen in der Morgenfrische langsam zusammen den Hang hinauf. Er wollte mich den Karren nicht schieben lassen. In einfachster Sprache lernten wir uns kennen. In einer Stunde erklommen wir ein schönes Hochplateau, wo einige Gärten mit verschiedensten Fruchtbäumen und Gemüsen angelegt waren, die man sich als Selbstversorger nur wünschen kann.

Einige andere wohnten auch hier oben. Zuerst stellte er mich seinem Nachbarn vor. Offenheit herrschte hier, keine Verdrücktheit, wie oft in Deutschland. Der Nachbar war nett, stellte mich seiner ganzen Familie vor, besonders seiner Tochter: „Willst Du sie heiraten?"
Das ging sehr schnell! Europäer galten hier immer als gute Partie. Selbst wenn sie so einfach gekleidet waren wie ich.
Ich sagte nur : „Das geht nicht."
Er war ganz lustig: „Gefällt sie Dir nicht?"
Leicht verschämt und neugierig lächelte sie mich an. Doch, sie war schön. Überhaupt fand ich in diesem Land die schönsten Menschen die ich jemals sah.
- „Doch" sagte ich, „trotzdem, vielen Dank, es geht nicht."
Sie lächelte immer noch. Kein Problem, anscheinend. Das war wohl hier so üblich, dachte ich mir.
Danach zeigte mir mein Gastgeber, der Bauer hieß Francisco, ein Zweifamilienhaus mit einem üppigen Früchte- und Gemüsegarten und bot es mir für 10.000 Real an. Das war ein sehr günstiger Preis. Und das Haus war schön. Nur war ich gar nicht in Siedlerstimmung. Ich wollte doch gerade aus der Zivilisation heraus. Wieder lehnte ich ab.
Also zogen wir zuletzt zu seinem Garten. Er erntete einen Jacabaum ab und zeigte mir die Methode. Mit einem Stöckchen wurde auf die Früchte geklopft. Wenn sie hohl klangen, hatten sich die klebrigen Fasern von den reifen Fruchtkörpern gelöst und wurden geerntet. Sein Hund kläffte heftig.
Francisco sagte: "Er liebt Jaca, so wie du."
Unter meinen verwunderten Augen vertilgte er eine halbe Frucht. Hier lernte ich erstmals, dass Hunde keine Fleisch- sondern Allesfresser sind. Und bei dieser gesunden Ernährung zeigte sich, dass Hunde nicht stinken müssen. Er duf-

tete geradezu.

„Nüsse und Jaca, die mag er am meisten. So, und die sind für dich." Er legte mir zwei Jacas in die Arme. „Und nun muss ich noch weiter arbeiten. Dort drüben geht es ins Dorf. Machs gut", und er zog los in seinem Garten.

Erfreut und leicht beschämt von der Gastfreundlichkeit wanderte ich wieder ins Tal. Als ich Francisco am folgenden Markttag wieder traf, schenkte ich ihm eine robuste Leinenplane, damit ihm in Zukunft beim Transport die Früchte von seinem Schubkarren nicht mehr herunterfielen.

Da ich keine Termine einzuhalten hatte, konnte ich mit Muse nordwärts ziehen. Immer blieb ich ein paar Tage, wenn ich an einen schönen Ort gelangte und zog dann mit dem Bus weiter. Von einem Bundesstaat zum nächsten variierte der vorherrschende Musikstil erheblich. In einem war Samba, im nächsten Pagode, in einem weiteren Forró und in einem gar Reggae Hauptstrom der Volkskultur. Ebenso war es mit den Formen und Kostümen des Carnavals. Das ganze Jahr hindurch wurde dafür Musik eingeübt, Kleider genäht und Choreografien erfunden.

Meine Sprachkenntnisse entwickelten sich langsam. Immer häufiger hielt man mich für einen Südbrasilianer. Die Straßen waren mein Ganztages-Sprachkurs. Jedes Gespräch war mir recht. Anscheinend nahm ich den Landeston gut an. Das war auch nicht verwunderlich, denn selbst meine Gedanken sprachen inzwischen Brasilianisch. Die Sprache stammte aus Portugal, doch kamen starke Prägungen durch indianische, afrikanische und englische Begriffe hinzu. Dabei wurde eine vereinfachte Grammatik verwendet. Sehr viele Worte betonten den Vokal, oder sogar Vokalverbindungen, was ihr diesen gesanglichen Charakter verlieh. Manchmal hatte ich sogar den Eindruck, dass der Ton noch eher zum Verständnis beitrug, als die Wortbedeutung. Und ich dachte öfter von weitem, aus einem Stimmengewirr Französisch oder Italienisch herauszuhören. Doch stellten sich diese Eindrücke als Klangfarben des Brasilianischen heraus.

Fernando de Noronha

Ja näher ich zur Amazonasmündung vorrückte, desto öfter hörte ich begeisterte Erzählungen einer Insel namens Fernando de Noronha. Sie war für sehr viele Brasilianer der Inbegriff einer Trauminsel.

Einer erzählte mir: "In den 80ern existierten Pläne, dort ein Touristenzentrum mit Andockstelle für Kreuzfahrtschiffe aus dem Boden zu stampfen. Die Bevölkerung konnte sich jedoch mit Erfolg wehren, erreichte wenige Jahre darauf, die Ausrichtung als Naturschutzgebiet und Ende der 2000er Jahre sogar die Aufnahme als Weltkulturerbe.

Heute ist der größte Teil Naturschutzgebiet, unter der strengen Überwachung von zwei Organisationen. wo Pflanzen und Tiere in Ruhe leben können. Du findest dort dank des Schutzes heute Massen von Delfinen im Wasser und Schildkröten an den Stränden.

Nur wenige Touristen dürfen auf die Insel und müssen eine hohe Kurtaxe dafür bezahlen. Es gibt dort keine Hotels, nur Pousadas, Pensionen, lange menschenleere Traumstrände mit Palmen, Buchten mit riesigen Wellen für Surfer...".

Das klang alles so gut, dass ich den einstündigen Flug dorthin unternahm. Der Flugplatz der Insel war eine winzige Piste, auf einer Hochebene. Von dort schaute ich mich über die Hänge und Ebenen ein wenig um. Ich suchte nach Kontakt zu diesem Fleck Erde und einer Eingebung, wohin ich meine Schritte am besten lenken sollte.

Dann kam ein junger Mann auf mich zu: „Suchst du ein Zimmer?"

Ich hatte noch keine Gewissheit: „Nao, obrigado. Nein, danke. Aber kannst du mir sagen, wo die Stelle im Park ist, von der man erzählt, dass man dort oft ganze Schwärme von Delfinen vorbeiziehen und Schildkröten am Strand brüten sehen kann?"

Er war wie die Meisten in diesem Land, nicht argwöhnisch, sondern völlig spontan hilfsbereit. Er streckte den Arm aus: „Dort, in dieser Richtung bis zu einem Felsen mit Aussicht. Abends darf man nicht mehr in den Park. Willst du, dass ich dich morgen dorthin begleite?"

Ich sagte: „Nao, obrigado. Mas talvez mais tarde. Aber vielleicht später. Bon dia. Guten Tag."

Sofort ging ich im Rest des Tageslichtes in beschriebener Richtung und fand die Stelle. Es war ein kleine Ebene in etwa 100m Höhe über dem Meer. Man konnte herrlich auf das Meer herunterblicken. Dort nahm ich mein tragbares Schlafzimmer aus dem Rucksack und spannte die Hängematte auf. Dann gab es noch ein kleines Früchteabendbrot. Erstmals war ich wieder ganz alleine in Natur – herrlich! Das war mir schnell wieder vertraut. Die Stimmung dort war außergewöhnlich elementar und unzivilisiert. Doch auch karg und unbelebt, wie das auf Inseln oft der Fall ist. Nur am Strand standen viele hohe Palmen.

Die Tageszeiten näherten sich zum Äquator hin immer mehr den exakten 12 Stunden von 6-18 Uhr an. Auch der kurze Tag zur warmen Witterungszeit war für mich ungewohnt. So kam die Dunkelheit wieder schnell. Wochenlang hatte ich mich erst gewöhnen müssen, dass in diesen Breitengraden die Zeit der Dämmerung extrem kurz war. So schön der Sonnenuntergang auch war, nach wenigen Minuten herrschte völlige Dunkelheit.

Auch bei schönstem Sternenhimmel wurde ich bei hereingebrochener Dunkelheit sehr schnell müde. Also streckte ich mich in der Hängematte aus. Eine leichte Brise kam auf und kühlte alles ein wenig ab. Es war gerade nur frisch, nicht wirklich kalt. So schlief ich gut ein.

Doch aus dem Tiefschlaf schreckte ich jäh auf, als mich ein ... etwas in den Hintern biss! Es war nicht allzu stark und ich war noch unverletzt. Ich hüpfte mit einem Satz auf die Beine, schrie, zischte und fauchte das unerkannte Ungeheuer in die Flucht. Mit der Taschenlampe war auch nichts zu entdecken. Ich horchte lange still, ob sich wieder etwas regte, doch ... nichts. Dann montierte ich die Hängematte höher, denn sie war nur knapp über dem Boden gehangen. Und Seife und Rasierzeug legte ich offen hin, damit der ungewohnte Geruch zusätzlich Tiere abstieß. Lange konnte ich nicht die nächtliche Stille wach überdauern und schlief wieder ein.

Gerade träumte ich schön, da zwickte mir schon wieder etwas in die rechte Hinternbacke! Wieder fuhr ich auf. Das ganze passierte noch zwei Male bis es Morgen war. Inzwischen war ich wenigstens sicher, dass es nichts Gefährliches war. Ich musste über meine dumme Fahrlässigkeit lachen. Außerdem hatte ich ein paar zu lecker riechende Dinge bei meinem Proviant dabei. Das musste wilde Tiere verlocken. Inzwischen war genug Licht, um mir einen Weg ungesehen zum Strand zu bahnen. Also hieß es, aufstehen, die Nacht war zu Ende.

Es gab wirklich postkartenreife menschenleere Sandstrände dort. Die Tiere waren alle zutraulich! Einige der großen Vögel flogen so tief über meinen Kopf hinweg, dass ich mich öfter duckte. Was am Strand herumkrabbelte, wie Eidechsen, Krabben, Vögel, kam ohne Scheu zu mir. So hatte ich es mir bei Robinson Crusoe vorgestellt. Es gab so ein eigenartiges Gefühl, gar keine Privatsphäre zu haben. Immer war schon wieder ein Tier da und dort.

Viel Zeit dieses Tages verbrachte ich damit, Kokosnüsse am Strand zu erklettern und abzuschneiden. Diese Wildpalmen waren ziemlich hoch. Und mit meinem Gewicht in der Krone und dem Wind dort oben dazu, schwankte es gehörig. Trotzdem gehörte es in mein Einsamer-Strandwanderer-Programm. Die hartfaserigen Nüsse zu öffnen, mit meinem Messer, war dann ein weiteres Stück Arbeit. Und als es mir endlich gelang, standen schon einige Tiere Schlange, die den Duft des Kokoswassers gewittert hatten. Sie wollten ihren Anteil.

Eine weitere und friedliche Nacht verbrachte ich an diesem Strand. Morgens unternahm ich einen langen Spaziergang, um mir klar zu werden, warum ich so ein nebliges Gefühl im Gemüt hatte. Es war sogar so, als ob diese Landschaft, so weit von mir weg wäre, dass ich sie nicht wirklich fühlen konnte. Das wunderschönste Panorama das ich je gesehen hatte, war mir leider völlig egal. Ich musste einsehen, dass es nichts gab, was mich mit diesem Ort verband. Die Schönheit blieb völlig abstrakt, äußerlich, berührte mich einfach nicht. Das weckte langsam dämmernd die Frage in mir, ob ich nicht Natur allein in ihrer Vielschichtigkeit, sondern eine natürliche Kultur der Menschen suchte.

Tiere - Freunde essen?

Ich gebe zu, dass ich auch einige Tiere tötete, um sie zu essen. Sie waren zutraulich zu mir gekommen und ich nahm ihnen daraufhin das Leben. Das schockierte mich und machte Gedanken in mir wach. So selten kam es vor, dass Tiere angstfrei auf Menschen zugingen. Und möglicherweise gab ich ihnen Anlass dazu, in Zukunft Menschen zu misstrauen. Ich empfand es, als ob ich ihr Vertrauen missbraucht hätte. Nun merkte ich auch, dass nicht mein körperlicher Hunger meine Morde motiviert hatte. Es war eher eine gedankenlose Gewohnheit gewesen, tierische Nahrung auf dem Speiseplan zu haben. In dieser Umgebung waren sie aber keine tierische Nahrung, sondern Tiere, die ihre seelische Regung auch mir entgegenbrachten. Wir standen an diesem Ort in einem gemeinsamen Verhältnis und konnten uns als Teilhaber des Seelenlebens begegnen. Woher nahm ich eigentlich das Recht, sie umzubringen, nur weil ich die Macht dazu hatte? Diese Art von Hunger verspürte ich nicht. Ich aß sie also auch nicht mehr.

Mir wurde klar, dass die Gestaltung der Umwelt, die Gestaltung des Lebensraumes durch Menschen, aber auch so vieler weiterer Mit-Wesen war. Die Art der Gestaltung entschied darüber mit, ob in diesem Lebensraum Begegnungen stattfinden konnten, in denen ein lebendiges Wechselverhältnis und innere Verwandtschaft empfunden werden konnten.

Aus einer toteten und systematisierten Umwelt, in der Menschen und Tiere gehalten wurden, hatte ich meine Reise gestartet. Dort war solch ein Sinn für die anderen Wesen meist stumpf, wie bei mir. Deshalb standen sie nicht in rechtem Kontakt und Würde miteinander. Dort waren sie ja auch scheu. Es kam den Menschen ihr Verhältnis zu den Tieren oder ihrer Umwelt wahrscheinlich nicht zu Bewusstsein. Andere töteten für sie, oder Maschinen. Sie selbst töteten aber ständig etwas anderes dafür, in sich oder um sich. Erstmals dachte ich über Vegetarismus nach und aß vorerst nur Früchte weiter.

Eine weitere Wachheit entstand an der Frage, warum ich mit diesem so schönen Naturplatz nicht so recht in sinnvollen Kontakt kommen konnte. Eine Art von Traumschläfrigkeit lag über der ganzen Insel. Hier lagen keine menschlichen Geistesspuren in der Luft, als gute oder weniger gute gestaltende Ideen. Deshalb empfanden die Tiere vielleicht auch auf dieser Insel vollen Freiraum, sich hier lebendig auszubreiten. Aber das Lebensgefüge wirkte trotzdem in keiner Weise angekommen und erfüllt.

Ein gesunder Bauernhof konnte ein zutrauliches Lebensgefüge zwischen Erde, Pflanzen, Tieren und Menschen herstellen. Und man konnte es bei einem Besuch erleben. Wie sah also ein entwickelter Kulturort des Lebens aus? Was für eine Kultur konnte der Mensch zu ihrer Erfüllung in die Natur tragen?

Bedürfnisse führen zu Absichten, führen zu Formungen von Naturräumen. Aber auch freiere Gestaltungen wie Künste, Spiele und geistige Tätigkeiten formen auf feiner Ebene einen Ort mit. Das wirkt immer entsprechend auf seine Bewohner zurück.

Es wurde für mich mit diesen Gedanken beinahe die Substanz greifbar, die Menschen als unterschiedliche innere Spuren von ihren Tätigkeiten zurückließen. Die Qualität dieser Substanz konnte man fühlen, oder auch mit etwas mehr Aktivität, gedanklich fassen. Das war das Unterschiedliche, im Erleben eines Klosters, eines Sportplatzes, eines Wäldchens mit Spaziergängern, einer Baustelle, eines

Konzertsaals, oder einer einsamen Insel. Es wurde mir die direkte Verbindung von äußeren Gestaltungen von Lebensräumen und inneren Regungen und Gestaltungen klar. Und in dieser Phase meines Lebens wollte ich äußerlich den Ort in der Welt finden, der so kultiviert war, dass er eine bestimmte innere Wirkung hatte. Ein Garten wo Tiefen und Höhen sich nicht widersprachen. Die Gleichung des Lebens von Innen und Außen sollte ohne Rest aufgehen. Diese Kräfte selbst zu entfalten, so in die Umwelt zu wirken, gelang mir noch nicht.

Enttäuscht kehrte ich verfrüht aufs Festland zurück und konnte mich nicht besonders gut an den begeisterten Erzählungen der Rückreisenden in dem winzigen Flieger beteiligen. Ich war ja nicht zum Surfen hergekommen.
Umso entschiedener konnte ich mein Ziel auf dem Festland weiterverfolgen und nahm meine nächsten große Etappen, über Teresina und Sao Luiz.
Wie bei vielen größeren Fragen, war es auch bei dieser so, dass sie als erster Anflug begann, ins Bewusstsein zu treten. Mit den Jahren erst entwickelte sich daraus eine tiefe Frage in klarer Form. Mit mancher wichtigen Frage musste ich erst einige Jahre durchs Leben wandeln. Danach erwies sich erst, ob ich mich ihr wirklich im Leben stellen wollte. Viele Arme von Aktivität ergaben sich aus solchen Fragen dann. Ein ganzes Geflecht von Bezügen wuchs daraus. Lebensfragen solchen Formates sind selten. So fingen die Fragen in meinem Inneren jedenfalls an.
Und manche Frage musste ich in meinem Leben erst einige Jahre mit mir herumtragen, bis ich damit zu Ergebnissen, bis in meine Lebensgewohnheiten, kommen konnte.

Gepäckerleichterung

Wenn ich Früchtevorräte auf dem Markt einkaufte, hatte ich Probleme, sie im Rucksack unterzubringen. Die Ausrüstung für die Wildnis harrte in meinem Rucksack noch ungenutzt, bis mein Reisepfad die Zivilisation verließ. Sie behielt ich im Gepäck, denn lebensmüde war ich nicht. Doch immerhin, einige Bücher, Kleider und Schuhe empfand ich als Ballast, den ich abwerfen könnte.

Am nächsten Ort verschenkte ich die Kleidung an einen Obdachlosen. Der strahlte vor Freude wie ein Weihnachtsbaum. Es war kurz vor Heiligabend: „Feliz natal!, Frohe Weihnachten!"

Die Bücher hinterließ ich auf einer Parkbank. Die Chance dass jemand mit Deutschkenntnissen vorbeikam war klein, doch fand ich sie zu wertvoll, um sie wegzuwerfen. Ein Buch über Traumdeutung beschloss ich, auf der nächsten Busfahrt noch zu lesen. Ich las immer zwei Seiten, riss das Blatt heraus und warf es aus dem Fenster. Diese Technik sorgte beim Lesen für maximale Konzentration. Die Inhalte blieben bis heute im Gedächtnis.

Belem

Die herrliche Millionenstadt, nahe des großen Mündungsgebietes des Amazonas nannte sich Belem. Diese Region empfand ich als Tor zu einer anderen Welt, zur Urwaldzone. Und es war eine der schönsten Großstädte, die ich auf meinen Reisen sah.

Vielleicht war die Vorweihnachtszeit der bestmögliche Zeitpunkt, um in einer Stadt die beinahe Bethlehem heißt, anzukommen. Und der Name kam auch nicht von ungefähr. Jedes Jahr wurde hier im Oktober die größte Marienverehrung Brasiliens, mit massenhaft Besuchern, zelebriert.

An den immer grünen Bäumen hingen Mangos und Johannisbrot. Es war etwas feuchter, hier. Das Licht nahe des Äquators fiel immer festlicher durch die Baumäste. Die vielen Parks und Kulturstätten wirkten bei immerwährender Wärme von 20-30 Grad wie ein riesiges Urlaubsresort. Wärme, Licht und die Süße des Lebens war auch die Stimmung, die die Menschen verbreiteten.

Hier waren schon deutliche Einflüsse der indianischen Kultur anzutreffen. Es gab zum Beispiel ein grünblättriges Gemüse zu den Mahlzeiten, das unserem Grünkohl vergleichbar war. Endlich gab es wieder gutes grünes Gemüse! Das war bisher rar. Die wenigen nicht heimischen Gemüsesorten, die bisher zu finden waren, waren bis zur Vergiftung gespritzt, dass es einen davon schwindelte. Mehr denn je wusste ich von hier aus die reiche Palette urgesunden Demetergemüses Deutscher Märkte zu schätzen. Davon konnte ich hier nur träumen. Die Überbetonung von Früchten, ohne das kühlend ausgleichende Gemüse, hatte meinen Körper mit dem Klima zusammen inzwischen in eine Überhitzung gebracht. Abgesehen davon ging es mir allerdings blendend.

Es hatte etwas Urkomisches, in Fernsehwerbungen Schnee fallen zu sehen, in einer Gegend der Welt, wo er nie fiel. Viele wussten nicht einmal was das ist. Doch in der Werbung wurde das Stereotyp europäischer Weihnachtslandschaft stets abgespult. Als ich einmal versuchte, einem älteren Mann die Klimaverhältnisse in Deutschland im Winter zu beschreiben, sagte er mit großen Augen: „Was, die Blätter fallen von dem Bäumen? Dann sind eure Bäume krank!".

Ich merkte wie viel mit dem kalten Klima für ein rechtes Weihnachtsgefühl zusammenhing. Auch die seelische Zusammenziehung für eine Innerlichkeit, die mit der Kälte einhergeht, hatte mein Organismus dieses Jahr nicht vollzogen.

Bald fuhr ich zum Hafen, um meine Weiterfahrt auf dem Amazonas zu sichern. Auf dem betonierten Kai stand nur ein provisorisches Stehpult als Schalter für die Bootsbuchung. Ein freundlicher kleiner Mann mit schwarzen Haaren, Uniform und indianischem Aussehen gab mir Auskunft: „Das letzte Boot ist vor ein paar Stunden losgefahren. Das nächste geht erst übermorgen"

Ich fragte: „Wie lange geht denn die Fahrt bis Manaus?"

Er sagte: „Nur sechs bis sieben Tage, bis der halbe Amazonas durchfahren ist. Wenn Sie wollen, können Sie auch die ganze Strecke bis Peru fahren."

Ich sagte: „Nein danke, ich will nach Manaus. Bei sechs Tagen Fahrt muss ich mir wohl eine Kabine mieten."

Er schüttelte den Kopf: „Es gibt nur wenige Kabinen und die sind schon alle belegt. Sie können unter Deck eine Hängematte aufspannen. Das tun viele. 70 Real ist der Preis bis Manaus. Mittagessen ist dabei. Eine Fahrkarte für eine Person?"

Ich wunderte mich über diesen extrem günstigen Preis und sagte: „Äh, ja gerne".

Er händigte mir ein einfaches Formular aus, auf dem er lediglich die Strecke und das Datum eingetragen hatte. Darin bestand die ganze Buchung. Und ich sollte noch erfahren, wie die Fahrt so günstig sein konnte.

Nun hatte ich zwei Tage zu verbringen, bis das Schiff losfuhr. Zuerst besuchte ich den botanischen Garten, wo ich erstmals die riesigen Seerosenblätter der Victoria Regia sah. Eine beachtliche Sammlung war dort auf kleinem Areal zu sehen.

Auf dem Markt waren auffällig viele regionale Früchte aus dem Urwald. Am häufigsten waren die roten Acai- und die braunroten Ciruela-Beeren. Sie waren wegen ihres hohen Vitamin-C-Gehaltes geschätzt. Ich fand sie furchtbar sauer und hielt mich lieber an Guaven und Mangos.

Dort traf ich zum ersten Mal einen weiteren Rucksackreisenden. Ein netter blonder Südbrasilianer. Er war ein paar Jahre jünger als ich und sagte kontaktfreudig: „Oi, tudo bem? Hallo, geht alles gut?"

Ich freute mich und sagte: „Sim, legal. Ja sehr gut, endlich mal einer, der so wie ich reist. Wie heißt du und woher kommst du?"

Er setzte seinen Rucksack ab und streckte mir die Hand hin: „Joao, aus Minas Gerais, das liegt einige tausend Kilometer nach da", sein Arm zeigte nach Süden. „Bevor ich mein Studium beginne, will ich mein Land noch ein wenig kennen lernen. Ein wundervolles Land, nicht?"

Kurz dachte ich daran, dass ich das mit meinem Land noch nicht gemacht hatte. Aber ich konnte ihm begeistert zustimmen: „Ja, du hast eine herrliche Heimat. Brasilien ist ein Land voller Naturwunder, Wärme, Sonne und den schönsten Menschen, die ich je gesehen habe!"

Er lachte: „Ja, nicht wahr, manchmal weiß man gar nicht wo man hingucken soll, weil es so viele Schönheiten gibt. Aber sag mal, ich hatte gerade vor, auf die Ilja do Marajó zu fahren. Das ist die Insel hier vor der Stadt, die in der Amazonasmündung liegt. Mein Reiseführer schreibt, es sei ganz interessant, dort. Und morgen ist Heiligabend. Wenn du willst, können wir gemeinsam ein paar Tage auf die Insel und irgendwo am Strand Weihnachten feiern."

Ich sagte: „Klaro, com prazer! Natürlich, mit Vergnügen!"

Ilha do Marajó

Joao erzählte: „Früher war die ganze Insel bewaldet. Aber heute ist die Insel zur Hälfte gerodet und zu Weideland für Wasserbüffel gemacht worden. Es ist sozusagen die größte Rinderfarm von ganz Nordbrasilien. Zwei Millionen Rinder weiden dort. Damit wird eine gigantische Region mit bestem Fleisch versorgt. Wir werden nicht verhungern! Allerdings mag ich lieber Fisch. Doch den gibt es an der Atlantikküste und im Amazonasgebiet natürlich auch reichlich."

Wir suchten aus seinem Führer zwei Orte für die zwei Tage bis zu meiner Rückkehr heraus. Einen am Atlantik und einen im Inneren der Insel als Kontrast.

Das einzige öffentliche Fortbewegungsmittel war dort der Bus. So musste man die zerbeulten Klapperkisten wohl nennen, die dort auf Staub- und Schotterpisten fuhren. Die Schiebefenster der Busse schepperten während halsbrecherisch schneller Fahrt so laut, dass man sich zur Verständigung anschreien musste. Die Straßen führten meist auf Dämmen entlang, da die Insel jedes Jahr mehrere Monate lang überschwemmt war. Oft sah man Rinderkadaver an den Seiten liegen. Da hatten wohl Kollisionen mit den Autos stattgefunden, vermutete ich.

An tieferen Stellen ging die Fahrt durch schlammige Furten. Es wurden dicke Bretter vom Dachträger herunter gehievt und auf den Boden gelegt, damit die Reifen besser griffen. Manchmal mussten dafür auch alle Passagiere aussteigen, einmal mussten wir den Bus auch hindurch schieben.

Die Luft war erfüllt von handgroßen und brummend umherfliegenden Kakerlaken. Sie waren plump und ungefährlich, aber extrem lästig. Anscheinend beherrschten sie ihre Flugkünste auch noch nicht so recht, denn oft knallten sie aus vollem Flug einfach auf Autoscheiben, gegen Wände und sogar auf unsere Köpfe. Bei einem solchen Moment, nahmen die meisten Leute ihre Badeschlappen von den Füßen und schlugen gnadenlos auf die Kreaturen ein. Auf den wenigen asphaltierten Strecken lag schon fast eine Decke ihrer Chitinpanzerleichname plattgewalzt am Boden.

Joao und ich hatten es gut getroffen. Der Ort am Strand war fast menschenleer. Es gab ein kleines Restaurant. Wir aßen zu Abend. Danach setzten wir uns bei Sonnenuntergang an den Strand und beschenkten uns gegenseitig. Ich hatte gerade in Belem eine Schwimmbrille gekauft, damit beim Meerbad die Augen nicht so brannten. Die schenkte ich ihm nun, zu seiner großen Freude. Er schenkte mir ein schönes dunkelblaues Shirt, das von Hand mit der Brasilienflagge bemalt war. Das wurde für lange Zeit mein Lieblingsshirt.

Joao und ich saßen diese Nacht lange im Sand, den Blick auf das Mondlicht und seine Reflektionen auf dem Wasser gerichtet. Als junge Menschen erzählten wir uns natürlich vor allem, was wir im Leben vorhatten. Er wollte Ingenieurwesen studieren. In singenden Bögen erzählte er mir von dem Land, aus dem er stammte und lud mich ein, ihn einmal zu Hause in Minas Gerais zu besuchen.

Ich konnte bei ihm wieder diesen feinen seelischen Zug bemerken, mit viel Gefühl und positiver Einstellung allem zu begegnen. Das brachte er mir entgegen, aber auch in allen anderen Sachverhalten, die er ansprach, schwang es mit. Es war mir zuvor schon bei vielen Brasilianern aufgefallen. Etwas intensiver hatte ich es bei der Begegnung mit Francisco gefühlt. Jetzt ging erstmals ein Gespräch über Stunden.

Auch ich erzählte Joao von meinem Vorhaben, eine Lebensweise in der bewaldeten Natur zu führen, sowie die Indianer zu besuchen und zu schauen, ob ich bei ihnen willkommen wäre, eine Zeit mit ihnen zusammen zu leben. Diese Idee war auch für Brasilianer nicht alltäglich. Doch war sie ihnen auch nicht so ungewohnt, wie für Mitteleuropäer. Der entsprechende Lebensraum und Erzählungen vom Leben dort, war ihnen schon öfter in den Medien begegnet.

Joao erzählte: „Du bist Musiker. Was für ein schöner Beruf! Damit bist du in der ganzen Welt willkommen und hast auch keine Sprachschwierigkeiten. Die Sprache der Musik versteht jeder direkt".

Da stimmte ich ihm natürlich zu.

Er fuhr fort: „Viele Musiker in diesem Land haben auch schon Kontakt zu den Urwäldern und Indianern aufgesucht. Sie erzählen davon, wie sie verändert und inspiriert wiederkamen. Und man hört es der Musik danach ebenfalls an.

Wenn du Jazz studierst, ist für dich vielleicht Egberto Gismonti interessant. Er ist Gitarrist und Pianist und verbrachte eine Zeit bei den Indianern und veröffentlichte danach zwei Alben, die stark von diesen Einflüssen zeugen. Die eine heisst „Danca das Cabecas" (Tanz der Köpfe). Er hat sie mit Nana Vasconcelos eingespielt. Er ist auch Brasilianer. Diese Musik beginnt zum Beispiel mit den Klängen des Urwaldes. Das zweite Album heißt „Magico" und ist mit weiteren Jazzmusikern eingespielt. Hier klingt vieles auch nach den Tänzen und Gesängen der Naturvölker. Diese beiden Alben versetzen dich beim Anhören in eine andere Welt, glaub mir. Da klingt etwas Echtes mit. Leider habe ich davon nichts auf meinem Player dabei."

Dass er dies erwähnte, konnte ich kaum für einen Zufall halten und sagte ihm: „Joao, das finde ich wirklich spannend, dass du gerade diese beiden Musiker erwähnst, die mich, gerade was indigene Einflüsse in der Jazz-Musik betrifft, am stärksten beeinflusst haben. Nana Vasconcelos hat mich da vor allem mit seinem Berimbaospiel so tief angesprochen, dass ich es auch lernen wollte."

Joao rief begeistert: „Was, du kannst Berimbao spielen? Kannst du auch Capoeira tanzen?"

- „Ja, schon etwas, ich habe im vergangenen Jahr mit einer Gruppe in meiner Stadt Würzburg viel geübt."

Er sprang auf und rief: „Komm lass uns ein wenig tanzen!" Dazu musste er mich nicht zweimal auffordern. Wie viele Brasilianer hatte er auch schon ein wenig Capoeiraerfahrung nebenbei gesammelt. Fast jede Schule hatte eine Capoeira-Gruppe und auf den Straßen war immer wieder spontan eine offene Roda (Tanzkreis) aufgemacht, wo dieser ehemals von Sklaven entwickelte, aber lange auch verbotene Kampftanz zu sehen war.

Ich imitierte einen Berimbaorhythmus und sang manches Capoeiralied und wir tanzten gut eine halbe Stunde an diesem Platz, auf der Ilja do Marajó, am Ufer des Atlantiks, unter hell funkelndem Sternenzelt.

Als wir wieder ruhig am Feuer saßen fragte er: „Vorhin hast du erwähnt, dass du in Deutschland eine Tochter hast. Wie kannst du das, sie dort lassen und ganz woanders dein Leben riskieren?"

Betroffen antwortete ich ihm: „Ja, mein Freund, hier sprichst du von einer wirklich schmerzlichen Seite meines Lebens, die mein Herz bedrückt. Es ist in der Tat auch zur Zeit das Einzige, was mir hier auf diesem Reiseweg zu schaffen macht. Seit sie geboren ist, bin ich Vater. Nicht nur im Kopf und auf dem Papier, weißt du? Seither sehne ich mich mit jeder Faser nach Zusammenleben mit ihr. Die

Hausgeburt, bei der wir sie sanft auf der Erde empfangen konnten, gehört zu den schönsten Erlebnissen meines bisherigen Lebens. Ein Segen kam damit zu uns ins Haus. Und seither sind meine Kräfte darauf ausgelegt, dorthin zu strömen.

Ganz normale Tätigkeiten würde ich gerne mit ihr teilen, wie Essen, mit ihr Schulaufgaben machen, solche Dinge. All das durfte nicht mehr sein, seit ich von ihrer Mutter getrennt lebe. Oft war das sogar ein körperlicher Schmerz.

Es wird in der Öffentlichkeit inzwischen viel über Leid und Schwierigkeiten von alleinerziehenden Müttern gesprochen. Das ist auch gut so, denn es ist wichtig, dass in Zukunft das Elternsein mit all seinen Erfordernissen und als Beruf anerkannt wird. Aber wer spricht schon über einsame Väter, die ihr Vatersein nicht leben können? Dummerweise reden davon eben die Väter auch so gut wie nie. Und von ihnen wird vor allem Geld erwartet. Aber ist das Vatersein? Nein, es ist viel mehr!

Meine Tochter und ich, wir lebten also auch schon in Deutschland nicht mehr zusammen. Als wir uns voneinander verabschiedeten, habe ich versucht, sie aufmerksam zu machen, wie wir in Herz und Geist trotzdem immer verbunden sind. Und nun schreibe ich ihr so viele Briefe, wie ich nur kann. Den letzten habe ich in Belem gestern abgeschickt. Ich versuche ihr in den Briefen meine Erlebnisse hier direkt wiederzugeben. Hautnahe Schilderungen, vor allem von Tieren und Kindern schreibe ich ihr, damit sie ein wenig davon miterleben kann. Zum Beispiel, wie ich in Recife Kinder aus ihrer Wohnung in der Kanalisation kommen sah, wie der Saft aus Zuckerrohr schmeckt, die vielen Wunder dieses Landes. Von dir und unserer schönen Weihnachtsfeier werde ich ihr natürlich auch berichten.

Und ehrlich gesagt, wollte ich ihr gerne mehr beibringen, als es mir momentan mit unseren Gesellschaftsformen möglich ist. Und denke dir, was wohl passiert wäre, wenn ich mir auf Pflichtgefühl unterdrückt hätte, andere Lebensformen auszuprobieren. Ich glaube, ich wäre ein weiterer unerfüllter und frustrierter Bürger geworden – eben kein gutes Vorbild.

Vielleicht kehre ich ja irgendwann zurück dorthin. Keine Ahnung, was ich finden werde. Aber sie weiss gewiss jetzt schon, dass ich es wenigstens versucht habe. Sag, ist das nicht auch eine Art Vorbild, Joao?"

Nun war er zurückhaltend, das erste Mal, seit ich ihn kennenlernte. „Irmao, Bruder, ich fühle deinen Schmerz und Zwiespalt. Ich kann dich verstehen. Nur das Leben kann zeigen, ob es richtig war, welchen Weg man gewählt hat. Für deine Tochter wird nun das wichtigste sein, was du von deiner Reise mitbringst. Das sind zum Glück jetzt wenigstens deine Briefe. Und das ist auch deine Sehnsucht. Das wird sie auch fühlen und euch verbunden halten."

Saudade, dieser Inbegriff von Sehnsucht, die einen tätig sein lässt, war im Portugiesischen und Brasilianischen Sprachgebrauch allgegenwärtig. Es ist mit unserem Begriff von Sehnsucht nicht zureichend übersetzt. Für die Brasilianer war es viel mehr. Es war eine feste Größe des täglichen seelischen Selbstverständnisses dieses Volkes. Und Triebfeder gab sie, für viele Unternehmungen zur Erreichung von Zielen. In jedem zweiten Lied war davon die Rede.

Damit fühlte ich mich auch von Joao sehr gut verstanden. Etwas wunderte mich schon seine Reife und wie direkt wir freundschaftlich miteinander umgehen konnten. Das war das beste Weihnachtsgeschenk, dieses Jahr. Ich wurde reich beschenkt. Durch dieses Gespräch mit Joao war es mir möglich, meine Bindungen an Europa noch mehr loszulassen und ganz in das Kommende einzutauchen. Und wie passend war dieser Moment dafür, genau dann, als es auf dem Wasserweg in den Urwald gehen sollte.

Auch der weitere Tag mit Joao verlief spannend und erfreulich. Wir hatten uns angefreundet. Und beim Abschied dachte ich, er wäre sicher auch ein guter Reisegefährte für eine größere Tour gewesen. Doch er hatte andere Pläne. Er wollte noch ein paar Tage in dieser Gegend bleiben. Dann zog es ihn zum Carnaval. So verabschiedeten wir uns herzlich und luden uns noch einmal gegenseitig ein. Er machte Scherze zum Abschluss.

„Ja, ich komme dich dann in deiner Blätterhütte im Urwald besuchen. Hänge ein Schild mit deinem Namen an die Klingel!".

Ich antwortete: „Ruf auf jeden Fall vorher an, gell!"

Wir lachten und winkten uns noch von weitem.

Mein Bus nach Belem zurück ging so früh am Morgen, dass es noch dunkel war. In finsterer Stille warteten eine Menge Menschen auf dem staubigen Platz. Es roch feucht und würzig und es war schön warm, schon zu dieser Tageszeit. Ein ziemlich verbeulter Bus mit kaputten Scheinwerfern stand da, als ob er nie mehr fahren wollte. Dann wurden wir aufgefordert, ihn anzuschieben. Der Anlasser war kaputt. Als der Motor endlich lief, stiegen die Passagiere rasch zu. Einige Leute hatten großen Fleischeinkauf getätigt und stellten riesige randvoll gefüllte Plastiktaschen in den Gang. Bei jeder schärferen Kurve purzelte dem einen oder anderen ein dickes Filetstück auf den Boden. Es roch nach Blut und Meer, Blumen und Schweiß.

Die Fahrt ging im Höllentempo auf dem Schotterbelag der Dämme in die Dunkelheit hinein. Die Schiebefenster schepperten wieder ohrenbetäubend. Da die Scheinwerfer auch nicht funktionierten, stand der Schaffner direkt neben dem Fahrer und hielt eine kleine Taschenlampe voraus und warf damit einen dürftigen Lichtkegel auf die nächsten fünf Meter voraus. Der orangebraune Sandschotter leuchtete dürftig zurück. Damit war bei dem Tempo natürlich rein gar nichts vorauszusehen. Ich befürchtete jederzeit eine Kollision mit einem Wasserbüffel, der sich arglos auf den Damm verirrt hatte. Und nun wurde mir auch klar, woher die ganzen Beulen am Bus herkamen!

Unerklärlich war mir die entspannte Ruhe der Anderen. Die meisten dösten schläfrig. Manche unterhielten sich. Diese Fahrt war die stärkste Übung in Gottvertrauen. Und endlich, irgendwann kamen wir doch, mit ein paar Rüttelflecken, lebend in Belem an. Ich war wirklich sehr erleichtert.

Einige Stunden waren noch Zeit, bis zu meiner „Weihnachtskreuzfahrt". So schlenderte ich langsam durch die Stadt in Richtung Hafen.

Je länger ich auf diesem Boden lief, desto gewisser wurde in mir das Lebensgefühl, das mir so auffällig unfremd war, heimelig. Die verschiedenen Regionen, die ich hier bereist hatte, viele unterschiedliche Vegetationszonen von der Halbwüste über die Traumstrände der Küstenzone, bis hier am Rand des tropischen Regenwaldes, waren mir so ungeheuer vertraut. Die Gefühle die sich bei den Gesprächen mit den Menschen mitteilten. Der Himmel der sich über uns bog schien so nah. Vor allem das Sprechen mit den Menschen, brachte tiefste Vertrautheit.

Meine Sprache hatte sich wieder ein wenig weiter entwickelt. Die Brasilianer selbst waren es, die mich für einen

Südbrasilianer hielten, da ich so hellhäutig und blond war. Der überwiegende Teil der Europa-stämmigen Brasilianer hatten sich im klimatisch milderen Süden niedergelassen. Hier im Nord-Este stammte der größte Anteil aus Afrika. Je näher die Reise ans Äquatorgebiet heranführte, desto mehr waren die Indianer zu sehen. Diese kleinen rundbauchigen und schwarzhaarigen Gestalten, deren schwarze Augen mir anfangs unergründlich waren. Sie strahlten so ein großes Schweigen aus.

Und nun konnte ich es kaum erwarten, bis das Schiff auf den Amazonas ablegte. Dass nun die Reise in die grüne Lunge der Erde, ihre größte zusammenhängende Urwaldzone, mit all ihren verborgenen Geheimnissen auf mich wartete, machte mich zappelig.

3c) Farbe: Gelb-grün

Auf dem Amazonas

Das Schiff war nicht so groß, wie erwartet, eher ein Boot. Freundlich klein und weiß lag es da im Hafen und erinnerte mich, auch in seiner Größe, eher an eine Ausflugsfähre am Bodensee. Es hatte zwar drei Decks, doch nur die zwei unteren waren für Passagiere zur Unterbringung bereit. Sie maßen höchstens fünfundzwanzig Meter in der Länge. Das oberste Deck war eine kleine Bar mit kleinen Tischchen, wo imposante Lautsprecher auf den Ecken der Reling thronten.

Im Moment lag es noch ruhig vor Anker, doch schon erstaunlich viele Passagiere gingen an Bord. Es gab, außer ein paar Sitzpritschen entlang des Schiffsrumpfes, keinerlei Sitzgelegenheiten. Mit der Zeit wurde mir auch klar warum. Auf diesem Schiff hätten wir in Deutschland vielleicht 70 Passagiere untergebracht. Zum Zeitpunkt der Abfahrt waren es weit über 300! Es war schlicht nirgendwo mehr Platz, wo man sich hätte hinsetzen können.

Unter Deck baumelten wir in mehreren Schichten von Hängematten so eng durch- und übereinander, dass unsere Leiber sich ständig berührten. In Armeslänge entfernt, rechts, links, oben, unten befanden sich bereits sechs weitere Reisegenossen. Das bisschen Platz, das am Boden noch frei war, gab zwischendurch zwanzig Schritt lang Auslauf bis zur Toilettenkabine, oder mittags zum Essen in der Küche. Zu den Essenszeiten wurden dort schnell ein paar Bierbänke aufgeklappt und sämtliche Passagiere in fünf Schichten nacheinander gespeist. Diese und viele weitere logistischen Meisterleistungen waren nur durch das sonnige und untrübliche Gemüt dieses stets völlig offenen und geselligen Volkes zu bewältigen. Es amüsierte mich die Vorstellung, wie dieselbe dichte Menschenanhäufung in Deutschland in kürzester Zeit zu völliger stummer Verschlossenheit und hysterischen oder aggressiven Ausbrüchen geführt hätte. Hier nahm das jeder zum Anlass, sich sofort mit Freude kennenzulernen, oder dezent anzulächeln. Jedoch nicht die geringste soziale Spannung war während der gesamten, eine Woche währenden, Reise in dieser „Sardinenbüchse" spürbar.

Das ruhige Brummen des Dieselmotors startete und massierte uns nun tagaus tagein. Kurz nach Verlassen des Hafens gingen die Lautsprecher oben druckvoll los. Ich fand den Musikgeschmack hier ausgesprochen gut. Die Populäre Musik in diesem Land war abwechslungsreich, eigenständig und niveauvoll. Sie hatte reichere Harmonien, stets tanzbare Rhythmen, abgesehen von Balladen. Und die Melodieverläufe machten einem das Mitsingen leicht und interessant. Dieses Land brachte kulturell ebenso bunte Vielfalt hervor, wie das Tropenklima Früchte aller Variationen auf die Märkte.

Auf diesem Boot war das mit den Menschen-Rassen ebenso der Fall. Ein einziger amerikanischer Tourist hatte sich wie ich als „Gringo" auf das Schiff gewagt. Ansonsten war hier die gesamte Ethnienvielfalt des Kontinents anzutreffen.

Die größte Ansammlung von ausgewanderten und nachgeborenen Japanern gab es in diesem Land. Millionen von ihnen lebten allein in der Region Sao Paulo. Schwarze und Weiße aller Farbnuancen und Mischungen waren hier versammelt. Besonders ungewöhnlich und manchmal auch atemberaubend reizvoll sahen für mich die Schwarzen mit blondem Haar und blauen Augen aus. Natürlich war in dieser Gegend des Landes auch ein recht großer Teil der Anwesenden indianisch. Und einige wenige Peruaner und Venezolaner, die in Belem arbeiteten, reisten über die Feiertage nun auf dem Wasserweg, über die Landesgrenzen hinaus, zum Besuch ihrer Familien, nach Hause.

Das Delta des Flusses war am Startpunkt noch riesig. Es hatte zunächst etwas von der Meeresweite. Wir mussten vom Rio Pará an der Ilja do Marajó vorbei, um in den Rio Amazonas einzufahren. Dort war das Flussbett anfangs noch kilometerbreit. Doch mit der Zeit wurde auch hier die Flussschneise immer enger. So hatte man meist eine Sicht auf das Ufer, das stets bis an die vorderste Kante dicht mit hohen Baumriesen bewachsen war. Eine lockere dunkelgrüne Wand stand einem so vor Augen. Lediglich an frisch geschlagenen Stellen und Lichtungen mit Stegen sah es ein wenig anders aus.
Das Wasser in diesem extrem flachen und deshalb kaum merklich fließenden Fluss war sehr dunkel und ließ zunächst keinen Einblick unter die Wasseroberfläche zu. Die Luft war warm und feucht und die Umgebung sehr still.

Die längste Entfernung dieses wasserreichsten Flusses der Erde reicht von seiner Quelle in den Anden bis zur Amazonasmündung 6448km weit. Etwa 1500 Fischarten kennt man aus ihm heute. Eigenartigerweise leben viele Salzwasserfischarten in ihm, inklusive des Mantas und einiger Delfinarten. Es wird damit erklärt, dass der Fluss vor Auftürmen der Anden ehemals in die andere Richtung, also von Ost nach West, als Meeresarm den Kontinent durchfloss. Nach geologischer Veränderung blieben die Salzwasserarten auch im Süßwasser ansässig.

So weit die wissenschaftliche Erklärung. Aber wer fühlen konnte, wie besonders dieser Weltteil war, durfte annehmen, dass auch die Naturgesetze besondere waren. Wer kannte schon wirklich alle Wunder der Erde und der Natur?

Vor Fahrtantritt hatte ich nach längerer Zeit vegetarischer Kost noch einmal ein größeres Stück Fleisch gekauft, um auf der Fahrt eine gute rohe Proteinversorgung zu haben. An die Aufbewahrung in der Wärme und Enge auf dem Schiff hatte ich vorher einfach nicht gedacht. Der Schiffskoch mochte es nicht in seinem Kühlschrank haben. Er empfahl mir den Fahnenmast auf dem obersten Dach des Schiffes. Der Platz war tatsächlich ideal, weil so niemand von dem Geruch belästigt wurde und weil das Fleisch so im Fahrtwind hing. Das hielt auch die Fliegen ab, die bei diesen Temperaturen sonst sofort ihre Eier darin ablegten.

Es sprach sich schnell herum, dass der „Alemao" kurios aß. Eine natürliche Neugier setzte ein. Wenn ich eine Mahlzeit auf meinem Hochsitz dort oben einnahm, hatte ich dabei einige Zuschauer. Das hatte nun etwas Zoocharakter. Ein Mann der bei den regen Unterhaltungen über mich dabei stand, brachte es auf einen einfachen Nenner, als er zu einer aufgeregt sprechenden Frau sagte: „Du isst ganze gekochte und gebratene Mahlzeiten und er ist es so, roh. Mehr ist es nicht."

Manche wollten wirklich etwas darüber wissen. Da ich aber kaum das nötige Vokabular hatte, um ihnen Instincto-Rohkost zu beschreiben, behauptete ich, es sei ein Gebot meiner Religion, namens Instincto. Die Religionsfreiheit in diesem Land war außergewöhnlich. Man konnte mit einer schriftlichen Grundlage, drei Glaubensanhängern und einer Gebühr von 50 Real für den öffentlichen Eintrag eine Religion gründen. Und damit war man als Institution steuerfrei. Das unternahm ich nicht. Doch das Land war voller abenteuerlichster spiritueller Praktiken und Gruppierungen. Selbst ein Kombination aus dem Besessenheitskult des Candomblé und der Katholischen Kirche existierte. Auch bei mir urteilten die Menschen über meinen Brauch nicht moralisch, sondern nahmen ihn interessiert als eine Form von vielfältigen Möglichkeiten auf. Immerhin verspeisten einige Indianervölker sogar die Asche ihrer Verstorbenen.

Das Schiff glitt langsam durch die ruhige und glatte Oberfläche des Flusses. Immer weiter schwand die Erinnerung an das Meer und immer tiefer schloss sich die Waldfläche um uns und schluckte uns herein. Langsam änderte sich auch die Stimmung, bis sich die würdige Größe eines viele Kilometer breiten Waldgürtels, um unsere Position herum, spürbar machte. Man konnte ahnen, wie sich die Gesetzlosigkeit an solchen Orten schnell breit machen konnte. Die Arme des Gesetzes waren, um bis hierher zu reichen, viel zu kurz.

Aber man spürte eben auch etwas ganz Zauberhaftes vom Wald herüberwehen. Ich witterte ganz neue Abenteuer und Erlebnisse.

Wenn ich vom Schiff aus hoch blickte, sah ich stets Baumreihen langsam vorüberziehen. Es stumpfte mir mit der Zeit das Sehen ab. Und irgendwann sah ich gar nur noch eine grüne Wolke, statt einzelner Bäume am Ufer.

Dann machten sich schmale, hölzerne Kanus vom Ufer los und fuhren auf das Schiff zu. Arme Bauern fuhren vor, um von den Schiffspassagieren etwas zu betteln. Um dabei möglichst viel Mitleid zu erregen, setzten sie ein kleines Kind ganz vorne ins Kanu und ließen es erbärmlich schreien und wimmern. Manchmal waren sie sogar nackt. Das erhöhte den Umsatz. Denn auf dem Schiff machten sich manche einen Sport daraus, ein Brötchen, ein paar Kaugummis, oder ein paar Geldmünzen in eine Tüte wasserfest zu verknoten und möglichst zielgenau in eines der Kanus zu werfen. Meinen fragend beobachtenden Augen antworteten sie öfter, dass man armen Menschen helfen müsste. Ich fand diesen Spaß eher entwürdigend und mochte mich daran nicht beteiligen.

Wie das Leben dort wohl sein mochte, halb in der Wildnis, sehr auf sich allein gestellt, halb in der Zivilisation, mit ein paar wenigen Nachbarn in der Nähe? Die meisten waren jedenfalls sehr arm. Mehr konnte ich von ihnen nicht erfahren.

Ein bis zwei Mal am Tag erreichten wir kleine Häfen bei einer Stadt. Dann kamen alle verfügbaren Schiffsstewards auf das Oberdeck. Denn, sobald ein Ort in Sicht kam, sammelten sich Massen von Passagieren an der Relingseite zum Ort hin. Da aber das Schiff so heillos überladen war, drohte es von dieser einseitig verteilten Last von Schaulustigen, auf diese Seite zu kentern. Die Stewards befahlen allen, sich in der Mitte des Decks aufzustellen und ihre Aussicht von dort aus zu genießen. Als nicht ausreichend Folge geleistet wurde, schoben sie sie dorthin. Der dann folgende Landegang dauerte meist nur 30-40 Minuten, voller reger Aktivitäten.

In dieser Zeit stiegen Passagiere ein und aus. Auf dem Kai waren schon viele Waren zum Verkauf hergerichtet. Meist waren das Melonen, Orangen und Papayas, Getreide und Fleisch. Die Melonen waren in dieser Region köstlich. Und da sie so riesig waren, aß ich mir an ihnen mehrmals einen Wasserbauch an.

Die Schiffskombüse füllte ihre Vorräte wieder auf. Küchen-
abfälle gingen jederzeit einfach über Bord ins Wasser. Hier
im Hafen konnte man Schwärme der gefräßigen Piranhas
beobachten, wie sie in Windeseile solche Abfälle vertilgten.
Eine der Hauptnahrungsquellen war in dieser Region
selbstverständlich der Fisch. Bei einem Hafenaufenthalt
konnte ich nahe dem Bootssteg eine Gruppe von Fischern
beobachten, wie sie mit einem riesigen Fisch zugange waren. Mannsgroß lag er auf einem einfachen Brett vor ihnen.
Mit geübten Handgriffen nahmen sie ihn schnell aus. Die
Innereien flogen in den Fluss zurück. Dann wurden Kopf
und Flossen abgetrennt, die Schuppen abgeschabt und zuletzt imposant große Filetstücke geschnitten. Die Arbeits-
gänge waren von lockeren Gesprächen unterbrochen. Bis
unser Schiff wieder ablegte, war die Hälfte des Fischriesen
bereits vom Brett weg verkauft.

In den letzten Jahren war die Aufmerksamkeit der Öffentlichkeit auf die Wasserqualität der Flüsse in den Regenwäl-
dern gestiegen. Denn Quecksilbervergiftungen wurden
durch die Zunahme an Goldsuchern ebenfalls immer häufiger. Vor allem in kleinen Seitenarmen des riesigen Flusssys-
tems sorgen ab und zu toxische Konzentrationen für ein
Massensterben von Wassertieren. In der Folge auch von
vielen Menschen, die sich direkt aus dem Fluss mit Fisch
ernährten und Vergiftungen erlitten. Erst die Weltpresse
und einige Non-Government-Organisations sorgten für so
viel Aufmerksamkeit, dass schützend eingeschritten wurde.

In den Häfen sprangen auch einige Jungen an Bord und boten kleine handgeflochtene Käfige mit Vögeln an. Sie hatten
reizvolle Farben. Die meisten waren gelb und orange, manche auch blau. Man erzählte, dass die Kinder sie selber

fingen und sich damit ein Taschengeld verdienten. Sie boten auch kleine Netze mit Früchten zum Verkauf an. Ich wurde das erste Mal unruhig, als das Schiff ablegte und die Kinder mit ihren Verkäufen noch nicht fertig waren. Ich dachte, sie müssten sich beeilen, doch in aller Ruhe schlüpften sie durch die enge Passagiermenge auf und wieder ab, bis alles verkauft war. Das verdiente Geld packten sie in kleine Plastiktüten, klemmten sie sich zwischen die Zähne und sprangen kopfüber ins Wasser. Mit flinken Zügen schwammen sie zurück zur Stadt, die wir soeben zurückgelassen hatten und die schon recht klein am Horizont des Flusses geworden war.

Abermals war ich besorgt um die Kinder und fragte einen neben mir stehenden Mann, ob denn hier nicht Piranhas im Wasser wären und für die Kinder eine Gefahr darstellten. Er hob überrascht die Brauen und erklärte: „Keine Sorge! Es gibt viele Horrorgeschichten über Piranhas, doch sie sind nicht so unberechenbar, wie es ihnen nachgesagt wird. Sie sind die Hausmeister im Wasser, geradeso wie die Ameisen auf dem Land. Sie kümmern sich meist nur um kranke und verletzte Lebewesen im Wasser. Ist man gesund und verhält sich normal, hat man nichts zu befürchten. Vier Regeln musst Du beachten, dann passiert Dir sicher nichts:

- Bade nicht, wo Essensreste im Wasser schwimmen
- Gehe nicht blutend ins Wasser
- Pinkle nicht ins Wasser.
- Zapple nicht im Wasser, als wärst du verletzt"

Meist waren die Erzählungen der Leute eher schlicht. Auf jeden Fall immer offenherzig und informativ. Manchmal auch naiv. Diese war eher wissenschaftlich. Er fügte nach meinem Dank für die Belehrung noch hinzu: „Übrigens haben diese Fische ein recht großes und scharfes Gebiss und sie selbst sind auch eher klein, aber sie sind auch sehr schmackhaft. Manche angeln sie zum Mittagessen."

Die Menschen hier schienen sich in ihrem Lebensraum recht gut auszukennen. Sie hatten sich ihm angepasst und vieles über ihn gelernt. Bei einem Thema hatte allerdings die Anpassung noch nicht recht stattgefunden. Das betraf den Umgang mit Müll. Schon auf dem Festland gab der Sprenkelteppich von Plastikabfällen, der beinahe überall, wo etwas mehr Menschen verkehrten, ein Kontrastbild zur schönen Ursprünglichkeit ihrer Landschaften ab. In Stadtgebieten nahm dieses Phänomen stark zu. Die Arglosigkeit, mit der man Fruchtabfälle wegwerfen konnte, war den Menschen noch mehr eigen, als ein Gedanke über die Nachhaltigkeit ihrer weggeworfenen Materialien. Das Bewusstsein für Müllentsorgung wuchs erstmals in der Zeit als ich dort reiste. Deshalb brachten die Lokalgremien ständig Mitteilungen über dieses Thema in die Presse. Die größte Verantwortungslosigkeit konnte ich auf dem Schiff beobachten. Massenweise Plastiktüten, abgetragen Kleidungsstücke und sogar ganze leere Getränkekisten flogen einfach über die Reling ins Wasser.

Ein verantwortungsvoller Brasilianer, der in solch einer Situation mit mir zusammen auf Deck stand, sah mein Entsetzen und wandte sich verständnisvoll zu mir: „Damit werden wir noch ein großes Problem haben, in diesem Land. Viele haben einfach noch nicht gelernt, dass das keine verrottenden Bananenschalen sind. Im Moment versucht die Regierung mit vielen Zeitungsartikeln dafür Bewusstsein herzustellen. Hier am Amazonas ist das besonders fatal, etwas hineinzuwerfen, denn der Fluss ist zwar meist sehr breit, aber extrem flach. Es könnte schon bald sein, dass so ein Schiff wie unseres hier, auf dem Müll auf

Grund läuft.

Außerdem leben hier hunderte Fischarten, die auf der Welt einmalig sind. Die fressen Teile des Mülls und ersticken daran, oder verletzen sich die Organe."

Ich konnte ihm nur zustimmen und fragte mich, wann wohl erste Regierungen endlich zur Verwendung von abbaubaren Verpackungen verpflichten würden.

Mitten auf der Strecke, wo ein größerer Seitenarm des Flusses einfloss und ein Becken bildete, entstand plötzlich eine auffällig helle Stimmung. Ein Hauch des Erstaunens und ein Jauchzen zweier junger Frauen, war das erste, was ich bemerkte. Sie sahen gebannt ins Wasser. Das weckte mein Interesse. Ich näherte mich langsam und schaute ebenfalls dorthin. Was ich wahrnahm, hatte vom ersten Moment an einen unwiderstehlichen, feinen Zauber der Sanftheit. Im Wasser tummelte sich eine Familie von rosa Delfinen, zwei große und zwei kleine. Sie waren deutlich größer, als die weltbekannten grauen Großen Tümmler und hatten besonders große Melonenwölbungen auf der Stirne. Sie wälzten sich langsam im Wasser und rieben sich die Körper aneinander. Sehr eigenartig gurgelnde, knisternde und quietschende Laute waren zu vernehmen. Der Kapitän drosselte auf langsamste Fahrt herunter. So konnten wir dies Naturschauspiel einige Minuten bestaunen. Die Tiere ließen sich überhaupt nicht stören. Das Ganze wirkte wie ein Reigentanz mit anmutigsten Bewegungen. Die Situation strahlte auf die Umgebung aus. Und auf dem Schiff hielten viele inne, um den Moment seltenen Glücks aufzunehmen.

Ich konnte verstehen, warum solche Erlebnisse zu therapeutischen Zwecken eingesetzt wurden. Und diese Tiere ließen es völlig ohne Scheu zu, dass wir ihren zarten Lebensäußerungen beiwohnten. Es konnte Glauben machen, sie wollten vielleicht Zuschauer.

In Büchern über Delfinforschung hatte ich die Mitteilung gelesen, dass diese Tiere den Gemüts- und Gesundheitszustand von Wesen, mit ihrem Hochfrequenzsonar wahrnehmen können. Diese Information hatte ich erst nur interessiert aufgenommen. Bei der jetzigen Begegnung war eine deutliche Wirkung auf unsere Atmosphäre auf dem Schiff bemerkbar. Rhythmus und Stimmung hatten einen völlig neuen Impuls bekommen und hoben langsam wieder in einen weiteren Schwung des Lebens an. Wir hatten alle eine kleine Andacht, eine Meditation durchgeführt. Erst viel später gingen die Lautsprecher der Bar wieder an.

Oft schenkte uns die Natur solche kleinen und großen Erlebnisse auf der Vorüberfahrt. Mehrmals flog ein Schwarm blauer Papageien an uns vorüber.

Ein eigenartig ängstliches Schweigen trat ein, als drei Kanus mit Indianern unseren Weg kreuzten. Ich war begeistert. Sie wurden endlich konkreter Teil meiner Erfahrungen. Jede Annäherung war mir nur Recht. Ich fragte mich, was anderen so Angst machte. Denn sie sahen für mich nicht bedrohlich aus. Sie trugen wenig Kleidung, Schmuck und Speere bei sich.

Auf einen Schlag hatte ich eine riesige Nachbarschaft, ohne jegliche trennenden Wände beim Wohnen. Mit einigen war ich durch die Hängemattendichte sogar über eine Woche hinweg im wörtlichen Sinn hautnah verbunden. Selbst in der engsten Partnerbeziehung war ich keinem Menschen so lange ununterbrochen nah gewesen. Das ergab einen absoluten Ausnahmezustand des Zusammenseins. Fast unabhängig davon, wieviel man direkt miteinander sprach, lernte man sich in diesem brutwarmen Nest in- und auswendig kennen. Die Verdauung, die Gesundheitslage, sämtliche Stimmungen und Launen, die man über eine Woche hegte, die Interessen, Ängste, Alpträume und Vorurteile. In diesem Lebenszusammenhang blieb uns untereinander wenig verborgen. Es bleibt mir als eine der vertrautesten Gemeinschaftserfahrungen in Erinnerung. Nicht die geringste Privatsphäre war mehr vorhanden, außer auf der Toilette. Es wuchs mir in diesen Tagen ein tiefes Gefühl herzlicher Zuneigung, Geborgenheit und wohlwollendem Respekt zu den Anderen. Allein das Erlebnis dieser einwöchigen Traumschiff-Familie wäre die Reise wert gewesen.

Wer unbedingt eine Auszeit brauchte, konnte nach oben in die Bar gehen, wo es etwas Spielraum gab. Und im dringenden Fall konnte man auf eigene Gefahr ganz hoch auf das Dach des Schiffes klettern und sich in den warmen Fahrtwind setzen.

Wir Passagiere hatten sehr viel Zeit, um uns während der Fahrt bestens kennen zu lernen. Mit vier Personen teilte ich ein außergewöhnliches Schicksal allernächster Weggefährtenschaft.

Viola war eine sehr schlanke und etwas schüchterne, fünfzehnjährige Schönheit. Sie kehrte von ihrer Arbeit zurück nach Hause, wo ihre Eltern sich in der Zwischenzeit um ihr Kind gekümmert hatten. Ich lernte sie vor allem dadurch kennen, dass sie beinahe fortwährend Lieder sang in denen sie alles, was sie erlebte, beschrieb und verarbeitete.

Viel Zeit konnte man in der Hängematte baumelnd verbringen. In einem solchen Moment bemerkte ich auf einmal eine besonders starke Aufmerksamkeit hinter mir, in ihrem Gesang. Es bedrückte mich etwas. Bald bemerkte ich, dass sie über mich sang und mir Mitteilungen machte. Da hatten wir noch nicht allzu viel miteinander gesprochen. Es teilte sich so ihr tiefes und unschuldiges Gemüt deutlich mit. Da hatten wir also unsere eigene Flusssirene dabei, die uns das Leben verzauberte.

In Gesprächen war sie eher zurückhaltend. In ein erstes Gespräch kamen wir, als ich sie einlud, an einer großen Melone mitzuessen. Wir machten uns einen Spaß daraus, die Kerne aus der Hängematte über die Reling zu spucken. Später bemerkten wir, dass sie gut und nussig schmeckten. Dann zerbissen wir sie.

Aus ihren Erzählungen schloss ich, dass es in ihrem Menschenkreis nicht so ungewöhnlich war, so jung schon Kinder zu haben. Und es entspannte sie sichtlich, als sie hörte, dass ich auch schon Vater war. Sie ließ sich genau erzählen, wie meine Tochter Rebecca aussah und wie sie sich verhielt. Und in der Folge beschrieb sie mir mit blühender Phantasie, wie unsere gemeinsamen Kinder aussehen würden.

Noch redseliger wurde sie mit Marta, der zweiten Nachbarin. Die beiden spielten mir öfter einen Streit vor. Sie zankten sich darum, welche mich mehr liebte und deshalb das Recht in der nächsten Nacht auf mich hätte, beziehungsweise, welche mich bei Ankunft mitnehmen durfte.

Die Brasilianer waren ganz versessen auf emotionsgeladene Telenovelas. Hier machten sich die beiden einen Spaß daraus, uns leidenschaftliche eigene Szenen vorzuspielen und uns dabei gleichzeitig Dinge mitzuteilen, die sie sich wohl direkt nicht getraut hätten.

Marta war Ende zwanzig und Venezolanerin. Ihre Züge hatten viel Indianisches und sämtliche Äußerungen von ihr hatten sowohl etwas freundlich Aufschließendes, als auch entschiedene, manchmal sogar freche Kraft. Sie war oft diejenige, die neue intelligente Themen öffnete. Und etwas

Mütterliches von ihr durchzog auch unseren gesamten „Nachbarschaftskreis", zu dem noch ein paar weitere Menschen gehörten.

Einmal wachte ich aus einem Mittagsschlaf auf und bemerkte ihre Augen auf mir ruhen. Zunächst lobte sie meine Schönheit, während des Schlafs. Dann bemerkte sie, dass beim Schlaf mein Penis aus den Shorts herausgerutscht war. Marta sagte, es seien so viele vorbeigekommen und hätten das bemerkt, dass sie „ihn mir wieder eingepackt" hätte.

Was für ein Erwachen? Das war Martas Art. Wer weiß, ob es stimmte, oder nicht. Sie sprach immer in provokativer Direktheit und derbem Humor. Im Arbeitermilieu war das nicht ungewöhnlich. Die europäische Prüderie gab es hier nicht. Ob sie das wirklich getan hatte, weiß ich nicht. Aber es war wohl auch nicht so wichtig. Es war sowieso nur ein provokantes Spiel. Wir konnten jedenfalls alle gut lachen, bei solchen Konversationen.

Mein Vokabular kam dabei selbstverständlich schnell an seine Grenzen. Aber ich glaube, sie mochten das vielsagende Blicken des langsam sprechenden „Alemao" ebenfalls gern. Manchmal reichte es auch, einfach einen Ton zu rufen, oder den positiven Daumen nach oben zu zeigen.

Alberto und Maria waren ein harmonisches Paar in den End-Fünfzigern. Sie repräsentierten sozusagen die Großelternfraktion in unserem Kreis. Alberto bekam stets alles mit und belächelte es. Kommentare brachte er nur manchmal ein. Wenn er sprach, war es immer ungemein wohlwollend. Mit seinem bedächtig langsamen und gurgelnden Bass verströmte er heitere Gelassenheit. Einmal erzählte er, dass sein Urgroßvater noch aus Europa gekommen war. Vielleicht wollte er unsere Vertrautheit betonen.

Die auffällige Einheit, die seine Frau und er bildeten, war beneidenswert. Auch war ein Paar wie diese beiden selten auf solch einem Schiff unterwegs. Sie kehrten vom „Kontinent" zurück, wo sie ihre Kinder besucht hatten.

Ich werde nie vergessen, wie sie schauten, als mir Marta wieder einmal anbot, mit ihr zu kommen, wenn sie an der Reihe zum Landgang war. In den Augen dieses süßen Ehepaares, sah das sogar möglich aus. Sie schienen alle wohl nicht recht zu realisieren, was ich vorhatte und vermeinten wohl, dass jede andere Perspektive besser wäre, als alleine zu sein.

Im Laufe der Woche, mit wenigen Zentimetern Abstand zwischen uns, sprachen wir über viele Themen. Ich glaube, danach kannten wir uns auf eine Weise sehr gut. Trotzdem hatte der Abschied dann wenig Sentimentales. Man war hier einfach äußerst pragmatisch.

Am Morgen des sechsten Schifffahrtstages entdeckte ich unter der Treppe des Oberdecks ein freies Plätzchen, um dort eine Reihe meiner Übungen in Bewegung und Meditation zu machen. Ich spannte meine orangefarbene Leinenplane aus. Das zog natürlich erst einmal alle Aufmerksamkeit auf sich. Es musste ja so aussehen, wie der Beginn einer Aufführung. Unter den Augen der anderen Passagiere setzte ich mich dort und begann mit Konzentration, Atem- und Bewegungsübungen.

Auf dem Schiff lebte zwangsläufig jeder ein wenig seine Lebenszüge vor den Anderen aus. Es erschien mir nach vielen Tagen Miteinander nicht mehr besonders exhibitionistisch. Wie bei allem, was auf dem Schiff passierte, entspannen sich auch über dieses Geschehen sofort einige

Gespräche. Interesse und gleichermaßen respektvolle Ruhe herrschten in diesen Minuten, in meiner Umgebung. Meine seit Tagen auf dem Schiff untätigen Glieder und Sehnen dankten mir die gesunde Betätigung sehr. Nach einigen Minuten bekam ich auch eine gewisse Konzentration zustande.

An allen Orten, die die Sinne stark reizten und sie in äußeres Geschehen zogen, war die Erreichung von Konzentration ein rechtes Stück Arbeit. Es forderte zunächst ein Ablösen von allen Abhängigkeiten, die einen in automatische Reiz-Reaktions-Mechanismen zwangen. Einen bewussten Frei-Raum von „Nichts-Tun" spannte ich dort hinein. Jeden Anflug, der zu Gedanke, oder Tätigkeit, ohne vorherigen Beschluss von mir nötigen wollte, schob ich für eine Weile weg. In den neu sich aufschließenden Raum goss ich dann Konzentration und Meditationsinhalt hinein.

Eine schwierigere Stufe dieser Übungen war das Beenden automatischen Hörens. Mir war das zunächst jahrelang nicht gelungen. Mit der Zeit hatte ich entdeckt, dass ich durch den Versuch, mich vom Gehörten abzutrennen, die zwingenden Sinnesreize eher noch verstärkte. Wenn ich mit Konzentrations alle aufkommenden Geräusche liebevoll anstrahlte, gaben sie ihre Vereinzelung auf. Dann versammelten sie sich in eine Ebene zueinander, wie Farben auf einer Bildfläche, die man mit dem Auge fokussieren, aber auch zerstreuen konnte. Die Höhen und Tiefen der Wahrnehmung ebneten sich ein, gaben Details auf und wurden zu einer Einheit. Die so zur Ebene gewordene Fläche konnte ich in einen Rahmen, oder auch in weite Ferne rücken. So verlor die Ebene der Sinneseindrücke ihre zwingende Macht über meinen Innenraum.

Leidlich gelang mir das an diesem Morgen und schaffte mir

ein Weile des Durchtauchens in andere Räume. Danach verband ich mich wieder mit meiner Umgebung und spürte den neuerlichen Sog ihrer Reize. Meine Übungen dauerten so lange, dass die umgebenden Menschen ihr Interesse wieder anderen Dingen zugewandt hatten. Nur ein Dreiergrüppchen von jungen Menschen saß im Schneidersitz unweit auf einer Decke und schaute aufmerksam zu mir herüber.

Es waren zwei Frauen und ein Mann. Alle drei waren ausgesprochen schmal, feingliedrig und für Nord-Brasilianische Verhältnisse groß. Ruhig lächelnd waren sie miteinander im Gespräch und zugleich mit deutlicher Wachheit bei mir.

Als ich meine Matte zusammengerollt hatte, winkte mich der Mann heran, bot mir einen Platz auf ihrer Decke an und sagte: „Willkommen in Amazonien!"

Dieser Willkommensgruß klang für mich wie der Ruf eines Hüters, der an der Schwelle zu einem verborgenen Bezirk des Landes stand. Als nächstes erwartete ich fast eine Rätselfrage als Schlüssel zum Eintritt.

„Mein Name ist Paulo. Wir konnten bisher auf diesem Schiff noch niemand in meditativer Übung sehen."

Er wies auf die Ältere der beiden Frauen neben sich.

„Franca hier, sie hat etwas Erfahrung mit Meditation und sagte gerade, du hättest vorhin eine Ausstrahlung gehabt, die nicht mehr einem Anfänger entspricht."

Überrascht schwieg ich.

„Woher kommst du? Und wohin gehst du?", fragte er weiter. Er schnitt eine große Mango in Schnitze und verteilte sie an uns.

Da ich vor allem auf die drei neugierig war, hielt ich die Antwort kurz: „Ich bin Sascha aus Deutschland und will in den Urwald, um mit den Indianern zu leben."

Die drei wechselten vielsagende Blicke und schwiegen eine Weile. Paulo fragte weiter: „Welche Erfahrungen hast du mit dem Urwald und den Indianern?"

Mir wurde klar, dass er denken musste, dass hier ein Gringo-Greenhorn naiv und unvorbereitet auf eine lebensgefährliche Tour ging.

Ich sagte ihm: „Ich habe eine Einladung von einem Mann, der für die Yanomami momentan Medizinstationen einrichtet. Der Weg dorthin führt über Manaus und Barcelos. Sein Name ist Rüdiger Nehberg. Kennt ihr ihn?"

Sie schüttelten den Kopf.

Nun fragte die jüngere Frau: „Was suchst du bei den Indianern?"

Das Strahlen ihres Stimmklangs und ihrer Augen war bestechend. Die Frage klang ebenso freudig interessiert, wie sachlich.

Ich antwortete ihr ehrlich: „Ich möchte eine wirklich natürliche Lebensweise führen. Meines Wissens tun das die Indianer noch. Und vielleicht kann ich dort auch noch etwas hilfreich sein, bei dem Projekt."

Wieder der vielsagende Blick unter den dreien. Es herrschte eine außerordentlich klare Gedankenatmosphäre. Ich konnte mir einige exakte Gedanken ausmalen, die sie sich zuwarfen. Und wenn sie sprachen, erfolgte das sehr artikuliert.

„Und ihr, was macht ihr?", fragte ich.

Nun sprach die Meditationsexpertin mit langsamen Worten und überraschend tiefer und reifer Stimme. Sie war eine schöne, langhaarige Frau mit großen Augen.

„Wir sind alle drei Biologen und arbeiten in der Forschung, für ein Tropeninstitut in Manaus. Paulo hat dort ein Projekt ins Leben gerufen. Gerade kommen wir von einem Kolloquium aus Brasilia, der Landeshauptstadt. Und die kleine

Yara hier betreut in unserem Institut die botanische Sammlung."
Die unwiderstehlich strahlende Schönheit neben ihr lachte
wieder und wirkte auf mich gar nicht klein. Ich fühlte, wie
sie Freude in die Welt und an uns verteilte.
Paulo zeigte mir ein Foto, mit dem kürzlich ein Preis für
Naturfotografie gewonnen wurde. Da war eine junge, fast
nackte Indiofrau zu sehen, die am Boden kniete. Sie war einem kleinen Ferkel zugeneigt. Ihre Hand ruhte zärtlich auf
dem Rücken des Ferkels, das sich mit den Vorderbeinen auf
ihrem Knie abstützte. Es säugte sich an der Brust der Indiofrau. Ich war sicher, dass dieses Bild in Europa Empörung
ausgelöst hätte und mindestens als moralisch bedenklich
bewertet worden wäre. Doch merkte ich, dass hier auf manche Zusammenhänge anders geschaut wurde. Das erste das
mir an dem Bild auffiel, war eine innige, liebevolle Atmosphäre und Schönheit.
„Wie findest du es?", fragte Paulo.
Ich sagte: „Ich finde es sehr schön."
Begeistert rief er: „Nicht wahr? In der Natur sind vielleicht
alle Wesen auf eine Art vereint. Wir brauchen die Künstler,
die uns den Blick dahin immer wieder eröffnen."
Mit den dreien fühlte ich mich auf mehreren Ebenen in gutem Verständnis und vertraut. Vor allem Yara ging in meinem Inneren durch ein offenes Tor. Unser Kennenlernen
währte zunächst nur kurz, da auf dem Schiff die Feierlich-
keiten zum Jahreswechsel immer mehr Raum einnahmen.
Ein großes Treiben zur Sylvesternacht begann. Die Musik
in der Bar oben wurde alle Stunde lauter, und lud die Menschen auch zum Tanz herauf. Ich ging auch nach oben. Die
Fähigkeit atemberaubend mit dem Hintern zu wackeln war
weit verbreitet und gerne gesehen. Hier oben war sehr gute

Stimmung unter den Menschen. Viele verschiedene Musikstile wurden gespielt. So konnten sich die unterschiedlichsten Menschen zum Tanz angeregt fühlen. Jung und Alt tanzten und feierten zusammen. Das Gesicht einer sehr alten Frau, die sich von einem jungen Mann zum Tanz auffordern ließ, strahlte in heller Freude. Das reizende Paar bekam ein ganze Weile den Tanzplatz für sich allein, unter den anfeuernden Zurufen der restlichen Gesellschaft. Danach füllte sich die Tanzfläche wieder so voll, dass man gar nicht umfallen konnte. Berührung war wieder einmal garantiert.

Auch eine Menge hochprozentiger Tropencocktails gingen über den Tresen. Irgendwelche entgleisten Handlungsweisen in Folge des Alkohols konnte ich hier aber nie sehen.

So erstreckte sich meine Fahrt nach Manaus über einige Tage, gerade zwischen Weihnachten und Neujahr und demonstrierte mir noch ein anderes lebenslustiges Modell zur Begehung der Jahresfeste.

Das neue Jahr sollte für mich mit dem Landgang in Manaus beginnen. Die Großstadt im Urwald! Das Datum 2. Januar hatte für mich Symbolcharakter. Etwas neues begann dort.

An meinem letzten Morgen auf dem Wasserweg stand ich auf dem Oberdeck des Schiffes und schaute in die Ferne. Manaus war noch nicht in Sicht. Es war schon heller Tag, doch es war an diesem Morgen länger ruhig als sonst. Die Sylvesterfeier war für viele wohl recht lang gewesen. Einige ruhten noch.

Da kam Paulo aus seiner Kabine und stellte sich zu mir an die Reling, schaute eine Weile ebenfalls auf die Unendlichkeit, ein paar Atemzüge lang. Dieser Morgen roch anders.

Ein anderer Tagesverlauf schien sich anzukündigen.

„Bald werden wir in Manaus ankommen. Hast du schon Pläne für die nächsten Tage?", fragte er. Seine Sprechweise war wieder extrem klar und geformt.

Nachdem ich eine Woche lang so sehr von der Gegenwart des Lebens auf dem Schiff eingenommen war, musste ich mich erst wieder darauf einstellen, in meinen Gedanken weitere Perspektiven zu fassen.

Dann sagte ich: „Noch nicht, nein. Wie an allen Orten bisher, werde ich erst einmal ankommen, mich orientieren, ein paar Früchte einkaufen, den Ort zu mir sprechen lassen und seine Menschen. Danach werde ich wissen, was zu tun ist, denke ich."

Aufmerksam schaute er mich an, während Franca und Yara ebenfalls aus der Kabine kamen. Sie schauten auch zur Sonne, lächelten sie an und gesellten sich dann zu uns: „Bon dia! Guten Morgen!"

Selbst verschlafen waren die beiden extrem attraktiv.

„Wirkliche Schönheit kann nichts entstellen", dachte ich.

Einen Augenblick nachdem sie zu uns gekommen waren, schloss sich für mich fühlbar ein Kreis. Yara schaute Paulo an: „Nun sprich schon!", befahl sie ihm ungeduldig.

Paulo gehorchte lächelnd und sagte: „Wir haben gestern über dich gesprochen. Es ist gefährlich, alleine in die großen Wälder zu gehen, ohne Vorkenntnisse. Natürlich weiß ich auch nicht, was du schon so kannst und weißt. Doch, in drei Tagen werde ich wieder zur Betreuung meines Forschungsprojektes in eine Biologenstation im Wald nördlich von Manaus fahren und einige Wochen dort verbringen. Es ist da ein großes Gebiet zu erkunden, einiges im Wald zu tun und Dinge für Dokumentationen zu sammeln. Wenn du willst, kannst du als Helfer dorthin mit. So könntest du erst einmal Erfahrungen mit diesem Wald machen. Eventuell kannst du ja später weiterziehen."

Erwartungsvoll schauten nun sechs Augen auf mich. Ich fühlte mich im Kreis dieser drei so wohl und sah meinen Weg zugleich so klar erkannt und respektiert, dass ich für meine Antwort nicht allzu lange überlegen musste: „Natürlich, gern, herzlichen Dank! Und bestimmt kann ich von Euch auch einiges über die Natur hier lernen, oder? Und wenn ich helfen kann..."

Die drei entspannten sich merklich. Offenbar waren sie ernsthaft um mich besorgt. Franca sagte mehrdeutig: „Bestimmt kannst Du uns auch helfen."

So war die Sache also beschlossen. Dass ich den dreien begegnete und sich diese Einladung daraus entwickelt hatte, nahm ich als weitere Bestätigung dafür, dass ich auf dem richtigen Weg war und mir alles Nötige, um sicher weiter zu kommen, meinen Weg kreuzen würde. Ich freute mich sehr über den Verlauf meines Schicksals in diesem Land und über die Gesellschaft so interessanter und schöner Menschen. Was konnte mir eigentlich Besseres passieren, um auf einem Naturweg weiter zu kommen, als in die Obhut und Lehre bei einem Kreis von ortskundigen Biologen zu kommen? Es schien mir schon ein großes Glück, dass diese „zufällige" Begegnung auf dem Schiff erfolgte. Wie hatte mich das Leben bis hierher doch gut geführt? Ich war zuversichtlich und gespannt, was es noch für mich bereithielt. Und wie zum Beschluss eines Bundes legten alle drei ihre Hand auf mich und riefen: „Muito bem! Sehr gut! Willkommen bei uns!"

Kurz vor Manaus teilte sich der Hauptstrom Amazonas in den Rio Negro mit dunklem Wasser und den Rio Solimoes, der milchig trübes Wasser führte. An der Stelle des Zusammenflusses konnten wir schöne Strömungsformen in den verschieden gefärbten Wassern beobachten.

Die Fahrt ging nun zu Ende für mich. 1700 Kilometer entlang des Flusses waren zurückgelegt. Ich packte meine Hängematte ein. Es folgten einige Verabschiedungen mit den besten Wünschen, aber ohne viel Pathos. Viola und Marta küssten mich zum Abschied und inszenierten einen letzten Streit darum, welche mich mehr liebte.

Als ich auf Land ging, fühlte sich das angenehm solide an. Vom Kai aus winkte ich meiner „Traumschiff-Familie" zu.

Manaus

Als ich mit meinem Rucksack auf dem Rücken langsam geschritten kam und wir nun zu viert zusammen traten, zeigte Paulo etwas weiter auf die Dächer des Marktes nahebei.

„Lasst uns dort noch ein Wenig Proviant einkaufen!", und zu mir, „Komm, das wird dir sicher gefallen!"

Der Markt lag herrlich am Fluss, unter Dächern auf Säulen. So fand er stets wetterunabhängig statt.

Jetzt war der sogenannte Tropische Winter. Damit war das Halbjahr gemeint, in dem es mehr regnete. Der Regen kam jeden Tag ziemlich regelmäßig und fiel manchmal auch stärker. Durch den regelmäßigen Rhythmus empfand ich ihn nicht als Belastung. Die Luft war aber seit Tagen schon sehr feucht und trug Gerüche stark mit.

Auch hier auf dem Markt herrschten wieder viele reizvolle Gerüche und gingen durcheinander. Es lagen dort Waren, zu ganzen Bergen aufgetürmt. Prallgefüllte Jutesäcke lagen unten und die offenen Früchte oben. Da wir nun ein Auto zur Verfügung hatten, kaufte ich auch erstmals eine ganze Staude der köstlichen kleinen Bananen.

Etwas später setzte ich mich an einer ruhigen Stelle auf ein paar Säcke Orangen und genoss die ersten Eindrücke von diesem neuen Ort. Die Stimmung am immens breiten Fluss erinnerte auch sehr ans Meer. Es rauschten zwar die Wellen nicht, doch war auch hier die geheimnisvolle Weite anwesend. Und gleich dahinter lag die nächste Unendlichkeit des grünen Blättermeeres der Wälder. Dieser Eindruck verstärkte sich noch, als ein Indianer in vollem Schmuck langsam in seinem Kanu auf das Ufer herangepaddelt kam. Zeitgleich kam Yara mit ihren wenigen Einkäufen vorbei, strahlte mich still an und setzte sich neben mich auf die Säcke.

Nun beobachteten wir zusammen, wie der Indianer sein Boot festmachte und mit einem Arm voll traditioneller Handwerkswaren einen Pavillon nahebei betrat.

Yara erklärte: „Manche Indianerstämme haben das Glück, ein wenig von ihren Bräuchen und von ihrem Kunsthandwerk leben zu können, indem sie es hier zeigen und verkaufen. Manche lieben diesen Schmuck, kaufen ihn als Souvenir für zu Hause, oder lassen sich gerne mit einem Indianer fotografieren."

Ich wurde neugierig: „Wo leben sie denn, hier in der Stadt etwa?"

Sie nickte: „Ein paar wenige schon, aber die meisten haben ihre Familien in Reservaten im Wald und kommen hier nur kurz her."

Ich fragte: „Wo sind denn diese Reservate? Kann ich auch dorthin."

Sie wiegte den Kopf: „Das ist nicht so einfach. Es ist ihnen viel Leid angetan worden, leider auch von denen, die es gut meinten. Sie stehen nun unter Schutz der FUNAI, der Behörde zum Schutz indigener Völker. Dort kann man eine

Besuchserlaubnis beantragen. Das wird dann dem Häuptling vorgetragen. Er berät in seinem Stamm, ob sie den Weißen einladen. Und für die Behörde brauchst du in der Regel schon einen echten wissenschaftlichen Grund, oder Ähnliches."

„Hm,", sagte ich nur und dachte noch: „damit wäre die FUNAI auf meiner Liste von Aktivitäten vor der Abfahrt mit Paulo in den Urwald ganz oben.

Wir saßen noch ein stilles Weilchen genießend dort. Wieder wunderte ich mich über die erstaunliche Vertrautheit zwischen uns. Sie wirkte nicht im Geringsten fremd. Aber das war mir ja mit dem Land auch so gegangen, deshalb hielt ich es auch für möglich, dass ich mich täuschte. Und ich wollte es auch nicht ansprechen, nicht stören. Es war auch so schön.

Dann flackerte eine kleine Wolke über dem Fluss mit blau schillerndem Licht. Sie wurde langsam größer, bis ich erkannte, was es war. Es war ein ganzer Schwarm blauer Schmetterlinge. Er kam über den Fluss geflattert. Einige von ihnen setzten sich direkt vor uns auf einer Reihe von Säcken ab. Sie waren riesig, und winkten sacht mit ihren farbigen Flügeln. Was für ein Anblick! Ein Gruß vom anderen Ufer, wo die Wälder lagen. Wir wagten erst keinen Laut. Ich sog die sehr feuchte Luft tief in meine Lungen. Sie sollten sich ebenso blau füllen, wie dieser wunderschöne Anblick, vor unseren Augen. Das waren die größten Schmetterlinge, die ich je gesehen hatte und gleich ein ganzer Schwarm.

Yara sagte: „Jeder von ihnen so leicht und doch so stark in der Wirkung. Jeder von ihnen ein lieber Gedanke. Wenn sich einer auf dich absetzt, weißt du, dann wirst du geliebt!"

Groß und ernst schaute sie mich an.

Mehr und mehr kam mir die ganze Reise so vor, als liebte mich das Schicksal und beschenke mich mit wundervollen Erlebnissen, weil neben all den Härten, die manchmal auch auf den Straßen zu sehen waren, alles stark von einem liebevollen Zauber durchzogen wurde. Schon beim Sprechen dieser Sprache erlebte ich das so. Und jetzt war ich auch noch in diese schöne Gesellschaft interessanter Menschen gekommen.

Alle Biologen die ich kennenlernte, hatten eine besondere Liebe zum Leben gezeigt, Neugier für seine vielfältigen Formen, auch für die Landschaften der menschlichen Seele.

Das nächste Domizil war bei Paulo und Franca. Sie hatten einen Pick-up-Geländewagen nah beim Hafen stehen.

Während der langen Fahrt zum Stadtrand konnte ich aus dem Auto Eindrücke dieser außergewöhnlichen Stadt bekommen.

Manaus hatte eine andere Atmosphäre, als die ganzen Städte zuvor. Etwas wildes hatte sie.

Ihre Geschichte begann 1669 als kleines portugiesisches Fort unter anderem Namen. Noch über hundert Jahre später, 1787 hatte das Fort erst 301 Einwohner, darunter 243 Indianer, 47 Weiße und elf dunkelhäutige Sklaven. 1823 erst schloss es sich dem Kaiserreich Brasilien an. 1856 benannte der damalige Gouverneur die Stadt nach dem Indianerstamm der Manaós, was etwa Mutter Gottes heißt. Zehn Jahre später wurden Transporte und Reisen in großem Format möglich. In den Folgejahren boomte die Stadt vor allem durch ein weltweites Kautschukmonopol. 1884 wurde in der Stadt die Sklaverei abgeschafft. 1890 war es eine der modernsten Städte, unter anderem mit einem prunkvollem

Theater, elektrischer Straßenbahn und galt als Paris der Tropen. Das währte aber nur bis zum Ende des Monopols in 1910.

Seit 1990 wurde die Millionenmarke an Einwohnern überschritten und wuchs schnell, da etwa fünf Nachkommen je Frau gezählt wurden.

Die Goldgräberstimmung der Stadt und alle weiteren Eindrücke sog ich tief in mich ein, während wir eine längere Zeit durch die Straßen brausten, bis wir an dem recht weit außerhalb gelegenen Stadtteil anlangten, in dem die Drei wohnten.

Eine lockere Zeile kleiner Häuser lag hier an einem kleinen Bach in relativer Ruhe. Fast ländlich wirkte es schon. Aus fast jedem der kleinen Vorgärten ragte eine Papayapflanze oder ein Bananenbaum hoch.

Yara wohnte nur einige Häuser weiter von Paulo entfernt. Wir setzten sie dort ab. Sie legte die Hand auf meinen Arm und sagte: „Komm gut an bei Paulo und komm mich einmal besuchen!"

Und schon sprang sie fort.

Mein Schlafzimmer bei Paulo waren zwei Haken an der überdachten Veranda, woran ich meine Hängematte aufspannen konnte. Daneben hängte ich die soeben gekaufte Bananenstaude. Sie war die ideale Dekoration.

Des Nachts sehnte ich mich wieder einmal nach einem festen Bett. Das schaukelnde Schlafen hatte mich im Lauf der letzten Wochen, schon vor dem Schiff, allmählich seekrank gemacht. Es schwindelte mir allmählich schon.

Am nächsten Morgen gleich nach dem Erwachen, breitete ich im Garten meine Matte aus und genoss meine morgendlichen Körperübungen auf festem Boden.

Gerade war ich in Konzentration gekommen, da biss mich

etwas in den Rücken. Zuvor hatte ich nicht bemerkt, dass Paulo und Franca als Haustier eine neugierige und stets gefräßige Riesenschildkröte im Garten hielten. Sie reckte ihren faltigen Hals immer wieder vor, um mich zu zwicken. So konnte ich mich natürlich nicht konzentriert meinen Übungen hingeben.

Ich wuchtete das nicht allzu große Panzertier in die Luft. Das strampelte etwas. Im entlegensten Eck des Gartens überließ ich es wieder sich selbst. Dann lief ich auf die gegenüberliegende Gartenseite, begab mich wieder von Neuem auf meine Matte und versenkte mich schnell in eine Übung.

Der nächste Zwick kam allzu bald. Dieses Tempo hätte ich der Dinosaurierdame nun doch nicht zugetraut. Auch bei weiteren Versuchen jagte sie mich schmerzhaft aus jeder Konzentration. Und so gab ich es auf.

Franca hatte das Schauspiel belustigt vom Fenster aus verfolgt. Sie fragte mich: „Heute besuche ich meine Yogalehrerin für eine Stunde. Willst du mitkommen?"

Erlöst antwortete ich: „Natürlich, gerne!"

Nach einem kleinen Frühstück kamen wir leicht mit dem Bus dort hin. Die alte Yogalehrerin hatte ein schönes kleines Studio mit einer Dachterrasse in einem ruhigen Stadtteil. Sie gab uns beiden eine Stunde lang mit langsamer Demonstration Haltungen vor. Sie war gelenkig wie eine Katze und ruhig wie ein Wal.

Danach fragte sie mich nach meinem Weg. Als ich ihr berichtet hatte, hob sie die Hand vor mein Gesicht und fuhr damit herum: „Wer die Natur für seine Wege aufsucht, der wird von ihr verändert. Du wirst bald ein paar wichtige Erfahrungen machen. Manche werden nicht ganz einfach sein. Gut, wenn du dann ein paar Übungen pflegst. Übe!

Schaue öfter still ins Licht, auch in der Dunkelheit. Wie erscheint sie dir? Und vergiss dein Herz nicht!"

Etwas verwirrt war ich von diesen orakelnden Sätzen. Doch sie erwartete keine Antwort, gab mir die Hand, drehte sich um und schloss die Türe hinter sich.

Fragend sah ich Franca an. Sie war die gesamte Stunde über in ganz tiefe Stille gegangen. Nun schwang sie sich schnell wieder auf, zuckte mit den Schultern und sagte: „Nao sei; embora! Ich weiß auch nicht; gehen wir!"

Für ihre sonst so reife Art war sie nun ein wenig zu lebhaft. Ich hatte das Gefühl, dass sie mehr wusste, es mir aber nicht sagen wollte.

An Ideen für weitere Aktivitäten in der Stadt mangelte es mir nicht. Zwei Tage waren noch Zeit bis zu meiner Abfahrt in die Wälder, mit Paulo.

Ein indianisch aussehender Mann mit langen Haaren trat mir auf dem breiten Bürgersteig in den Weg. Seine Gestalt war fast ebenso breit wie hoch gebaut. Sein Angebot, für eine nächtliche Angeltour mit Taschenlampen, schlug ich aus.

Von einem Besuch bei der FUNAI, der Behörde zum Schutz der Indianer, versprach ich mir zwar nichts. Doch wollte ich es wenigstens einmal auf legalem Wege versucht haben, mit den Indianern in Kontakt zu kommen.

Ganz wahrheitsgemäß erzählte ich dem Mann in der Behörde, der gelangweilt hinter seinem Schreibtisch saß, mein Anliegen für eine natürliche Lebensweise. Er schien gar nicht recht zu verstehen. Aus seiner Reaktion schloss ich, dass mein Anliegen nicht in sein Raster für zustimmungsfähige Projekte passte. Wie ein Beamter gab er mir ein Formular für einen Antrag.

Die Stimmung dabei fand ich so eigenartig schematisch, dass ich mich dagegen entschied und das Papier in den nächsten Mülleimer warf. Mein Weg musste anders verlaufen, fand ich.

Am selben Abend fand im Theatro eine Auffürung von Beethovens 5. Klavierkonzert statt. Das konnte ich mir nicht entgehen lassen. Geld hatte ich notfalls immer genug in meinem Gürtel versteckt.

In meiner ärmlichen Kleidung und kurzen Hosen stand ich unter vielen herausgeputzten Gästen, in den prunkvollen Hallen und Gängen.

Beethovens herrliches Werk klang auch hier, in dieser Stadt mitten im Urwald, wirklich gut. Der Pianist hatte ein gebrochenes Bein, ließ sich aber durch seinen Gips nicht vom Konzertieren abhalten.

Yara und die Herzfarbe

Zurück bei Paulo traf ich Franca. Sie war auf dem Sprung zu einer kleinen Feier in der Nachbarschaft und nahm mich mit. Aber dort war ich den Frauen zu ernst und passte nicht in die sozialen Muster. Gerne hätte ich mit ihnen Späße gemacht, doch durch den Marihuanarauch waren sie dermaßen überdreht, dass ich nicht den rechten Kontakt mit ihnen finden konnte. So verabschiedete ich mich bald wieder. Man hatte auch hier ständig Angst vor Überfällen. Franca bot deshalb an, mich zu begleiten, doch ich lehnte dankend ab.

Da ich den Weg kannte, spazierte ich einfach den Bachlauf entlang. In der einsamen Dunkelheit und frischen Luft fühlte ich mich wieder etwas wohler. Ein Nachklang der sozialen Bedrückung ließ mich noch einmal tief seufzen. Dann ließ mich die Spannung wieder los.

Ein Meer von Sternen schien den Himmel herunter. Diesen freien Blick würde ich bald, im Wald, wohl nicht mehr haben. Es klang in mir noch einmal nach, was mir die Alte am Morgen gesagt hatte: „Schaue öfter still ins Licht, auch in der Dunkelheit. Wie erscheint sie dir? Und vergiss dein Herz nicht!"

Das Silberlicht des Mondes erschien mit leichten roten und blauen Schleiern verziert. Dann erinnerte ich auch einen Satz meines früheren Physiklehrers: „Wir sehen in den Sternen die Vergangenheit an. Das Licht braucht auf dem Weg so lange, bis zur Erreichung unseres Auges."

Sollte es wahr sein, dass wir in den Sternen ′altes Licht′ anschauten?

Da drang auf einmal ein süßes feines Stimmchen durch die Luft. Sogleich war klar, dass das von einem Menschen kam. Ich horchte auf und ging in die Richtung aus der es kam.

Yara saß am Bach, in der Dunkelheit und sang ein Lied. So etwas hatte ich noch nie gehört. Klang das traurig, feierlich, freudig? Ich konnte es in seiner Stimmung gar nicht einordnen. Sie schien nicht verwundert, als ich mich behutsam dazu setzte.

Während dieses Gesanges entdeckte ich, wie wenig Sterne mir bekannt waren und auch wie wenige Lieder. Das Licht schien auf uns herunter, aber drang auch etwas dorthin zurück von meiner Warte? Auch Yara schien mir wie ein Sternchen, das sanft leuchtete und eine Bahn zog. Was konnte ich damit wohl anfangen und strahlen lassen? Ich kam mir wie ein Irrender in Dunkelheit vor, nicht nur jetzt in diesem Moment, sondern insgesamt, im Leben.

Die rätselhafte Rede der Yoga-Lehrerin bekam nun noch einmal weitere Bedeutung und regte mich an: Wenn ich mir ein Bild machte, von dieser Situation und wie ich sie fühlte, dann sah ich in der Dunkelheit eine Stelle ein Wenig heller. Dort war nicht nur Schwärze, sondern ein farbiger Fleck, der sich aus den Büschen und Bäumen am Bachufer, hervorhob. In dem Moment, da ich es bemerkte, wurde der Fleck plötzlich ein wenig heller. Er war wie eine grüne Tönung auf einer Stelle meiner Sicht.

In einer Schneeblindheit war mir in zwei Situationen meines Lebens Schnee gelb erscheinen. Doch jetzt war es ein anderer Farbton, und ein anderer innerer Zusammenhang. Das Gefühl, das ich durch den Gesang hatte, schien mir nicht zufällig, sondern Beitrag zu sein. Denn wenn ich das Gefühl noch einmal erinnernd verstärkte, mir die Melodie wiedergab, wurde der Fleck intensiver und größer und klarer in seiner Farbe. Ich, Sie, die Situation, wirkten alle zusammen. Jetzt schaute ich auch Yara an. Das Grün stand da noch immer. Es hatte einen seltsam ziehenden Charakter, auch wenn es so auf ihrem Gesicht stand. Aber wie eine Störung schob ich das jetzt beiseite und ignorierte es und begann zu sprechen: „Entschuldige! Ich wollte dich nicht stören."

Leider verstummte sie jetzt, um mit mir zu sprechen. Halb singend, halb sprechend zog sie einen Vokal durch die Luft und sagte: „Manchmal kommen auf dunklem Pfad durch die Büsche auch ganz schöne Störungen vorbei."

Verwundert fragte ich: „Hattest du keine Angst?"

Sie antwortete: „Nein, ich wusste dass du das bist."

Die Antwort erleichterte mich. Ich schien also willkommen und fragte: „Was ist das für ein Lied, das du gerade gesungen hast? So etwas habe ich noch nie gehört."

Sie sagte: „Ach, das ist ein Kinderlied, das mir meine Mutter viele Male vorgesungen hat, als ich noch klein war. Es handelt von den Farben der Dinge. Schau sie an und sehe die Seele, heißt es. Was ist deine Lieblingsfarbe?"

Diese Frage wurde mir zum letzten Mal vor vielen Jahren gestellt, als ich in der vierten Klasse zur Schule ging. Eine Klassenkameradin wollte mich überreden, etwas in ihr Poesiealbum zu schreiben. Darin standen einige vorformulierte Dinge, wie Hobbys und Lieblingsfarbe zum Ausfüllen. Jetzt war die Frage aber, neben der kindlichen Leichtigkeit, mit der sie gestellt war, eine innerliche Wahrheit mitzutragen.

Ich fragte mich: „Was haben Farben in der Welt überhaupt für einen Sinn? Sind sie vielleicht doch nicht zufällig? Sind sie nicht nur etwas Äußerliches? Sprechen eine Mango oder Papaya mit ihrem saftigen Orange vielleicht noch eine bestimmte lebendige Sache an? Gibt es da noch eine Wahrheit zu entdecken? Kann ich meine Erfahrungen beim Essen oder bei Erkundungen, bei denen etwas von draußen nach innen genommen wird, neu verstehen? Und warum ist mir diese Frage denn nicht schon früher gekommen?"

Vor allem fiel mir auf, dass ich keine Lieblingsfarbe nennen konnte. Allzu lange wollte ich nicht mit einer Antwort warten und stammelte: „Das ist wirklich schwer zu erklären ... alle Farben nacheinander und keine je allein ... ich weiß es nicht ... als Kind wolle ich meistens blaue Kleider anziehen ... das war wie Nahrung ... wie Schmecken beim Essen ... man kann es nie absolut aus dem Kopf heraus sagen ... es kommt auf die Situation im Leben an ... und welche Art von Farbe das Leben dazu spielen kann ... warum ist der Himmel blau und die Blätter grün?... aber der Himmel wirkt ja jeden Tag anders blau und das Grün der Blätter auch ... und ob ich es nur auf dem Foto ansehe, oder joggend hindurch renne, macht es sofort auch wieder anders ... es ist wie ein Zusammenspiel ... als ob man sie in jedem Moment neu auf der Palette des Malers zusammenmischt ... ein Teil von der Welt, ein Teil von mir dazu. Ohjeh! Was rede ich da für einen Unsinn zusammen. Wahrscheinlich denkst du jetzt, was für ein Spinner ich bin, der nicht einfach eine Lieblingsfarbe sagen kann. Jetzt sage ich einfach mal: Grün!"

Yara lachte und sagte schnell, um mir den Schwung nicht zu nehmen: „Sehr gut, wie ist dieses Grün, beschreibe es!"

Ich stöhnte unter der vorigen Anspannung, war aber erleichtert, dass sie meine Ausführungen ernst nahm. So beschrieb ich also einfach das was ich zuvor gesehen hatte: „Es ist ein ganz schwach aus der Dunkelheit lebendig werdendes Leuchten. Es vibriert wie ein Duft, der lebendig aufsteigen will zum Leben, zum Licht, aber noch nicht kann..."

Sie war begeistert: „Optimal, das ist es, du hast das Lied verstanden, so schnell!"

Nun war ich völlig verwirrt. Wie konnte ich mit stammelndem Durcheinander der Worte etwas beschreiben und damit genau richtig erfassen?

Ich sagte: „Hä, ich verstehe rein gar nichts."

Sie lachte schon wieder strahlend, legte mir die Hand auf den Arm und sagte: „Oh, Sascha, glaub mir es ist ganz egal. Du wirst es bald verstehen."

Tatsächlich beruhigte mich ihre Berührung und ich gab es auf, für den Moment. Dann fragte sie: „Du interessierst dich sehr für die Natur und ihre Wege. Warum bist du nicht Biologe geworden?"

Ich sagte: „Tatsächlich wollte ich einmal Bio-Chemie studieren, doch habe ich die kulturelle Arbeit dann zu meiner Aufgabe gewählt. Wie Kultur mit Natur in guter Weise zusammen gehen kann, ist mein Anliegen. Ein kleines Beispiel hierfür war einmal ein Baumkonzert. Der Konzertsaal war eine einfache Bestuhlung unter einem alten ehrwürdigen Baum. Auf seinen mächtigen Ästen und Astgabeln saßen einige Musiker mit Seilsicherungen. Und der leichte Sommerwind spielte ein feines Blätterrauschen mit dem Baum dazu. Es war ein wunderbares Konzert.

Im Hausbau müsste sich ebenfalls eine gesunde Bauweise von und mit Natur zusammen realisieren lassen. Das wäre dringend nötig.

Yara bestätigte: „Ja, das sind schöne Ideen. Und welche Kultur versprichst du dir bei den Indianern zu finden?"

Ich sagte: „Natürlich weiß ich gar nicht genau, wie sie leben. Ich hoffe, dass ihr soziales Miteinander, Essen und andere Tätigkeiten einen Zug der Natur zeigen. Wenn das bei ihren Taten nicht verloren geht, will ich diese Haltung lernen. Das wäre für mich so etwas wie Familie. Dazu hätte ich Vertrauen. Sie zu mir ja vielleicht auch."

Sie runzelte die Stirne, und fragte: „Aha, du suchst eine Familie? Hattest du keine Eltern, oder waren sie nicht gut zu dir?"

Das Gespräch begann an substanzielle Themen zu gehen. Das waren die konsequenten Fragen, die ich mir in der letzten Zeit auch stellte.

Ich antwortete: „Doch ich hatte Eltern. Und sie waren auf ihre Weise gut zu mir, auch mit Liebe. Aber sie waren ohnmächtig, gegenüber den wachsenden Herausforderungen des modernen Lebens. Und die erlebte ich in meinem Land als beherrschend. Meine Eltern waren offen und kritisch genug, dass diese Fragen überhaupt gestellt werden konnten. Eine Lösung steht noch aus. Die stieg mir herauf, auf den Spuren der Natur und Kunst. Da sehe ich mein Schicksal hingestellt. Vielleicht können mir die Indianer da weiterhelfen."

Ernst griff Yara meine Ausführungen auf: „Sie sind schlichte Menschen, sehr praktisch und insofern weise. Weißt du, dass du diese Frage ihnen so nicht stellen kannst?"

Ich bestätigte ihr: „Sicher sprechen sie nicht über Philosophie wie ich gerade. Im Teilen des Alltags, im Leben miteinander tauscht man aber etwas aus. Eine Begegnung kann manchmal einen Schlüssel im Leben wortlos bringen."

Sie stimmte zu: „Ja, so ist es, vielleicht hast du Recht. Nur sie leben eine ganz andere Zeit. Wie viele Jahre bist du bereit, mit ihnen alles zu teilen, bis dieser Schlüssel gefunden ist? Und in dieser Zeit musst du eine Lebensweise teilen, die dir sicher fremd, unlogisch und vielleicht sogar falsch vorkommt."

Ich sagte: „Dieses Risiko ist da, ja. Nur das wäre im Zusammenleben mit jedem Menschen der Fall, auch aus meinem Kulturkreis. Und was äußerlich bislang in ihre Richtung wies erschien mir gut. In meinem Inneren verstand etwas, ohne dass mein zivilisierter Kopf widersprechen musste. Und ich erlebe, dass meiner Herkunftskultur etwas abhanden gekommen ist. Dieses Etwas fand ich in der Natur wieder. Wie ist das zu integrieren?"

Sie sagte: „Vielleicht kannst Du wirklich so ein Mensch sein, der mit einem Bein auf dem Boden der einen Kultur steht und mit dem Anderen in einer anderen Kultur. Dabei nicht zu straucheln ist sehr schwer, glaube mir. Du hast entdeckt, was dir fehlt. Nun suchst du nicht mehr den Fehler, sondern ein Zuhause. Ist dein Zuhause in Blätterhütten, bei fremden Menschen, mit gänzlich anderer Sprache und Bräuchen, die für Westler rätselhaft sind?"

Ständig traf sie in ihrer Gedankenführung bedeutende Punkte. Wie konnte sie so klar sehen? Wieder traf sie den Punkt, wo meine Situation bestimmend gelagert war. Sie

fragte ganz entspannt dahin. Zugleich machte mir das deutlich, wie wenig ich schon erkannt hatte. Wo oder was war denn mein Zuhause? Ich war nur immer tiefer ins Grüne gedrungen. Eine lange Reihe von Naturerfahrungen hatte mir ein gewisses Gefühl gegeben. Meine Gedanken waren nur soweit mitgezogen, dass ich den nächsten Schritt tun konnte. Von einem Gefühl geleitet, war ich immer weiter gefolgt, immer näher an ein haltloses Nichts. Dabei klammerte ich mich an einen Hauch von innerlicher Ahnung. Es war das unsicherste Dasein. Allein die Überzeugung, dass all diese Erlebnisse zusammen Momentaufnahmen einer Intuition waren, gaben Halt. Ein höherer Anteil meines Selbst und Lebens sprachen sich darin aus. Das wagte ich nicht mitzuteilen. Mit romantischen Worten hätte ich ihr sagen können, dass das Licht ihrer Augen, der Klang ihrer Stimme, der Geruch ihrer Haut mir das bestätigten. Auch das wagte ich nicht mitzuteilen. Mit Yara erlebte ich die Bestätigung meiner grünen Fährte in Menschenform. Ich schlug eine neue Seite in Leben auf und traf sofort auf dieser Fährte die Menschen, die die lebendige Verkörperung dieser Lebensseite waren. Nicht nur, wie sie Fragen stellte und dabei das Wesentliche zu erfassen schien. Wie sie gar nicht nach ihren eigenen Vorstellungen ging, sondern aus meinen Zusammenhängen weitersprach, sondern in allem was ich an ihr als Mensch wahrnahm, bestätigte sie mir den Weg.
Paulo war ebenfalls ein besonderer Mensch. Ich hoffte ihn bald noch besser kennen zu lernen. Er würde bald mein nächster Wegbegleiter sein.
Und Franca hatte mich heute ein Stück auf ihre Wege mitgenommen und meinen Horizont erweitert. In all diesen Geschehnissen las ich Bestätigung des Weges. Ich fand in diesem Moment dafür kaum Worte. Wenigstens sagte ich:

„Alles was ich sagen kann ist: mein Herz schlägt dort hin, also gehe ich hin."

Völlig unvermittelt und blitzschnell küsste sie mich schnell und sanft. Das hatte nicht die geringste Romantik, kein Ziehen einer Sehnsucht. Allein die reine Kraft und Klarheit eines freilassenden Geschenkes, von einem Menschen, der bei sich selbst Zuhause ist und etwas davon gibt. Ich fühlte mich sehr beschenkt. Ja, die Weihnächte gingen also noch weiter. Und ich wollte das mit Worten nicht stören. Lediglich an der ungewohnten Reaktion meines Inneren rätselte ich ein Wenig dabei herum. Denn es gab keine leidenschaftliche Wallung, keine Gier nach mehr. Und vor allem hatte ich keine Frage über uns dabei im Kopf. Diese Begegnung mit Yara war einfach und natürlich. Es war kein Fragezeichen daran. Und auch kein Ausrufezeichen. Ruhige Klarheit floss darin.

Ich weiß nicht, wie lange wir so noch still da saßen. Es hatte sich ein Mantel grenzenloser Zeit um uns auf den Platz gelegt. Es strömte eine sanfte Welle darin weiter, ohne Gedanken.

Irgendwann ergriff Yara wieder das Wort: „Dann sind jetzt zuerst die Wälder als Zuhause zu entdecken. Darüber gibt es einiges zu lernen. In Paulo hast du einen guten Führer da hinein gefunden. Er kann dir vieles beibringen, wie das Leben der Wälder vor sich geht. Es ist eine Wunderwelt. Und wenn du willst, kann ich dir morgen den Park im naturwissenschaftlichen Zentrum zeigen. Es gibt dort eine schöne Sammlung Pflanzen und Tiere, die ich versorge. Das ist unter anderem meine Arbeit dort. Kommst du vorbei?"

Natürlich stimmte ich gerne zu. Für den letzten Tag vor Verlassen meines zivilisierten Rahmens hatte ich mir auch noch nichts vorgenommen.

Ich begleitete sie vor ihr Grundstückstor und legte mich entspannt in meine Hängematte auf Paulos Veranda. Mit Yaras Geruch in der Nase und ihrer Stimme in den Ohren schaukelte ich bald in friedlichen Schlaf.

Am kommenden Tag fuhr ich mit dem Bus zur Forschungsstelle in der Stadt, wo Yara arbeitete. Sie nahm sich eine Stunde Zeit für eine Führung durch die Anlage. Sie wirkte dabei, als ob sie mir ihre Wohnung zeigen würde. Jedes Tier stellte sie mit Namen vor und erzählte von seinem Charakter und seinen Vorlieben. Von jeder Pflanze beschrieb sie die Herkunft und Eigenschaften. Während wir dort umherliefen, grüßten die Personen, die wir trafen. Sie waren alle Biologen, wie Yara sagte. Sie schauten mit freundlichem Blick und waren in müßiger Geschäftigkeit bei der Arbeit, oder wechselten ein paar Sätze mit Yara. Sie war sehr beliebt.
Der Park hatte auch einen beachtlichen Baumbestand mit teilweise hohem Alter. Zuletzt zeigte sie einen Jaca-Baum. Sie hatte schon gehört, dass es meine Lieblingsfrucht war.
Dann reichte sie mich an Paulo weiter. Er wollte mich ein Wenig in sein Projekt einführen. In einer Baracke hatte er sein Büro. Dort zeigte er mir eine Karte der Wälder, nördlich von Manaus. Darauf waren quadratische Parzellen eingezeichnet.
Er erklärte: „Wir erforschen die Entwicklung der Flora und Fauna in kontrolliert abgeholzten Waldgebieten. Jede Parzelle hat eine Fläche von einem Hektar, also 100 mal 100 Meter. Sie wurden in zeitlichen Abständen zueinander geschlagen. So haben wir Parzellen die vor kurzer, mittlerer und längerer Zeit geschlagen wurden neben Primärwald. Das ist die schonendste Form der Nutzung, die wir bis jetzt

kennen.

Ich verfolge nun die Entwicklung der Pflanzenkulturen über Jahre hinweg. Dafür sehe ich mir die Kultur an und sammle Früchte und Blätter. Die Vielfalt wird katalogisiert. Vielleicht weißt Du, dass die Vielfalt des Urwaldes sehr hoch ist. Das bewirkt aber auch eine große räumliche Streuung der einzelnen Arten. Wir wollen unter anderem herausfinden, welche Auswirkungen künstliche Eingriffe auf die Kulturen haben. Hier ist übringens ein größeres, zusammenhängendes Gebiet Primärwald."

Ihm war klar, dass mich das interessieren würde. Er deutete auf die Karte und fuhr fort: „Du kannst mit mir die Sammlungen unternehmen. Abends muss ich das in der Station dokumentieren. Zu den Arten, die wir dort finden, kann ich dir Einiges erklären, wenn du willst. Manchmal findet man auch neue Arten. Später können wir auch mehrere Tage sammeln und in der längeren Dokumentationszeit kannst du eigene Touren im Wald unternehmen."

Ich freute mich sehr. Er bot mir kundige Führung im Wechsel mit freien Zeiten und Bewegungsfreiheit. Besser hätte ich es nicht treffen können.

Ich fragte: „Muss ich noch etwas besorgen, für die Zeit in der Station?"

Er klopfte mir auf die Schulter und sagte: „Außer deiner Hängematte und Bananenstaude ist alles dort, was wir brauchen. Ständig sind dort zwei Ranger im Einsatz. Sie kümmern sich um alles Nötige. Sie kochen auch das Essen."

Er zwinkerte mir zu. Er wusste ja, dass ich nichts gekochtes essen würde: „Die beiden sind nett, du wirst sehen. Ich freue mich dass du mitkommst und dass ich diesmal nicht nur alleine im Wald unterwegs sein muss."

Die Freude war ganz meinerseits: „Ich freue mich auch und danke dir, dass du mir diese Möglichkeit gibst."

Er gab noch zu bedenken: „Von den Tieren geht nachts immense Aktivität aus. In der Station bist du auch vorerst sicherer. Lerne den Wald und seine Bewohner erst einmal kennen."

Ich sagte: „Ja, in Ordnung."

Dann war die verfügbare Zeit der Beiden vorbei. Sie begleiteten mich zum Tor. Paulo sagte nur: „Bis nachher."

Yara tauchte noch einmal auf und sagte: „Gerne würde ich auch dorthin. Aber ich habe hier meine Aufgaben. Habe eine gute Zeit dort. Ich hoffe du kannst weitere Schritte auf deiner Suche machen. Alles Gute, Sascha."

Die letzte Nacht vor unserer Abfahrt war kurz. Meine Phantasie war schon unterwegs, mit den Informationen und Bildern, die mir Paulo bis dahin vermittelt hatte. Landschaft und Vorhaben wurden in mir zu Szenen. Dann spannen sich weitere Handlungsfäden aus, die bis zu den Yanomami hin reichten. Über diese Vorstellungen war ich endlich in meinen Schaukelschlaf mit Seegang in meiner Hängematte eingeschlafen. Aber nur, um im Traum weitere Reisen zu erleben:

Ich sah einen drahtigen schwarzhaarigen Seefahrer mit Schnurrbart, in edlen Kleidern und Degen. Er stand auf Deck und sah in die Ferne, während geblähte Segel das Schiff nach Westen sogen. Dann fuhr er damit bis auf Land und sogar in die Wälder hinein. Dort verschwanden Mast und Segel. Die Mannschaft verteilte sich in die nahe Umgebung. Das Schiff kippte um, bis das Unterste zu Oberst lag. Es bildete sich ein Haus daraus. Der Kiel stand wie ein Dachfirst, oben.

Dann sah ich Yara im Hintergrund lachend vorbeilaufen.

Sie blieb kurz stehen und warf einen Blick herüber. Dann lief sie weiter. Der Seefahrer lief ihr rufend hinterher. Zuletzt sah ich die Gesichter beider, ganz nah, zu mir schauen. Das ließ mich besorgt aus den Schlaf fahren.

Unruhig in meiner Seele nach Ordnung ringend, konnte ich den Rest der Nacht nicht mehr einschlafen. Ich lief in die Küche und trank ein Glas Wasser. Da kam Paulo aus dem Bad. Als er mich sah, schickte er ein gütiges Lächeln und fragte in ruhigem Interesse: „Du kannst wohl nicht mehr schlafen. Bist du aufgeregt?"

Ich erzählte ihm meine Nachterlebnisse. Er schien zu verstehen und versuchte mich zu beruhigen: „Das Leben hat wohl ein paar interessante Dinge mit uns vor. Alles ist gut vorbereitet, wir werden eine gute Zeit haben." Und vorsichtig fügte er hinzu: „Du interessierst Dich wohl für Yara?"

Das Schlussbild des Traumes stand mir wieder vor Augen. Ebenso vorsichtig wie er sagte ich: „Sie hat eine rätselhafte Wirkung auf mich, faszinierend."

Paulo bestätigte: „Ja, sie ist eine besondere junge Frau."

Erst jetzt bemerkte ich, dass ich sie rein gar nichts über ihre Herkunft und Verhältnisse gefragt hatte. Mit ihr in der Gegenwart zu sein hatte mich voll beschäftigt.

Ich fragte ihn: „Weißt du woher sie kommt?"

Er begann Kaffee zu kochen und Frühstück zu bereiten. Dann zuckte er mit den Schultern: „Nichts Genaues. Wir haben sie auch nie darüber ausgefragt. Nur eines ist aus beiläufigen Erzählungen klar geworden. Mindestens ein Elternteil von ihr ist indigen. Wir werden vielleicht irgendwann von ihr eine Mitteilung bekommen. Solange wollen wir nicht spekulieren."

Ich fügte hinzu: „Gestern sagte sie, sie wäre auch gerne mitgekommen."

Er nickte: „Ja, sie liebt die wilde Natur, so wie du", und nach einer Pause fügte er noch an: „so wie wir!"

Wir lachten beide und machen uns an die letzten Vorbereitungen. Einige Geräte verluden wir auf den Pickup. Dazu seine Tasche und meinen Rucksack.

Franca fuhr uns zum Institut. Dort stiegen wir in einen Jeep um. Die beiden Ranger, von denen Paulo erzählt hatte, warteten auf uns. Als sie ausstiegen, sah ich, wie stolz sie auf ihre Uniformen waren. Sandfarbene Funktionskleidung trugen sie, von Hut bis Hose und hohe Stiefel dazu. Als Paulo sie mir vorstellte, sagte er ihnen nur kurz, dass ich als Assistent mitkäme und aus Deutschland sei. Sie hießen mich willkommen. Raul und Carlo hießen sie. Sie fragten, ob ich mich auch für den Urwald interessiere. Ich bestätigte. Die Dinge waren schnell umgeladen.

Ich sah mich immer wieder um. Yara konnte ich während dieser Minuten leider nirgends entdecken. Franca küsste ihren Mann und wünschte uns beiden viel Glück: „Boa sorte!" So ging die Fahrt los.

Über zwei Stunden währte die Fahrt zu unserem Ziel. Spärlicher wurden die Häuser, während wir auf einer Straße lange geradeaus fuhren. Als schon lange rechts und links nur noch dicht und grün die Wälder lagen, bogen wir ein. Dann ging es auf einer schmalen Sandpiste weiter. Ich sog jeden Eindruck unterwegs tief in mich ein. Mehrmals rannten riesige braune Agutis, die größten tropischen Verwandten unserer Meerschweinchen, in hoher Aufregung neben dem Jeep her. Ihre Hinterläufe waren länger als die vorderen, was sehr eigenartig aussah. An den Seiten der Piste ragten Baumwände weit hoch. Die Straße war schnurgerade und wie ein sauberer Schnitt vom Wald heraus rasiert.

Die Biologenstation

Endlich kamen wir zur Station. Eine breite Lichtung barg zwei ziegelgedeckte Baracken. Eine überdachte Terrasse mit betoniertem Boden verband sie. Ruhig und ordentlich lag es da, unser nächstes Zuhause. Einer der Ranger wies mir ein völlig leeres Zimmer zu. Er schärfte mir ein, nachts die Läden fest zuzuschließen, wegen der vielen nachtaktiven Tiere. Vor allem von Schlangen sprach er respektvoll.

Dann zeigte mir Paulo seinen Raum, mit den vorbereiteten Sachen zur Archivierung der Funde und sagte: „Wenn Du willst, können wir nach dem Regen eine erste Tour in die Umgebung machen."

Ich war natürlich sofort einsatzbereit. Die beiden Ranger waren die Mädchen für alles. Beim Kochen pflegten sie die typische Brasilianische Hausmannskost mit Fleisch, Reis und Bohnen. Bei mir gab es heute einen frischen Salat, den ich mitgebracht hatte. Die Beiden nahmen meine Ausnahmediät als naturgegeben hin. Wir saßen gemeinsam beim Mittagessen und lernten uns kennen. Danach saßen die Beiden wie Kinder auf der Terrasse vor dem Fernseher und fieberten über der aktuellen Folge der Telenovela. Paulo sagte ihnen im Vorbeigehen Bescheid, dass wir noch einmal losgingen. Sie waren so fasziniert, dass sie uns kaum Beachtung schenkten.

Mit Sandalen an den Füßen und einem Tagesrucksack auf dem Rücken gingen wir los.

4. Konzentrationsstufe des Daseins
Tonstufe FA - Farbe: Grün
Sinn: Tasten – Element: Holz, Luft
Eigenschaft: Liebesbeziehung, Atmung
Körperzone: Kreislauf, Metabolismus

Urwald – Waldläuferlehren

Der Fernseher aus der Station war schon nach wenigen
Schritten nicht mehr zu hören. Doch die Geräusche der Natur wurden lauter. Wie sofort eine andere Welt beginnt,
wenn man mit dem Boot vom Ufer abstößt und aufs offene
Meer rudert, kam mit jedem unserer Schritte das neue Element, Urwald, auf uns zu. Endlich ging es in die Wälder!
Meine tiefen Schichten durften aufatmen. Ein feierlicher Ju-
bel ließ mein Herz hüpfen. Die grüne Bühne meines
Traums konnte betreten werden. Ich betrachtete die ehrwürdigen und mächtigen Bäume, zwischen denen wir hindurch liefen. Wie alt mochten sie sein?
Da die Sonne im hohen Baumbestand oft gar nicht direkt
sichtbar war, musste ich zunächst immer einen Kompass
mitführen, um einigermaßen orientiert zu sein. Das war die
erste Aufgabe, die ich mir stellte. Ohne Orientierung konnte
ich sonst später nicht zur Station zurückfinden, wenn ich
eine weitere Tour unternahm.
Paulo begann sofort, mir Dinge über die Botanik im Allgemeinen und seine Erforschungen im Besonderen zu vermit-
teln. Zunächst machte er mich auf die Erkennung der
Baumbestände aufmerksam und woran ich das ungefähre
Alter einer Kultur erkennen konnte. So zogen wir durch einige Parzellen mit unterschiedlich alten Baumbeständen.
Die erste große Überraschung war für mich die Geräusch-
kulisse. Aus irgendeinem Grund hatte ich ähnliche Bedin-

gungen wie in den heimatlichen Wäldern erwartet, also weite Räume der Ruhe. Aber weit gefehlt. Es herrschte ein unglaublicher Lärm überall. Am durchdringendsten war das Zischen der Baumzikaden. Und noch viele weitere Laute durchmischten sich. Ab und zu waren Laute größerer Tiere dazwischen; am häufigsten von Vögeln und Affen.

Die zweite irrige Vorstellung, die ich mitbrachte, war die Erwartung, dass es von Tieren nur so wimmeln würde. Paulo klärte mich auf, dass eine hohe Vielfalt der Arten in einem Gebiet auch eine weite Streuung der Exemplare einer Spezies bedeutete. Ein Tier einer Gattung musste sich also, um einen Artgenossen zu treffen, weiter fortbewegen, als in artenärmeren Gebieten.

Die zauberhafte Atmosphäre eines grünen Blättermeeres, wie sie sich schon etwas auf dem Schiff und in Manaus angekündigt hatte, war jetzt besonders durchdringend. Es roch überall nach würzigem Tee. Denn die Blätter, die von den Bäumen fielen, fermentierten auf dem sauren Boden. Die Säure sorgte auch dafür, dass kaum Humus entstand und überhaupt keine Steine da waren. So lief man meist auf einer weichen Blätterschicht, worunter sich eine dünne Humusschicht befand.

Die Luft lag warm und feucht auf der Haut. Im Schatten des Waldes war das gerade angenehm, nicht heiß und nicht kalt, selbst wenn es regnete. Da eine Menge Insekten umherflogen, zog ich mein Hemd aus und wedelte rhythmisch einmal rechts, einmal links damit durch die Luft. So konnte ich fast unbehelligt voran laufen. Durch meine Ernährung waren meine insektenverlockenden Ausdünstungen auf ein Minimum reduziert. Jeder andere bekam an diesem Ort mehr Moskitostiche als ich.

Paulo störte sich wenig daran, wenn ich meine Sandalen

auszog und barfuß lief. Die Ranger, die wie viele in diesem Land, einige Ängste hatten, erklärten mich für verrückt, wenn sie mich so sahen. Sie trugen selbst nur hohe Stiefel. Sie verfügten eben noch nicht über einen Sinn für die Verhältnisse hier und die Gefahren. Auf diesen Sinn aber verließ ich mich. Paulo ließ mich gewähren und sagte Bescheid, wenn wir an eine Gefahrenstelle kamen. Zum Beispiel gab es Bäume mit langen Stacheln an Ästen und Stamm, vor denen er mich warnte. Als nächstes schärfte er mir den Blick auf den Boden, damit ich Ameisenstraßen schon von weitem erkennen konnte. Barfuß dort hinein zu laufen konnte schmerzhaft werden.

Er wies auf das unterschiedliche Aussehen von Lianen. Manche waren geeignet, um mit ihrer Hilfe auf die Bäume zu klettern. Und hier gab es hohe Bäume! Andere waren dagegen unsicher. Und solche auch von ruhig liegenden Schlangen zu unterscheiden, wies er mich an.

Hie und da sammelte er einige Funde in verschließbare Tüten. An erstaunlich vielen Stellen zeigte er mir essbare Baumfrüchte, die heruntergefallen waren, die ich aber übersehen hatte, weil sie mit ihrer Grünfärbung, ohne Kontrast zur Umgebung, völlig unauffällig waren. Zu saurer, bitterer, aber auch süßer Ernte kamen wir bereits auf diesem ersten Gang.

Ich merkte, dass ich meinen Instinkt noch stärker einsetzen konnte, wenn ich meine Sinne stärker auf den Geruch hin orientierte.

Da wir aber zunächst vor Einbruch der Dunkelheit in der Station sein sollten, war die Zeit dieses ersten Waldgangs recht bald vorüber und wir kehrten um.

Ich konnte kaum erwarten, was der nächste Tag bringen würde. Abends zeigte mir Paulo, wie er die Funde kartierte.

Er bemerkte meine Begeisterung und sagte:
„Das Meiste was wir heute gesehen haben, würde viele Leute nur langweilen. Du scheinst hier aber genau richtig zu sein, mit deinen Interessen. Gut dass du hier bist. Morgen werden wir eine längere Tour starten, ich muss einen Überblick über ein möglichst großes Gebiet wiedergewinnen. Dabei werden wir bis an den Rand der Primärwaldzone gehen. Kannst du Zehn Stunden auf den Beinen unterwegs sein?"

Das war Musik in meinen Ohren. Ich antwortete: „Natürlich, kein Problem, dafür bin ich gebaut."

Er sagte: „Optimal, gute Nacht."

In dieser Nacht weckte mich ein unruhiges Treiben, das Raul und Carlo draußen verursachten. In meiner Hängematte richtete ich mich auf, weil Lichtstrahlen ständig durch die Fensterladenritzen fuhren. Mit Taschenlampen und recht lautem Geflüster, suchten die Beiden etwas. Am nächsten Morgen stellte sich heraus, dass eine Schlange im Hof zu Besuch gekommen war. Sie hatten sie getötet. So groß und gefährlich schien sie mir nicht. Aber die Jungs wollten wahrscheinlich auch, dass ihr Gehalt sich lohnte, verbanden es mit ihren Ängsten und machten einfach alles tot, was sich der Station näherte. Diese Vermutung von mir bestätigte sich mit der Zeit.

Da die Schlange nun schon getötet war, bat ich, sie behalten zu dürfen und legte sie ausgenommen zum Trocknen in die Sonne. Vielleicht würde sie später etwas Leckeres zum Essen hergeben.

Die Beiden beobachteten mich dabei mit Neugier und Abscheu zugleich. Noch deutlicher wurde ihre Haltung, als wir beim Frühstück auf Indianer zu sprechen kamen. Ich erzählte nicht mein Vorhaben, sondern fragte erst einmal nach ihren Erlebnissen. Sogleich war wieder ihre Angst zu bemerken: „Indio é bicho do mato!" sagten sie schroff, „der Indianer ist eine Bestie des Waldes!"

Als ich versuchte zu ergründen, woher sie diese Auffassung nahmen, kamen die üblichen Vorurteile über Menschenfresser und primitive Lebensformen. Und als ich die Beiden nach echten eigenen Erfahrungen fragte, hatten sie bisher nur Eingeborene gesehen.

Baumbegegnung

Der folgende Tag führte uns in die Tiefen des Waldes. Eine Fülle von Eindrücken und Lehren ergab sich. Es wechselten sich Wanderzeiten mit Erkundungen ab. Wichtige Funde pflanzlicher Herkunft wurden im Rucksack verstaut. Funde tierischer Herkunft in einem Buch notiert und fotografiert.

Ich lernte viel, schon aus der Haltung Paulos. Während er langsam dahin schritt, wandte er seine Sinne vom einen zum anderen Gegenstand. Ich konnte seine einfühlende Aufmerksamkeit sogar ein wenig mitvollziehen. Meine Sinne folgten seinen Konzentrationspunkten. Und dadurch dass wir oft nicht sprachen, durften wir manche seltenen Anblicke machen.

Ich lernte jetzt, wie es von der Lenkung meiner Aufmerksamkeit abhing, ob meine Sinne flüchtig an der Oberfläche der Dinge wahrnahmen, oder mit Bewusstsein darunter tauchten. Vielleicht lag es an der Kraft dieses Ortes, dass sich meine Sinne in weitere Bereiche hoben. Mein Bewusstsein war der Schlüssel, vermutete ich. So konnte ich mir auch einige Erlebnisse aus Europa erklären.

Wir gingen etwa zwei Stunden so weiter, stets nach Kompass, damit die Orientierung erhalten blieb. Dann blieb Paulo an einem dicken und sehr geraden Baum stehen und fragte mich: „Hast du schon einmal aus einem Baum getrunken?"

Erstaunt verneinte ich und war gespannt. Er schabte mit seinem großen Messer eine Fläche auf der Rinde sauber ab. Helleres Holz wurde sichtbar. Danach schnitt er eine Mulde aus der Rinde aus. In der Schalenform traten kleine milchige Tröpfchen aus dem Baum und liefen langsam zähflüssig zusammen. Als sich eine gewisse Menge davon angesammelt hatte, sagte er: „Jetzt kannst Du trinken."

Paulo war deutlich größer als ich. Die Öffnung war mir etwas zu hoch, um direkt mit dem Mund daran zu kommen. Ich musste den Baum umarmen um vor der Trinkmulde zu sein. Wie gewohnt roch ich erst daran. Ein leicht süßlicher Duft ging davon aus. Nun erwartete ich eine Mischung aus bitterem und süßlichem Geschmack. Da die Flüssigkeit zäh war, musste ich etwas mit der Zunge darin arbeiten. Die Wirkung kam unerwartet und stark, in dem Moment, als das Baumsekret meine Zunge benetzte. Es ging über das Schmecken hinaus und wanderte im Körper weiter. Es hatte so viel Verwandtschaft mit einem Zungenkuss, dass es auch innerlich bewegend war. Die Umarmung unterstützte diesen Eindruck noch sehr. Vor allem ging spürbar eine Wirkung vom Baum zu mir herüber. Es nahm nach einer Weile meine ganze Gestalt ein. Ich spürte sogar etwas wie eine Einhüllung am Rücken, als ob der Baum mich auch mit seiner Wirkung umarme. Der Geschmack des Saftes war dabei überraschend konzentriert, süß und blumig zugleich. Es drang mir mit einem Wohlgefühl die Kehle hinunter und verteilte sich von dort kribbelnd in meine Körperzellen. Ich ließ den Baum einige Minuten nicht mehr los, blieb in der

Umarmung und setzte nur ein paar Mal die Zunge ab, bis sich wieder neuer Saft angesammelt hatte. Das alles war eingebettet in die Geräusche des Waldes, die uns wie Wasser ständig umspülten und respektvoll schweigend begleitet von Paulo.

Die Innigkeit, die bei einer Begegnung mit einem anderen Wesen geschieht, kann oft nur übersetzt werden. Wie könnte ein Baby beschreiben, was sich beim Saugen zwischen ihm und der Mutter innerlich abspielt? Ein bleibendes Band wird geknüpft, das über die Sinne in dem Moment ebenso hinfließt, wie die Milch durch Brust und Kehle der Beiden. Und es findet Nährung beider statt. Sie gehen aus der Begegnung verändert heraus.

Paulo bemerkte die Stimmung und wartete still, bis ich abgelassen hatte.
Nach einer Pause wandte ich mich zu ihm und sagte: „Das war ein einmaliges Erlebnis."
Er sagte nur: „Ja, das war sichtbar. Und ehrlich gesagt, für mich auch."
Ich patschte oft auf den Baumstamm, wie einem Pferd den Hals nach dem Ritt, zum Dank und zur Anerkennung. Langsam erst entfernte ich mich wieder von ihm. Dann verschloss Paulo die Mulde mit einem Klumpen Erde, damit die Oberfläche des Baumes wieder geschlossen war. Langsam zogen wir weiter. Schritt für Schritt ging es wieder in einen neuen Rhythmus unseres Weges.
Der Tag war lang. Er setzte fort mit vielen wundervollen Entdeckungen und Lehren. Langsam bekam ich auch ein besseres Gefühl für die Tageszeit. Das Tageslicht drang diffus durch die Baumkronen. Den Sonnenstand konnte man

in dieser Waldregion mit hohen Bäumen kaum ausmachen. Doch selbst hier war es mit etwas Übung möglich, aus der Lichtqualität die ungefähre Tageszeit abzulesen.

Zwischendurch bewegten wir uns einige Zeit recht schnell durch den Wald. Mit zunehmender Übung gelang es mir besser, die Schritte weicher im Knie zu federn, so wie Paulo. Er konnte sich nahezu lautlos fortbewegen. Dabei wirkte er wie ein Fisch, der durchs Wasser glitt. Er machte auch feine, geschmeidige Bewegungen mit dem Oberkörper. Im Stillen nannte ich das den Tanz des Waldläufers. Durch diese Anpassungsfähigkeit störten wir weniger im Leben der Umgebung. Das wurde uns mehrmals mit herrlichen Anblicken belohnt, wie sie nur an ungestörten Plätzen zu sehen sind.

An der Grenze zum naturbelassenen, urwüchsigen Primärwald machten wir eine Pause und nahmen eine Kleinigkeit zu uns. Nach Stunden in dieser Umgebung hatte sich mein Blick auf die Unendlichkeit gerichtet. Ich fokussierte nichts mehr, als Gegenstand. Mein Sehen schwamm auf Farben und Helligkeitsstufen. Was ich so aufnahm, hatte direkte Verbindung zu meiner Brust und meinen Gefühlen. Ich öffnete mich diesem Raum immer mehr. Die Atmosphäre im Primärwald war noch einmal anders, als in dem Gebiet zuvor. Trotz Wildheit war noch etwas anderes, erhabenes anwesend. So kannte ich es von Kirchen auf Kraftplätzen, mit schöner Architektur. Man konnte versuchen, dem Gedanken des Architekten zu folgen und bekam dadurch eine gefühlsmäßige Ahnung der Kräfte, die durch die Bauverhältnisse hingestellt waren. Auch hier tat sich dem Sinn etwas in dieser Richtung kund. Da etwas so neues darin lag, konnte ich es noch nicht genau in Worte fassen. Es mussten sich dafür erst langsam Begriffe in mir bilden. Mein Gefühl war allerdings schon daran.

Diese Hingabe wurde bald beantwortet. Ein Lufthauch mit Wellenschlag drang mir ans Ohr, ganz kurz. Dann wieder einer auf der anderen Seite. Nun drehte ich den Kopf und sah einen grün-blauen Farbenwirbel durch die Luft fahren. Lichtschleier gingen von ihm aus. Und er summte. Das ging zwei Sekunden so, bis meine Augen wieder gegenständlich fokussierten. Dann erkannte ich im vorigen Wirbel einen Kolibri, der summend in der Luft schwebte. Was ich gesehen hatte, war wohl seine Wirkung auf die Umgebung.

Ähnlich wie die Delfine erzeugte dieses Vögelchen in mir dieses erste und alle weiteren Male, ein beglückendes Gefühl, wenn ich es hörte und sah. Für die erste kurze Zeit, bis sich der gegenständliche Blick wieder von selbst eingestellt hatte, konnte ich die Wirkung dieses Vögelchens auf die Umgebung sehen. Der Flügelschlag der Vögel baute wohltuende Formen in die Luft? Der aufbauende Klang ihres Zwitscherns war bereits bekannt und erforscht. Was war mit anderen Tieren? Und den Menschen?

Schicht um Schicht blätterte sich meine Wahrnehmung weiter, in abenteuerliche Bereiche. Und Paulo war wieder mal still und aufmerksam genug, diese Entwicklung nicht zu stören.

Wir gingen weiter. Sein Vorhaben, bis zum Abend die ganze Zone eines Landschaftssegments zwischen Bio-Station und Primärwald zu erkunden, gelang. Müde, zufrieden und voller Eindrücke kehrten wir zurück und schliefen am Abend erschöpft früh ein.

Allein im Wald

Am nächsten Tag ging ich auf eine erste Tour alleine. Paulo hatte mit der Auswertung der Funde vom Vortag zu tun. So wenig Gegenstände wie möglich nahm ich mit. Das Messer hielt an meinem Gürtel und den Kompass band ich mir um den Hals. Das sollte reichen. Nahrung wollte ich instinktiv im Wald finden. Wasser war in Bächen meist reichlich da. So hatte ich die Hände frei und lief unbeschwert los. Ich wählte eine Himmelsrichtung und nahm sie, anstatt eines Weges, denn Wege gab es nicht. Eine lange Zeit ging ich so langsam in den Wald hinein.

Was suchte ich eigentlich? An diesem Tag trug ich schwer daran, kein Zuhause zu haben. In den Zeiten, in denen sich mir die Natur offenbarte, hatte ich es. In einer nahen Menschenbegegnung auch. Doch diese Erlebnisse waren so unbeständig, in vorübergehenden Gefühlen. Ich war diesen Weg gekommen, um ein heiliges Zelt wieder aufzuschlagen, in Vereinigung mit Natur und Menschen, die eine solche Lebensform pflegten. Und war ich nicht fündig geworden? Hatte ich nicht viele Erlebnisse gehabt, wie Schritte auf diesem Weg? Traf ich nicht Menschen, die mich in diese Richtung einluden? Die erfüllten Momente und selbst die kleinen Wunder, die mir ständig passierten, ließen in mir noch nicht die Substanz zurück, aus der sich bleibende Verbundenheit baute. Wie konnte das nur gehen?

Gestern noch hatte ich Fortschritte auf diesem Weg gesehen. Natürlich hatte auch Paulo Anteil daran. Doch auch der Wald hatte so viele Male zu uns gesprochen und etwas offenbart.

Heute sah ich auf den Boden und in den Wald. Nichts wie ein Weg war für mich erkennbar. Ich lief zwar immer weiter. Doch jeder Schritt unter meinen Füßen fügte sich nicht an den vorigen. Ein jeder blieb eine Einzelheit, ohne Geschichte und Zusammenhang, wie ein Startpunkt in einem Niemandsland. Der Boden nahm mich nicht auf. Jeder Schritt wurde mir schwer, wie auf einer Steigung, die in die Lüfte führte. Es kostete mich ungeheure Kräfte weiterzugehen, ohne jeden Fluss in den Bewegungen.

Dazu schaltete sich mein Kopf mit den destruktivsten Kommentaren ein. Er flüsterte mir zu, wie haltlos und unsicher ich meine ganze Situation eingerichtet hatte und wie unsinnig es war, hier ins Nichts zu laufen, während ich in Deutschland gemütlich in den Armen meiner Freundin und meiner Familie sein könnte. Und Ausläufer der Idee der sozialen Marktwirtschaft warfen ihr klebriges Netz nach mir aus, statt eines windigen Abenteuers im fremden Land doch lieber die Sicherheit eines Lebensunterhalts mit 'normaler' Arbeit zu ergreifen. Immer wieder riss ich mich vom giftigen Hauch dieser umher kriechenden Schlangen in meinem Hirn los.

Dann warf ich mich an die Brust meines sehnenden Herzens. Sein warmer Pulsschlag trieb mich mit Sehnsucht schleppenden Schritts weiter. Es rang in mir bis zur Zerrissenheit. Die zwei Regionen, Kopf und Brust, fochten einen wilden Kampf in mir aus. Von den Worten der jeweiligen Seite gingen wuchtige Hiebe ins Feld, wie von schwingenden Schwertern. Und wenn sie aufeinander trafen, klirrte es entsetzlich und ich erschütterte davon. Funken stoben daher. In meiner Not nutzte ich diese Kräfte als Antrieb, um weiterzugehen. Jede Seite rang um die Vormacht, in meiner Lebensführung. Vor den Augen wurde mir fast blind, ob dieser Auseinandersetzung.

Mein zweifelnder Kopf trieb mich zur Umkehr, mein Herz zog voran. Der reißende Widerstreit fand seinen Höhepunkt endlich in einem aufbrechenden Ausgang, in der Mitte zwischen beiden. Ein drückender Kloß steckte mir im Hals. Er wollte hinaus und brach sich Bahn. Alle Gewalten in sich vereinend und verwandelnd, flossen die Kräfte nun in meine Stimme. Es war schmerzhaft wie ein Geburtsakt. Die Tränen rannen mir die Wangen herunter.

Ich breitete die Arme aus, um mich an diesem gesamten Ort festzuhalten und ließ alles los, was sich zum Kampf in mir versammelt hatte. Meine Stimme löste es nun heraus. Ein tönender Schmerzensruf drang hinaus in den Wald. Er formte sich seine Melodie selbst, als ehrlichstes Trauerlied der Seele, dessen ein Mann fähig war. Lange aufgestaut und in immens brandenden Kräften gerüstet, ging sie über meine Stimme zu Boden und hoch zu den Baumkronen, bis der Atem zu Ende war.

Es folgte die Pause, in der mir zu Sinnen kam, was der Wald mir antwortete. Er wurde wacher und so still, als ob er aufhorchte. Und ich fühlte mich sogleich gehört und weniger Belastet. Mit dem nächsten Atemzug fuhr ich fort im Gesang. Wieder schwang in der Pause eine wahrnehmbare Antwort zurück. So entstand ein Duett in Gesang und lautender, mitteilender, Anteil nehmender Stille.

Nach einigen Minuten legte sich eine Schicht sanft umhüllender Aufgehobenheit um mich. Sie gab mir Halt und Frieden. Die Zerstückelung in mir war endlich zu Ende und ging in eine fühlbare Verbindung mit etwas auf das ich nur Seele nennen könnte. Sie war sowohl in mir, als auch in der Umgebung. In diesem Raum zog fließend Wärme hindurch und Klang. Er war in Verbundenheit erwärmt und klang deutlich und klar. Wie von Liebe floss mir etwas aus der Umgebung zu. Mein eigenes Herz brachte das hervor und floss davon über. Diese Ströme verbanden mich wieder mit diesem Ort.

Der Boden hob mich wieder auf, wie im Garten zu Hause. Ich blieb stehen und ließ es durch mich hindurchfließen. Meine Seele nahm hingebend auf und brachte zugleich Leben als Liebe hervor. Meine Beine gingen nun mit aufgespannten Fußgewölben erdverbunden voran. Eine gute Schwere hielt sie jetzt. Darüber wurde mir so bewegt und leicht, dass es in mir und um mich wieder heller wurde.

Meine Auffassung war gereinigt und neu in einem Zusammenschluss von allen Sinnen - dem Zentralsinn - verbunden. Vorhin noch war meine Wahrnehmung noch oberflächlich und sogar neblig ungenau gewesen. Nun war alles wieder in prägnanten Farben und klaren Konturen da. Alles Weitere das mir auf dieser Tagestour begegnete, erlebte ich in großem Zusammenhang, im Geflecht des Lebens, wieder. Und mich mit darin.

Ich war es wohl auch gewesen, der sich heute in trennender Haltung in den Wald aufgemacht hatte. Im Grunde war das immer das Problem, für mich und auch für andere in der Welt. Wer in Unverbundenheit, Lieblosigkeit handelte, zerstörte schon in sich selbst alle gute Haltung. Zur Welt und den eigenen Lebensoffenbarungen konnte so nur Zerstörung und Stumpfsinn in Begegnung eingehen. Wie sollte da die Welt mit Offenbarungen aufwarten?

Für heute war die Seelenlosigkeit überwunden, Verbundenheit wieder da. Was war das nur, in mir, das immer wieder in Trennung ging? Es musste dasselbe Element sein, vermutete ich, das die gesamte zivilisierte Welt von ihren Göttern, von der Natur und von wahren Kulturwerten getrennt haben musste. Auch untereinander hatte man Wände errichtet. Positiv nannte man es persönliche Freiheit und Privatsphäre. Aber meist war das nur eine Rechtfertigung für eine Haltung, die man nicht ändern wollte – die Unverbundenheit. Mochte es der eine als Sicherheitsbedürfnis empfinden, warum er sich nicht offen gebärdete. Mochte der andere für sich die Freizügigkeit fordern, große Aufgaben, die in ihm drängten, zur Verwirklichung zu bringen. Mir wurde an diesem Tag jedenfalls klar, wie dieser gelingende Aufruf an die Natur und ihre erfüllende Antwort, ein Urbild für eine religiöse Handlung abgaben.

Ich war noch mir selbst gegenüber skeptisch. War das ein tatsächlicher Vorgang, oder nur eine Einbildung meines Innenlebens? Wäre Paulo da, hätte er es bestätigen können.

Das Entscheidende fand ich, dass seelische Verbundenheit aufkam. Mit Taten aus dieser Quelle, konnte ich die Welt berühren. Verbundenheitserlebnisse in der Natur hatten mich bis hierher geführt.

Langsam wurde mir klar, dass diese Art von ur-natürlicher und ur-religiöser Handlungsweise dasjenige war, was mir und der Menschheit abhanden gekommen war. Und dass ich mich auf den Weg gemacht hatte, sie wiederzufinden. War sie auch unter den Menschen wieder auffindbar? Ich war hierher gekommen, weil ich in der zivilisierten Welt so viele zerstörende Mechanismen, bis in den Menschenumgang untereinander, sowie mit der Kultur und der Natur erlebt hatte. Bis in manche unserer Seelenzüge waren wir schon tief davon zerfressen.

Wie war es möglich, die hohe Natur und Quelle des Lebens unter den Menschen der zivilisierten Welt wieder sprudeln zu lassen?

Ich fand im Urwald dafür günstige Voraussetzungen. Was aber, wenn die Bedingungen dafür ungünstig waren? Anders geartete Menschen hatten vielleicht noch weitere Fähigkeiten. Sie würden hoffentlich in ihrer Seele auch Türen öffnen.

Was zuerst als einzelpersönliche Not begonnen hatte, schien mir wesentlichstes Bedürfnis der gesamten Menschheit. Alle Übel entsprangen der Unverbundenheit, Lieblosigkeit und Angst. Aus dieser Falle musste jeder bei sich heraus finden. Wie konnte man in irgendeinem Lebenszusammenhang etwas zum Guten wenden? Ohne Quelle, unverbunden, schien es mir nicht möglich. Weil ich das aus irgendeinem Grund in der Kunst verloren hatte, war ich hier gelandet.

Ich kehrte zur Station zurück, mit der Gewissheit, der Wahrheit ein Schrittchen näher gekommen zu sein. Diese Fragen wollte ich noch weiterverfolgen, unter Menschen.

Als wir abends zusammen kamen, fragte Paulo mich nicht, wie es gewesen war. Er schien es selbst zu sehen und sagte: „Ich sehe, Du hattest einen guten Tag. Du scheinst ja wirklich für die Wälder geeignet. Wir werden noch eine schöne Zeit haben, glaube ich. Mal sehen, was Du damit noch erreichen wirst."

Es war mir spätestens jetzt klar, dass er kein gewöhnlicher Mensch war. Er konnte aus so großem Wissen und Wahrnehmungen sprechen. Ich fühlte mich bestätigt und auch beschenkt, dass diese Begegnung auf dem Schiff zustande gekommen war.

Raul und Carlo zeigten Respekt. Sie wären nie freiwillig alleine tiefer in die Wälder gegangen.

Die nächsten Tage begleitete ich Paulo wieder bei seinen Forschungen. Es setzten sich die Erlebnisse fort, wie zuvor. Mit größerer Sicherheit des Eingewöhnten startete ich bald wieder eine Tour alleine. Das Essen war während der Touren kaum ein Problem. Durch meinen geschulten Instinkt war es mir möglich, einige genießbare Früchte, Pilze und Blätter im Wald aufzufinden. Manches davon hatte ich durch Paulo kennen gelernt. Das Meiste war mir aber neu. Ich ging immer in derselben vorsichtigen Weise vor: etwas musste verlockend gut riechen, bevor ich es in den Mund nahm. Dann kaute ich darauf ein Wenig und beobachtete die Wirkung im Mund auf das Genaueste. Jeden stechenden oder reizend bitteren Geschmack nahm ich als Gift und spuckte dann sofort aus. Blieb aber der Geschmack angenehm süßlich frisch und rief weiteres Verlangen hervor, dann begann ich davon zu essen. Mit dieser Methode gelang es mir, ohne jedes Magenleiden zahlreiche Dinge zu essen, wofür es in der Welt wahrscheinlich noch nicht einmal einen Namen gab. Pilze waren in diesem Klima häufig zu finden. Bei tierischer Nahrung hielt ich mich jetzt meist zurück. Ich war nun langsam auf dem Weg Vegetarier zu werden. Außerdem lenkte mein Instinkt darauf fast nie.

Ortsverbunden

Schon öfter hatte ich bemerkt, dass eine bestimmte Kraft sich im Leben einstellte, wenn man längere Zeit an einem Ort verbrachte und sich da nur aus eigenen Kräften fortbewegte. So ging es mir nun auch hier. Keine Maschine störte meine Lebensströme. Und auch die Wahrnehmung der Umgebung vertiefte sich. Sie wurde ein Wenig wie ein weiterer Körperteil von mir. Mein Gefühl streckte sich aus, bis in den Boden, den Wald und den kleinen Himmelsausschnitt, auf der Lichtung, über der Station. Ich merkte, ich war angekommen und mit diesem Ort in Verbindung.

Wenn ich so mit meiner Situation verbunden sein konnte und mich jeden Morgen aufs Neue wundern, was für ein Geschenk jeder neue Tag war, musste ich zugeben, dass ich diesen Zustand gesucht hatte. Doch es war mir klar, dass diese Situation nur vorübergehend war. Dies zur Wandlung und zur beständigen Fähigkeit zu bringen, musste ich lernen. Es musste möglich sein, sie weiter zu tragen.

Im Moment war es ein Geschenk, eine Gnade. Ich sog es wie ein Baby auf. Als beständige Fähigkeit war es noch zu erringen. Es wirkte auf mich wie ein Vorleuchten, ein Vorbild, wie man es einem Kind durch die Erzählung einer Geschichte gab, um es in dieser Richtung zu erziehen. Zum Besuch dieser grünen Schule, mit solchen Lehrgeschichten, war ich gerne bereit.

Es ergab sich bald wieder ein freier Tag, an dem ich alleine losziehen konnte. Sowohl das Neue, als auch das bereits Bekannte konnte ich gleichermaßen begrüßen. Als komplett wild war mir der Wald nie vorgekommen. Auch hier konnte ich die gewebten Fäden irdisch lebendiger Wirklichkeitsgesetze anwesend fühlen. Nur die menschlichen Anteile in kultivierter Form waren fast nicht vorhanden. Auf einigen Saiten des Gewebes wollte ich lernen, die Musik zu spielen.

Diesmal verging die Zeit unterwegs auch wieder im Flug. Stunden der Wanderung ging ich dahin. Die gleichförmige Fortbewegung durch die sanften grünen Schleier ließen die Vegetation an mir vorbei streichen. Je älter der Baumbestand war, desto mächtiger waren die Bäume, desto weniger Licht drang auf den Boden und desto mehr Platz hatte man am Boden zwischen den Bäumen. Richtig eng war es eigentlich nie. Die tägliche grüne Umgebung und meine ständige Aufnahmeaktivität an den Dingen, erzeugte einen bleibenden Ton in mir. Er bestand zugleich aus Farb- und Lichteindrücken, die sich bald im mir beseelten und zu einem hörbaren Ton verdichteten. Ein sanftes Summen entstand als Grundschwingung und manchmal legte sich darüber ein glockenheller hoher Ton, einige Oktaven darüber. Er wurde mir zum ständigen Begleiter und wuchs langsam aber stetig an. Und alles was ich erlebte, bildete mit ihm ein Intervall. Er veränderte sich mit jedem Eindruck, den ich von außen aufnahm. Es wurde ein Zusammenspiel. Mit jeder Regung, die ich innerlich ausübte, trug ich ebenfalls bei.

Dieses Erleben, in Verbindung mit den Bewegungen, erzeugte eine Art nicht ganz wachen Schwebezustandes. Es war ein aktives Gleichgewicht von Tätigkeit und entspannter Offenheit, das seine Mitte fand auf dieser grünen Waldbühne.

So bewegte ich mich geraume Zeit vorwärts, ohne jegliches Gefühl für die Zeit, bis das Tonerlebnis plötzlich kurz schrill wurde und verstummte. Zugleich flog mich ein Gefühl von außen auf meiner Haut stark an. Es versetzte mich sofort in Alarmzustand. Es war die Angst!

Ich nahm noch gar keinen Anlass wahr. Doch die Angst war so substanziell, als wäre ich auf sie gestoßen, wie auf einen Baumstamm. Hellwach verfolgte ich den Strang der Angst, wie an einem Seil entlang. Ich schaute mich auch nach allen Seiten um. Zunächst fand ich nichts, außer der Gewissheit, in Gefahr zu sein. Und als ob ich einmal selbst ein wildes Tier gewesen wäre, erinnerte mich das scharf einschneidende Gefühl auf meiner Haut an den Zustand, den das Opfer unter dem Beuteblick eines Raubtieres empfand.

Beim Löwen war es vor allem sein Gebrüll, das das bewirkte. Bei der Schlange waren es bestimmte Bewegungen. Ich fühlte mich in der Haut des Opfers und spürte die Panik in mir hochsteigen. Doch wohin ich auch blickte, ich konnte nichts erkennen, von dem diese Wirkung ausging. Nach allem was ich bislang über diesen Lebensraum gelernt hatte, konnte eine solche Reaktion von einer Begegnung mit einem Jaguar aufgehen. Doch ich sah ihn nicht.

Trotzdem folgte ich der Wahrnehmung umgehend, setzte mich schnell in Bewegung, einen Schutz zu finden. Ich rannte den pfadlosen Waldboden entlang und bemühte mich, dabei so wenig Geräusch wie möglich zu verursachen. Gleichzeitig versuchte ich, die Himmelsrichtung vom Kompass abzulesen, um mich nicht zu verirren. Wie immer in Alarmsituationen, konnte ich in Blitzesschnelle mehrere Dinge zugleich bewusst bedenken. Ich lief im Zickzack, wie ein Hase, der dem pfeilgerade schnellenden Jäger entkommen will. Immer noch sah ich nichts.

Endlich fand ich einen Baum, der schräg an einem anderen lehnte und lief ihn auf allen Vieren hinauf. Mit meinen Sandalen glitt ich auf dem feuchten Stamm mehrfach aus. Doch setzte ich die Füße immer weiter nach in die Aufwärtsbewegung, ohne nachzulassen. So konnte ich bis zu der Stelle stolpern, wo der schräg liegende Stamm über einen starken Ast eines aufrechten Baumes kreuzte.

Dort gelang es mir, in einer großen Astgabel des geraden Baumes in eine Mulde zu sitzen. Das stechende Gefühl auf der Haut ließ hier etwas nach. Mein Atem beruhigte sich noch nicht völlig. So wie ich mich in die Mulde des Baumes versenkte, versuchte ich mein Gemüt ebenso in Stille zu tauchen, so gut es ging.

Ich erinnerte mich an ein Kinderspiel, vor langer Zeit. Wenn wir Verstecken spielten und ich kein allzu gutes Versteck finden konnte, versuchte ich mir eine Tarnkappe aufzusetzen und mit den Gegenständen des Platzes in Gleichschwingung zu kommen. Ich fühlte mich in die Umgebung ein und das ließ mich tatsächlich manchmal unentdeckt.

Das versuchte ich nun wieder. Ich schmiegte mich so eng wie möglich an den Baum und stimmte mich auf ihn ein. Mein Inneres bekam eine Ahnung vom viel höheren Alter und dem Aufsteigen der Säfte, um sich von der Sonne berühren zu lassen. Auch die Erdung durch Wurzeln wurde spürbar. Völlig neu war mir die Auffassung vom wimmelnden Leben der vielen Lebewesen, die auf diesem Baum ihren Lebensort hatten: Ameisen, Vögel, Luftwurzler, Lianen, aber vor allem das grüne Blätterwerk weit oben in der Krone des Baumes.

Die Angst wurde weniger, mit dem Gefühl, so vom Leben umfangen zu sein. Doch sie blieb wie ein aufgerichtetes Warnschild weiter stehen. So barg ich mich längere Zeit weiter in Stille, bis ich minimale Geräusche am Boden vernahm. Ein Jaguar könnte mir ohne Schwierigkeit auf den Baum folgen, wenn er mich wahrnahm.

Langsam zog es vorbei. Auf der Rückseite des Baumes konnte ich von meinem Blickwinkel aus tatsächlich einen Jaguar erkennen. Still verharrte ich lange Zeit dort oben und rätselte, wie ich sicher wieder hier weg käme.

Aber wer hatte mich denn so sorgsam und zuverlässig gewarnt? Dieses Gefühl hatte mich gerettet; diese Angst, die wie von außen gekommen war. Je länger ich dort saß, desto sicherer wurde ich, dass ich eine gute Führung besaß, woher auch immer.

Als ich viel später vom Baum herabstieg, und still am Fuß des Baumes aufrecht stand, versuchte ich, mit dieser Führung in Kontakt zu treten. Ich versuchte meine Aufmerksamkeit bis zu ihr zu weiten und zu widmen. Mein Blick war waagerecht in die Baumstämme gerichtet. Das Fokussieren der Augen gab ich auf und öffnete den Blick, bis sich von selbst ein Anblick einstellte. Wie eine zweite Schicht des Sehens legte es sich über den vorigen Hintergrund. Es war erkennbar, dass es kein Wesen des Waldes dort draußen war, sondern eine Bewusstseinsform, die sich wegen der Kontaktaufnahme dort sichtbar machte. Ich bemerkte meine Anstrengung darin mitwirken. Ein Augenpaar sah mich an. Diese Augen waren wach, ernst und gütig zugleich. Das war nicht beängstigend, sondern vertraut und berührend, nur ungewohnt aufmerksam, an diesem Ort.

Im Stillen stellte ich die Frage: „Wer ist das? Wer bist Du?" Dann veränderte sich der Ausdruck etwas. Und nach einer Weile kam die Antwort: „Das bin ich selbst."

Nun, so ungewöhnlich diese Begegnung war, so eigenartig vertraut wirkte sie trotzdem. Ich bedankte mich für die Rettung vor der Gefahr. Als Antwort konnte ich nichts hören, doch aus diesen Augen las ich die Erwartung, zu leben und etwas bestimmtes daraus zu machen. Es blieb mir noch verschlossen, was das genau sein sollte. Doch das Gefühl, beschützt und gesehen zu sein, nahm ich von dort mit.

Langsam machte ich mich auf den Weg zurück zur Station. Nach längerer Zeit kam der Ton wieder. Und bald darauf kam auch die Station wieder in Sicht. Alles war gut.

Von diesen Erlebnissen wollte ich lieber nichts erzählen. Ich fürchtete, Paulo würde mich aus Vorsicht nicht mehr fort lassen.

Bei meinem nächsten Soloausflug gelang es mir, die bisher gemachten Erfahrungen so zu verarbeiten, dass mir eine Methode zur inneren Verbundenheit möglich wurde. Ich konnte sie mir Vorsatz und Gesinnung erreichen und musste mich nicht erst eine lange Zeit und mit Zufall darauf hinbewegen. So konnte sich mein Sehen wieder unfokussiert auf das Wesentliche richten, ohne ständig Gegenstände zu fixieren. Da ich in der letzten Zeit an Sicherheit in dieser Biosphäre gewonnen hatte, konnte ich angstfrei den Blick öffnen und überließ meiner Führung und meinem Weg hier jegliche Sorge.

Dem geöffneten Blick teilte sich mir vieles mit, das mir sonst entgangen wäre. Dazu gehörte ein stärkeres Farberlebnis. Es teilte mir seelisch einiges mit, das man sonst innere Qualitäten nannte. Ob es einem Baum gut ging, oder schlecht, zum Beispiel.

Ich bemerkte, dass es auch damit zu tun hatte, ob mein Schauen sich auf schwarz erscheinende Stellen fixierte. Im Übergang zum veränderten Sehen erkannte ich an jedem Gegenstand ein dreifaches Erscheinen. Es waren schwarze, weiße und farbige Anteile sichtbar. Sobald ich diese Unterscheidung treffen konnte, war es mir auch möglich, die Betonung unter ihnen zu ändern. Ich konnte das Sehen auf eines der drei vertiefen.

So tauchte ich erst etwas aus dem Schwarz heraus, das meine Sehen in der Vergangenheit am stärksten gebunden hatte. Mein bisheriges Bild der Welt war vor allem eher nur eine kolorierte Zeichnung gewesen, bemerkte ich. Nun konnte sich das ändern. Die Farben luden mich ein, tiefer einzutauchen als bisher. Farbige Blüten, die feucht-grünen Blätter und signalbunte Tierzeichnungen wurden zu einem Erlebnis mit zusätzlichen Mitteilungen aus den jeweiligen Farb- und Formqualitäten.

Die Brauns der Blätter auf dem Boden teilten mir ihren vergehenden Daseinszustand mit. Die grünen Blätter lagen in einem atmenden Zustand, zwischen Himmel und Erde, mit Licht-hereinholenden Bewegungen zu beiden Richtungen. Der Regen gab allem eine silberne Färbung hinzu, die wie eine musikalisierende Strömung nach Innen aussah.

Das war eine völlig neue Entdeckung der Welt und ein Durchbruch durch die Oberfläche der Dinge. Das Sehen konnte tiefer dringen. So langsam umherzuschweifen war sehr interessant. Vor allem wirkte was ich sah nicht mehr wie ein Foto, auf dem die Dinge fest und unbeweglich lagen, sondern es war ständig in leichter Veränderung - strömend und entwickelnd.

Das Lebendige wurde allmählich für mich sichtbar. Die Dinge wirkten nun mehr wie ein momentan aufgefasstes unendlich langsames Fließen und Bewegen zum Gegenständlichen hin. Anderes floss auch davon weg, zum Entwerden hin. Das Sterben war darin genauso sichtbar, wie das Auflebende und Sprießende.

Die Farbe wurde zur Signatur eines Entfaltungsstadiums im Sein. Am ehesten kannte ich das von den Farben und Öffnungsgraden der Blumenblüten.

Diese Farbenreise nahm mich lange erfüllend mit, bis ein Baum, den ich betrachtete, zwei verschiedene Erscheinungen des Lichts auf meine Augen warf. Ein Lichteindruck kam durch einen hellen Sonnenstrahl, der durch die Blätter hindurch drang. Er brachte ein sehr helles Grün zu meinem Auge. Der andere Teil des Strahles reflektierte aber an den Blatträndern und sandte mir weißes Licht zu. Diese zwei Erscheinungsarten desselben Lichtstrahls erzeugte in mir ein angeregtes Erlebnis vom Intervall, der zwischen ihnen lag.

Als Drittes stellte sich ein Gedanke dazu. In diesen beiden Erscheinungen konnte ich zugleich auffassen, was an ihnen gleich war. Sie waren Licht vom selben Strahl. Zugleich war ihre Verschiedenheit aufgrund unterschiedlicher Wege an der Farbe augenscheinlich. Der Gedanke brachte mich selbst noch mit herein in den Prozess. Auch ich hatte eine Verwandtschaft mit dem Licht, mit einem Teil der rein blieb und einem Teil der sich durch Materialisierung verfärbte. Und das wahrnehmende Stehen in diesem Gedanken schuf einen Bezug vom Inneren des Lichtes her, der nun sogar sofort sichtbar wurde.

Es war als ob das Licht auf diesen Gedanken hin die Pforten öffnete und sich in seiner zusammenhängenden Ganzheit offenbarte. Ein alles durchwebendes Lichtnetz wurde mir sichtbar. Die ganze Welt war von Licht durchzogen, inklusive meines Körpers und meiner Augen. Und mit meiner Intention konnte meine Seele die Augen, wie Werkzeuge, auf diese Sehensart einstellen, in der die lichte Seite des Lebens begehbar wurde.

Jeder einzelne Lichtstrahl war verfolgbar. An der inneren Seite des Lichtes wurde die lebendige Geschichte des lichttragenden Gegenstandes ablesbar. Es leuchtete mir hier ein wenig das Individuelle der Dinge mit ein. Die relative Getrenntheit machte Unterscheidung von Formen und Wesen möglich. Die eigenartige Färbung machte eine bestimmte Lösung aus dem Licht als Weg deutlich und das all-verbindende des ungetrübten Lichtes gab Leben und Zusammenhang mit allem.

Während sich mir diese Erlebnisse auftaten, durchzog mich ein noch stärkeres Liebesgefühl als bisher. Das Licht erschien wie die Liebe selbst, in diesem Moment, warm und alles durchwirkend. Ich stand für einige Zeit ganz im Licht und war davon durchflutet. Das fand seine Grenze nur in meinem beschränkten Vermögen, das auszuhalten.

So schön es war, so unerträglich war es doch auf Dauer. Ich zog mich davon wieder heraus und in eine Verdunklung. Eine winzige Haltungsänderung im Inneren genügte. Mein

Sehen fixierte wieder dunkle Umrisse und mein Kopf schaltete sich sofort ein, mit der Registrierung von Hunger.

Sonderbarerweise bemerkte ich erst jetzt, dass es schon dämmerte. Bis jetzt war alles so hell erschienen. Ich musste mich also schnell auf den Rückweg machen, denn in wenigen Minuten würde es völlig dunkel sein.

So schnell ich konnte, rannte ich in Richtung der Station und bemühte mich zugleich, das Innenlicht von zuvor wieder anzuregen. Konturen der Dinge im Dämmer reichten aus, um den Weg zu finden. Bald lief ich auf die Station zu, wo Lampen eingeschaltet waren.

Noch im vollen Lauf stürmte ich die letzten Waldmeter darauf zu. Davor sah ich Carlo stehen, mit verzerrtem Blick direkt zu mir gewandt. Plötzlich riss er seinen Revolver aus dem Halfter und zielte in meine Richtung. Im nächsten Moment sprengte mir der jähe Knall es Schusses alle feinen Sinne weg. Erschrocken rollte ich mich am Boden zur Seite.

„Kampfsport war doch nicht ganz umsonst" , dachte ich. Dann schrie ich herüber: „Carlo, nicht schießen, ich bin es, Sascha!"

Er war entsetzt: „Mein Gott, Sascha! Ich war von den Lampen geblendet und konnte nichts sehen. Ich hörte nur etwas Großes aus dem Wald brechen. Entschuldige bitte." Er half mir auf.

Ich fragte ihn: „Was sollte wohl so gefährliches nachts gewaltsam aus dem Wald brechen, ein Tapir?"

Sofort hatte er wieder Angst in den Augen und sagte: „Der Wald ist voller Gefahren!"

Leicht sauer betonte ich: „Der Wald ist unser Freund, Carlo! Nur dein Kopf ist voller Gefahren. Bist du überhaupt einmal mit Paulo zusammen dort mitgegangen und hast ihn wirklich erlebt?"

Er nickte heftig: „Natürlich schon oft."

„Und", sagte ich, „wie viele Gefahren hast du da gesehen?"

Er riss die Augen auf: „Unzählige Bestien, überall. Und wenn du einen Indio siehst, ist es zu spät. Dann hast du schon einen Pfeil in der Brust!"

Nun trat Paulo, ernst hinzu und schlug mir den Staub von der Kleidung ab. Er ermahnte Carlo streng, vorsichtiger zu sein. Dann sagte er zu mir: „Wie Du siehst, hat Carlo viel Phantasie. Nimm es ihm nicht übel. Er schaut einfach ständig diese Telenovelas im Fernsehen an. Doch vor allem bin ich froh, dass du wohlbehalten wieder da bist. Ich hatte mich schon etwas gesorgt. Und ich hätte Carlo mitteilen sollen, dass du noch draußen bist. Entschuldige bitte. Komm und erzähl uns was von deinem Tag."

Er beruhigte auch Carlo etwas. Und als wir bei den weiteren Erzählungen zusammen saßen, kamen wir wieder ganz zur Ruhe. Erst als Paulo und ich wieder alleine waren, erzählte ich auch etwas von den Farben und dem Licht.

Nach dem Abendessen, lagen wir auf der Veranda in Hängematten und lauschten dem grellen Zirpen der Zikaden. Der Boden war noch feucht vom letzten Regen, und dampfte warm herauf. Nach einer Weile Schweigen sagte Paulo: „Als ich so alt war wie Du, lernte ich in Afrika einen jungen Mann kennen. Du erinnerst mich an ihn. Ich will Dir von ihm erzählen. Für meine Doktorarbeit bekam ich ein Projekt in Zentralafrika angeboten. Es ging um Epiphyten, Pflanzen die nicht in der Erde sondern auf Trägern leben. Meine Untersuchungen galten luftwurzelnden Pflanzen, die dort vor allem auf Bäumen wuchsen. Luftwurzler sind erstaunliche Lebewesen. Sie haben die Erdgebundenheit überwunden, die Pflanzen sonst haben. Denn ihre Wurzeln müssen nicht im Erdreich stecken. Dafür gehen sie eine andere Abhängigkeit ein, mit ihren Trägerorganismen. Dadurch stehen ihnen neue Lebensräume zur Verfügung. In den Urwäldern zum Beispiel die Höhe in den Bäumen. Sie sind in der Lage, sich Nährstoffe aus anderen Elementen zu beziehen, aus dem Wasser, oder der Luft. Sie entwickeln schwammartige Zellschichten, um in kurzer Zeit viel Wasser aufnehmen zu können. Einige Blumenarten haben auch kelchförmige Blüten entwickelt, in denen viel Regenwasser stehen bleibt. Das Wasser nährt sie und zieht zudem noch Tiere und Insekten an, von denen sich die Pflanze ebenfalls ernähren kann. Diese Pflanzenarten wäre heute gut geeignet, um Städte grüner zu gestalten, in denen es viel regnet, oder wo Menschen bereit sind, sie zu wässern. Man müsste dafür nicht einmal Erde auf die Dächer und Balkone schaffen.

Meist sind wir verhaftet, mit unseren Vorstellungen und Dingen. Doch es gibt auch Menschen mit Luftwurzler-Qualitäten, die ihre feste Verwurzelung lockern, oder sogar herausreißen. Solche Menschen haben mehr Möglichkeiten da sie sehr flexibel sind. Sie sind weniger mit ihrem Besitz verhaftet. Selbst ihr Körper ist ihnen über ihre Stofflichkeit hinaus vertraut. Viele Menschen wollen ihren Körper möglichst werterhaltend und jung konservieren. Gelöste Menschen pflegen ihn als momentanen Aufenthaltsort ihres Geistes und der Seele und als Werkzeug des Lebens, um noch Besseres zu erreichen. Luftwurzler können das Wesentliche, nämlich das Lebendige des Lebens an jedem Ort erkennen und ihre Bedürfnisse gut befriedigen.

Aus diesem Grund kann für einen Menschen eine Wanderschaft und Heimatlosigkeit, wie deine, etwas sehr gutes sein. Man löst sich von falschen Formen, verbindet sich enger mit dem Sein, als mit dem Haben und konzentriert sich auf bleibende Werte des Lebens, vielleicht sogar ewige Werte. Du kommst mir auch vor, wie einer, der seine Wurzeln ein Stück weit herausgerissen hat, um an die wesentliche Quelle seines Lebens zu kommen.

Nun will ich dir erzählen, wie die Geschichte weiter ging:

Koa der Maskenträger

Für meine Forschungen musste ich längere Zeit nach Afrika, in ein Waldgebiet des Kalau-Volkes. Diese Menschen waren erst ganz schön misstrauisch, hatten Angst. Ich hatte keine Ahnung, was sie von uns Zivilisierten vorher erlebt hatten. Also ließ ich sie in Ruhe und hoffte, das würden sie bei mir auch tun. Einige der jungen Jäger beobachteten mich sehr genau, wie ich arbeitete. Das anfängliche Misstrauen schlug bald um. Nachdem sie mich oft im Wald getroffen hatten, luden sie mich zum Baumherz-Essen ein. Das weiche Mark eines jungen Baumes wurde aufgeschlagen und gegessen. Es schmeckte wie ein herzhaftes Gemüse.

Sie sagten mir, ich spräche mit den Waldgeistern, ebenso wie sie. Deshalb dürfte ich sie besuchen kommen. Immer öfter luden sie mich ein. Bald durfte ich sogar bei Tänzen und anderen Riten zusehen. Und ich schloss mit einigen Freundschaft. Koa war einer von ihnen. Er gehörte nur kurze Zeit zu den Jägern, denn er war ausgewählt als Maskenträger des Dorfes, als Diener der Eingeweihten ihres Volkes. Manchmal waren sie aber auch selber Eingeweihte. Zu den rituellen Festen, zu festen Zeiten im Jahreslauf hatten sie die Masken zu tragen.

Der Ablauf der Ausgedehnte Zeremonien war traditionell festgelegt. Ein mehrtägiges Fest umrahmte ein solches Ereignis. Dann kamen Freunde und fernere Familienmitglie-

der zu Besuch.

*Es wurden Beziehungen gepflegt, und beiderseits Geschen-
ke gemacht. Musik wurde fast ständig gespielt und endete
tagelang nicht mehr. Geschichten, die in den Städten und
Dörfern der Beteiligten passiert waren, wurden in gesunge-
nen Texten vorgetragen. So entstand ein Bilderbuch von
Liedern, die man erzählt bekam. Selbst dann, wenn man
sich schlafen legte, drangen die Klänge der Instrumente
und Stimmen ans Ohr und wiegten einen hinüber in den
Schlaf und wieder herüber zum Aufwachen. Mit der Zeit
waren alle Beteiligten in einem veränderten Bewusstseins-
zustand.*

*Alles lief in lebendiger und ausgelassener Stimmung ab.
Der Ablauf der traditionellen Riten war strickt vorgegeben,
und Ernst dominierte nur die wenigen Momente, in denen
die Toten ins Leben eingreifen sollten. Ebenfalls eingelade-
ne Gäste waren ja die Geister der Ahnen. Diese hatten auf
der Erde ihre Maskenträger als Diener und erschienen im
Festablauf zu vorgesehenem Zeitpunkt.*

*Jeder Maskengeist brachte eine andere Seelenregung in die
Gemeinschaft ein. Sie gaben ihnen Sicherheit und Ordnung, beflügelten und inspirierten.*

*Für einen Teil der Maskenzeremonien konnte man Fragen
mitbringen, die der Geist im Verlauf beantwortete. Was allerdings manchmal für Überraschungen sorgte.*

*Am Ende des Festes wurde einem eventuellen Nachfolger
vom vorigen Maskenträger im Kreis des Dorfplatzes die
Maske aufgesetzt.*

*Ein Anwärter für die Rolle des Maskenträgers, musste sich
lange vorbereiten und die Maske hüten helfen, bis der Moment der Übergabe kommen konnte. Besonders heikel war
dabei der Moment des Aufsetzens, in dem der Geist der in*

der Maske wohnte, ein Erdenkörper verliehen werden sollte. Sein ganzer Körper und Geist sollte zum Träger dieses Geistes werden und in seinem Namen Handlungen ausführen. Deshalb wurde der Maskenträger auch für nichts, was er in solchen Riten ausführte, verantwortlich gemacht. Es war der Wille der Geister, sagte man.

Dann musste sich zeigen, ob der Geist der Maske den neuen Träger annahm, indem er auf ihn überging. Jede erste Äußerung wurde als Omen genommen, ob der Geist zufrieden war.

Als Koa zum ersten Mal die Maske trug, ging er zu einer der jungen Frauen, die im Kreis stand und sprach zu ihr eine Nachricht von ihrer kürzlich verstorbenen Schwester: „Geh, und hol Dir das Glück mit meinem Mann zu Dir! Ihr seid in Liebe verbunden, das weiß ich. Es wird euch gut gehen."

Der lebenden Schwester war ein Stein vom Herzen gefallen. Bis dahin hatte sie sich schuldig gefühlt, für den Tod ihrer Schwester. Jeder konnte sehen, wie diese Botschaft die Lebende neu befreite und wie sie danach frisch ins Leben treten konnte. Bis zum Ende der damaligen Feier strahlte sie wieder. Und damit war Koa als Maskenträger angenommen und eingesetzt.

Er hatte auf dem Fest, an dem ich teilnehmen durfte, 12 Jahre lang diese Tradition ausgeübt und viele Mitteilungen aus der Ahnenwelt gemacht.

Eine Menge Leben musst Du Dir vorstellen, ein buntes Treiben. Und die Stimmung hatte sich nach dem ersten Tag schon gehoben und verdichtet. Es war langsam freudige Spannung in der Luft. Die ganze Nacht und den folgenden Tag über war die Musik nicht mehr verstummt. Musiker und Tänzer hatten sich immerfort angeregt. Kurz vor Mittag kam Koa mit aufgesetzter Maske aus der Hütte gefahren und bewegte sich auf die Mitte des Platzes zu. Musik, Gesang und Tanz brandeten auf.

Dann geschah etwas, das alle völlig schockierte, wie aus einem Traum riss. Koa setzte seine Maske ab, an einer unmöglichen Stelle der Zeremonie, zwischen zwei Tänzen. Noch während er den Kopfputz hob, verstummten alle. Es legte sich jäher Ernst auf den Platz. Der Träger durfte niemals sein Gesicht mitten im Ablauf zeigen. Das war Tabu.

Koa stand aufrecht, legte Putz und Maske in den Staub. Er wischte sich am Gesicht herab, während die Stille wuchs und große Augen auf ihn gerichtet waren.

Er sprach: „Ich kann euer Maskenträger nicht mehr sein! Seit langer Zeit nun wohnen in mir zwei. Der eine der Maske und der eine der eines Nachts aus dem Licht kam und das Sprechen mit mir anfing. Weil ich ihn gerufen hatte. Nachdem ich zum ersten Mal das Licht ganz klein in der Dunkelheit im Wald erspäht hatte, wollte ich darauf zugehen. Ich ging lange und immer wieder des Nachts bis ich merkte, dass das Licht nicht draußen war. Ich bat es größer zu werden und mit mir zu sprechen. Und so passierte es. Dann begann es auch am Tag zu leuchten und zu sprechen. Wir wurden Brüder. Ich ging ins Licht. Er ging immer öfter in mir durchs Leben.

Doch jedes Mal wenn ich die Maske trug, begann ein Kampf. Der Maskengeist wollte mehr Macht über mich zurück und wurde zornig. Er begann Dinge einzuflüstern die böse waren. Ich wollte es nicht tun, ihr hätte es auch nicht gewollt. So habe ich mich seit drei Jahren entschieden meinen Lichtbruder zu hören, wenn ich für euch die Maske trug.

Er sagte mir, dass dieses Licht nicht nur für Maskenträger

ist, sondern für jeden von euch. Ihr sollt die Fragen euren Herzen stellen, von dort die Antwort hören, oder mich ohne Maske annehmen."

Die Menge war entsetzt. Manche schockiert, wütend! Und nur einigen mutigen war es zu verdanken, dass Koa nicht sofort von einem der Jungen mit der Machete erschlagen wurde. Das Fest erfuhr einen jähen Bruch und der Rat wurde einberufen. Sollte schnell ein neuer Maskenträger ernannt werden? Und was sollte mit Koa geschehen?

Am dritten Tage sprach der Maskenschnitzer im Rat vor: „Ihr könnt nicht recht entscheiden, wenn ihr nicht wisst, was im Geisterlande vor sich gegangen ist. Es gibt nun zwei Wege, die man im Geisterlande gehen kann. Entweder macht man einem Geist Platz, lässt ihn alles innen einnehmen, oder vereint sich mit diesem neu gekommenen höchsten Menschengeist, bleibst dabei in seiner Selbstheit-Macht, obwohl die Geistesgrenze überschritten ist.

Ihr müsst wissen: Menschen und auch Geister bleiben nicht ewig gleich. Einer ist durchs Geisterland gekommen, danach durch die ganze Erdentiefe getaucht um überall dort und auch in den Menschen zu wohnen und von dort, wie die Sonne am Himmel aufzugehen, wenn er gerufen wird.

Wir können den Ritus neu machen. Nicht mehr Masken sollten unsere Seele abbilden. Koa hat im Licht die große Seele bezogen, sie schickt den Bruder der nach Himmel und Erde auch uns durchzogen hat, und dort auf uns wartet. Koa hat gezeigt, dass wir alle Maskenträger und Maskengeist selbst sein können. Er folgte dem Herz-Licht in der Nacht und traf es selbst, allein. Danken wir Koa für seinen Mut und dass er unsere Gemeinschaft nun einen Schritt weiter bringen will.

Ihr solltet ihn ehren, nicht bestrafen. Und wir sollten ihn annehmen. *Auch ich könnte böse auf ihn sein, dass ich keine Masken mehr schnitzen kann. Aber ich will lernen was er getan hat. Während ich all die Masken in meinem Leben schnitzte, versuchte ich immer dem Geist, der darin wohnte, zu dienen. Auch jetzt spüre ich den größten Geist, der je unter uns gewohnt hat, auf dem Platz. Geben wir ihm Wohnung bei uns, machen ihm ein Willkommensgeschenk.*

Für eine Zeit des Übergangs könnten wir, wenn das gelingen soll, die alten Masken verbrennen, die alten Geister heraustreiben. Und ich könnte zusammen mit Koa für den neuen Geist eine neue Maske machen. Damit wäre der Schrecken für unsere Volkskinder nicht allzu groß und sie könnten sich an das Neue gewöhnen. Wenn Koa diese Maske trüge, wäre es richtig.

Ich sehe Koa mit Vertrauen an. Wie gut hat er schon diese drei Jahre uns gedient. Noch nie ging es uns so gut wie in diesen Jahren. Er folgte diesem neuen Geist. Folgen wir ihm auch!"

Die Alten berieten lange, nachdem sie den Maskenbildner erstaunt angehört hatten. Tatsächlich waren sie zum Nachdenken gekommen. Kein Zorn mehr. Sie erwogen wirklich die Folgen eines veränderten Kultus, nach Koas Vorgaben. Was würde es der Gemeinschaft bringen?

Nach langer Sitzung im Kreise der Alten beschlossen sie ihn am Leben zu lassen. Aber er musste fortgehen. Sie wollten in alter Manier weiterfahren und beriefen einen neuen Maskenträger – selbst, nicht durch Koa.

Koa nahm es erst sehr schwer. Dann ging er fort. Er gründete ein neues Dorf mit einem einzigen Schüler, der viel älter war als er selbst. Das Dorf lebte weiter wie zuvor, bis ans Ende der Masken. Das kam bald, mit den Ölsuchern."

Staunend räkelte ich mich und sagte: „Mein Gott, das ist ja eine Geschichte wie bei den Urchristen. Davon sollten sich unsere Kirchenleute mal anregen lassen. Und das mitten in Afrika. Wahnsinn! Ach ja, und wer war der Schüler, mit dem Koa ein neues Leben aufgebaut hat?"
Paulo antwortete langsam: „Das war der Maskenschnitzer."
Er schaute mich vielsagend an und lächelte.
Jetzt erst fiel mir auf, dass mir noch nicht aufgegangen war, warum er mir diese Geschichte erzählt hatte, außer, dass das Licht auch darin eine Rolle gespielt hatte. Als ich ihn danach fragte, antwortete er: „Wir werden nicht nur einmal im Leben geboren. Manche schon, aber die, die im Leben wirklich weitergehen, erleben viele Veränderungen, werden ihren Eltern fremd. Und dann, später, werden sie noch mindestens einmal wiedergeboren, kommen völlig verändert aus einem massiven Erlebnis heraus."
Meine Stirn lag in Falten. Ich fragte: „Aber, was hat das mit mir zu tun?"
Paulo drehte einmal mit dem Kopf, dann holte er weiter aus: „Weißt du, ich glaube die Reihenfolge der Schritte, die man im Leben weiterkommt, liegt nicht so ganz fest. Je nachdem was für ein Weg ein Mensch geht. Du bist hierher bis ans Ende deiner Welt gereist und tust Dinge, die nur wenige im Leben sich je trauen würden. Ich glaube du bist hierher gekommen, um die Maske abzusetzen."

Paulo kam mir als Mensch immer einzigartiger vor. Wie er sich mir gegenüber zeigte, hatte immer weniger mit einem Biologen zu tun. Er schien sich in komplizierten inneren Prozessen und in allem was ich erlebte bestens auszukennen. Und was er daraufhin sprach, zeugte von bestem Feingespür. Ich hatte Vertrauen zu ihm gewonnen und war jetzt überzeugt, dass er hier nicht nur seine Arbeitsfunktionen wahrnahm, sondern aus weiteren Hinblicken handelte.

Ich sagte: „Wenn du wirklich verstehst, was bei mir vorgeht, dann bitte erkläre es mir."

Er holte tief Luft und schloss die Augen. Dann hatte er wohl die Formulierung gefunden: „Wenn ein Mensch erwachsen wird und beginnen kann, sein Leben zu gestalten, rührt er an dem Kräftezusammenhang seines Lebens, wie er bis dahin war. Und der ist nur scheinbar unveränderlich. Rührt er daran nicht, läuft er sein Leben wie in einem Hamsterrad ab, alles bleibt beim alten, seine Vorurteile finden Bestätigung und er stirbt irgendwann, ohne etwas Neues verwirklicht zu haben. Begibt er sich aber in diese Zusammenhänge, so wie du jetzt anfänglich, dann begegnet ihm eine Spur von Neuem in den alten Zusammenhängen. Zugleich drängt sich einiges, das früher unbewältigt war, auf. Man könnte sagen, Probleme wollen zur Lösung ins Bewusstsein. Man kann sich also innerlich, gedanklich zu neuen Lösungen bringen, oder man gerät in altbekannte Situationen wieder, wo man die Probleme einmal hinterlassen hat. Wie ein Schatten, den man nie los wird, verstehst du?"

An so einen Zusammenhang von gegenwärtigen Situationen mit vergangenen, konnte ich mich erinnern. Es wirkte wie eine Wiederholung von früheren Situationen. Für mich war nachvollziehbar, dass sie musterhaft wirkten, wie eine Schablone, die sich auf ähnliche Zusammenhänge legte.

Es konnte sein, dass ungelöste Situationen an mir hingen, wie ein alter Sack, eine unerfüllte Hülle des Lebens. Ich konnte mir vorstellen, wie sich viele solcher Situationen zu einer fest verbackenen Hülle zusammenfügten, die einen Menschen schließlich fest umgab. Bilder von Mumienwickeln verbanden sich mit dieser Vorstellung. Unbeweglichkeit war ein neutrales Wort für vieles, was im Leben nicht gelang. Wenn viele solche Schichten einen umgaben, konnte es sein, dass die ganze Welt, die man wahrnahm, erst nur Ansichten auf diese Wicklungen und Verwicklungen waren? Ich konnte mir vorstellen, dass Massen solcher Fetzen um einen herumhingen und das eigentliche Leben unerkennbar blieb.

Dem gegenüber stand deutlich die Entschlusskraft, mein Leben erneuern zu wollen und mich herauszulösen, aus so vielen alten Zwängen. Ahnungsweise kündigte sich mir an, was für ein gigantischer Berg von unerhellten Lebenssituationen noch auf Wandlung warteten. Gerade die Berührung mit dem Licht machte den Kontrast besonders scharf. Und ein gewisses Bangen ging damit einher.

Ich fühlte deutlich, dass was Paulo sagte stimmte und rätselte wiederum, was für ein besonderer Mensch er war.

So beschloss ich, ihn einfach danach zu fragen: „Woher weißt du all diese Dinge, von denen ich nur ahnen kann, dass sie stimmen? Du hast Dich vorgestellt als Biologe. Aber so vieles was du sprichst und ausführst, weist darauf hin, dass du eigentlich ein Lehrer bist, in Themen, die viele Menschen lernen wollten, aber einen solchen Lehrer niemals irgendwo finden. Hattest auch du jemanden der dich so lehrte wie du mich?"

Paulo bekam einen ernsten Gesichtsausdruck und lächelte zugleich. Er warf einen Blick zum Himmel, tauchte dort tief ein, dann auf den Wald, zuletzt auf den Boden und dann wieder zu mir. Dann sagte er in gemessenen Worten:

„Anfangs war ich nur besorgt um dein Leben. Ich konnte zunächst ja nicht wissen, dass du dich in dieser Umgebung sicherer bewegen kannst, als in der Stadt. Nachdem ich aber diese Sorge los war, merkte ich, dass trotzdem ein

Abenteuer für dich anstand und dass du dir diesen Platz ausgesucht hast, als sicheren Rahmen, der sich um dich schließen kann, bis du hindurch gegangen bist.

Dieses Abenteuer hat nicht damit zu tun, sich wilden Tieren zu stellen, die im Wald umherlaufen, sondern eher mit denen, die einem in der eigenen Seele begegnen können.

Auf solch einer Abenteuertour ist ein Mensch als Beistand eine große Hilfe. Jeder hat sie irgendwann einmal nötig. So war es bei mir, so ist es bei Dir und allen, die ihr Menschenleben wirklich entdecken wollen. Diese Entdeckungsreise hält bunte und helle Geschenke bereit, aber auch schwer erträgliche Enthüllungen von Illusionen. Über so vieles in der Welt bereitet man sich Illusionen, sogar über sich selbst. Wir alle brauchen einmal Hilfe, um sich in diesem Urwald, der Leben heißt, noch zurecht zu finden. Um auf einen Weg zu kommen, wo zuvor keiner zu sehen ist.

Wenn die Täuschungen wieder aufleben und wild werden, ist es gut, einen Beistand zu haben, bevor du an dir selbst verzweifelst. Hilfe brauchen und annehmen ist menschlich. Einzelkämpfer fallen dabei oft aus luftigen Höhen herunter.

Das Schöne ist ja, dass in diesem Bereich die ganze Welt dieselbe Sprache spricht. Überall ist alles aus den gleichen Gesetzen der Welt geschaffen geworden und nimmt die Erscheinung an, die man in der Seele gerade meistern kann.

Die Welt beginnt dir jetzt mehr und mehr ihr wahres Gesicht zu zeigen, nicht mehr nur einzelne Oberflächen. Später zeigt sich vielleicht auch noch ihre Gestalt dazu.

Und noch einmal: dem Schönen gegenüber wachen auch die Schatten auf. Verschließe deine Augen nicht. Schau in die Erscheinungen tief hinein, erinnere dich und frage dich, was du mit den erinnerten Ereignissen zu tun hast!"

Das war ziemlich viel auf einmal für mich. Nur Weniges

verstand ich wirklich. Eine Stimme in mir ging sogar in den Widerstand, die fragte, was der so klug daherreden musste. Aber ich blieb im Stillen klar genug. Genug an dem Gesagten hatte ich verstanden und richtig gefunden. Also reichte ich ihm die Hand und sagte: „Ich danke Dir."

Er hielt sie fest und warm, schaute mir tief in die Augen und sagte nur: „Boa noite, gute Nacht."

Ich ging in mein Zimmer, in meine Hängematte und musste über alles nachdenken, was sich jetzt meiner Erinnerung auftat. Unzählige Lebenssituationen fielen mir ein, für die ich mich schämte. Meine Schatten erwachten. Ich konnte die Augen nicht mehr vor ihnen verschließen und wollte es auch nicht mehr. Manches davon schrieb ich mir von der Seele. In manchem blieb meine Erinnerung stecken. Vor allem dann, wenn ich an die betreffende Person noch Vorwürfe hatte. Dann spürte ich einen stockenden Herzschlag und ein Gefühl, so fest und groß, dass es zwischen mir und der Person stand. Es gab den Raum nicht frei und machte mein Herz verstockt.

So viel ergab sich in dieser ersten Konfrontation, dass ich beschloss, systematischer daran zu gehen. Ich legte ein Heft an, mit den Namen sämtlicher Personen, mit denen ich noch nicht versöhnt war, in irgendeiner Weise. Und ich beschloss, in den nächsten Wochen das Schreiben zu verwenden, um sämtliche Situationen mit diesem Personen zu bereinigen, soweit mir das möglich war. Erst als die beachtliche Namensliste angelegt und das Vorhaben in aller Klarheit für die nächst Zukunft beschlossen war, fand ich die Ruhe, wieder in den Schlaf zu gehen.

Die nächsten Tage führte ich auf Schritt und Tritt das Heft mit mir und nutzte jede Pause, um diese Geschichten zu Papier zu bringen. Paulo fragte nicht danach, sondern führte alles, was wir zu tun hatten, in der doppelten Zeit aus.

Eines Abends gab er mir einen Hinweis: „Wenn es einen Menschen gibt, mit dem Du nicht ins Reine kommen kannst, trotz aller Bemühung, dann hilft es ihm einen Brief zu schreiben. Selbst wenn Du ihn nicht abschickst wird es helfen. Sprich mit ihm!"

Der erste Brief dieser Art ging an meinen Vater. Stunden schrieb ich daran. Als er fertig war, war klar, den würde ich niemals abschicken. Immer wieder las ich ihn durch. Und langsam wurde mir klar, dass alle Vorwürfe darin, nur eine Rechtfertigung waren, damit ich noch nicht selber den Mut fassen musste, meine selbst angerührten Lebensschwierigkeiten zu verantworten.

Nach diesem Eingeständnis konnte ich einen zweiten Brief an ihn schreiben. So ging es weiter, bis zu einem dritten und vierten. Keinen von ihnen bekam mein Vater je. Sie wurden irgendwann als privater Giftmüll entsorgt.

Sehr erstaunt war ich bei meinen Entdeckungen darüber, dass ich am Ende dieses Prozesses kaum mehr Vorwürfe an meinen Vater für seine Taten hatte. Nicht dass er ein Heiliger gewesen war. Doch erlebte ich aus dieser Perspektive vieles was er getan hatte als förderlich. Am schwersten wog für mich nur das Eine: dass er irgendwann nicht mehr da war, für mich und mich mit den schwierigen Frauen alleine gelassen hatte. Dass meine Eltern getrennt waren, hatte ich leichter verkraftet, als dass er einfach nicht mehr da war. Das war eine Überraschung für mich.

In der Folge war spürbar, dass ich etwas mehr in der Lage war aufzustehen und eigene Verantwortung zu übernehmen und meine Vorwürfe nicht an irgendwelche Menschen herauswerfen zu müssen. Dieser seelische Frühjahrsputz nahm geraume Zeit in Anspruch. Während dieser Phase hielt ich mich viel in der Station auf, in meinem völlig leeren Zimmer. Dort konnte ich mich am besten konzentriert den dunkleren Seiten meines Lebens zuwenden.

Bei jeder einzelnen Geschichte, die sich auf diese Weise lösen durfte, setzte sich danach Lebenskraft frei. Sie war davor gebunden gewesen, um die Sache unterdrückt zu halten. Ein ganzes Netz von Kräftegeweben löste sich in mein Leben. Das Resultat war eine enorme Vitalität und ein deutlich freierer Kopf als früher.

Nun ging ich also in meinem Inneren jede Menge Menschen besuchen, um mit ihnen klärende Gespräche zu führen. Irgendwann verebbte diese Lawine und nichts mehr fiel mir ein.

Paulo empfahl mir einfach weiter zu machen, selbst wenn nichts dabei heraus kam. Auch bei dieser Übung lernte ich wieder, dass alle Erlebnisse in uns wie Schichten abgelegt waren. Die obere Schicht musste ins Bewusstsein treten, um die darunter liegende zugänglich zu machen. Ich schabte also stetig weiter, um Schicht für Schicht zu lösen.

Eine besondere Bedeutung empfand ich dabei bei meinen frühesten Erinnerungen. Alpträume in denen ich das Treppenhaus hinunterfiel, meine erste Begegnung mit Ameisen - ein eingebranntes Erlebnis, wundervolle Spaziergänge mit meinen Eltern, wie am Anfang des Buches geschildert. Der Eindruck wurde für mich immer stärker, dass diese ersten Erlebnisse eine Grenze darstellten, zu einem Bereich, der besonders wichtig war, ihn zu entdecken. Immer und immer wieder vergegenwärtigte ich mir diese ersten Erlebnisse. Und irgendwann gab die Wand der Erinnerungen tatsächlich nach und gab weiteres frei.

Zuerst erinnerte ich mich an einen Alptraum zurück. Den

hatte ich als Kind immer dann wieder bekommen, wenn ich starkes Fieber hatte. Darin veränderten sich meine Körperformen. Vorwärts und rückwärts klumpte sich mein Rumpf zusammen, als hätte ich kein Rückgrat mehr, und damit auch keine Aufrechte. Die qualvolle Formlosigkeit betraf aber auch meine ganzen anderen Körperbestandteile. Alles was ich in diesem Traum von mir selbst und meinem Körper wahrnehmen konnte, war ein Klumpen aus Blut, Fleisch und Eiter. Durch meine Ohren fuhr ein Sirren und Kreischen. Blitzend fuhr immer wieder ein Gegenstand auf mich zu.

Mit der Erinnerung wurde mir klar, wie oft ich diese Alpträume während meiner Kindheit gehabt hatte. Sie mussten ein prägender Bestandteil meines gesamten Lebensgefühls zu der Zeit gewesen sein. Nachdem diese Schicht gelichtet war, konnte sich auch die damit verbundene Belastung etwas ablösen.

Die danach folgende Schicht war eine komplette Erinnerung an meinen Geburtsvorgang, bei dem ich per Kaiserschnitt auf die Welt gebracht wurde. Ich erlebte in allen Details sowohl den Einschnitt selbst, als auch alle weiteren Vorgänge am eigenen Leibe neu. Damit verbunden war auch die qualvolle Unfähigkeit, das zu verhindern, als auch daran mitzuwirken. Das Bedürfnis mitzutun konnte ich als rückerinnernder Neugeborener deutlich erleben. Dieses Erleben enthielt einerseits die Sicht und Gefühlswelt eines Neugeborenen; genau genommen eines Ungeborenen. Hinzu kam der Anteil des darauf schauenden Erwachsenen.

Die Hebung dieses Erlebnisses in gegenwärtiges Bewusstsein wandelte seine Stellung. Es war nun nicht mehr dominierendes Ereignis in meinem Schicksalsgepräge. Ich fühlte mich erleichtert, als ob sich ein verdammter Bann, der sich strangulierend auf meine erste Lebenszeit gelegt hatte, weggenommen war. Etwas mehr Lebenskräfte, die damals im Prozess stecken geblieben waren, konnte ich diesmal mit herausführen. Die Zusätzlichen Kräfte wurden mir in dieser Schau auch sichtbar, ebenso jene, die weiterhin gebunden bleiben mussten.

Dieses Erlebnis vermittelte mir, wie einschneidend für den gesamten Lebenslauf eine unnatürliche Geburt war. Froh war ich darüber, dass meiner Tochter diese Last erspart geblieben war. Wir hatten Rebecca bei einer Hausgeburt, unter schönsten Bedingungen, empfangen.

Nun war ein völlig neues Gebiet für Erfahrungen geöffnet. Der Dschungel, den ich im Inneren meiner Seele vorfand. Bisher war ich dem Verlangen nach Naturerfahrungen in die Außenwelt gefolgt. Das was sich an Inneren Erlebnissen auswirkte, hatte direkten Bezug zur Umwelt und Gegenwart gehabt. Mit der Eröffnung von Licht- und Farberlebnissen im Wald, hatten sich innere Räume der Vergangenheit mit angeschlossen. Ganz organisch hatten sich meine Naturerlebnisse an den Rand der Übersinnlichkeit bewegt. Ab einer bestimmten Tiefe der Erlebnisse in der Natur hatte sich gezeigt, dass es eine Verbindung von Welt und Seele gab. Das Innere rückte unübersehbar nah heran, je weiter ich nach außen schweifte. Ein weit nach draußen gehen hatte ein weit nach innen gehen zur Folge. Da schien ein Zusammenhang zu herrschen, in dem ein Gleichgewicht der Erlebnisse herzustellen war.

Und durch die Mitte der gleich gewichteten Bereiche verlief ein Strom neuer Erlebnisse. Diese Art von Erinnerung hob die Vorgänge aus den festen Fugen ihrer Zeit heraus und machte sie auf rätselhafte Weise wieder zur Gegenwart. Sie bekamen etwas Bewegliches. Aber nicht nur in ihrer Erscheinung, sondern auch in ihrer Wirkung. Was in den erinnerten Situationen passierte, wurde wieder in neuen Zusammenhang in die Zeit gestellt. Eine Linie der Kräfte, die wir Zeit nennen, ging von der Vergangenheit durchs Jetzt und weiter bis in die Zukunft. In dieser Linie waren die Begriffe Vergangenheit, Gegenwart und Zukunft nicht mehr die voneinander abgegrenzten Bereiche, wie im Alltagsverständnis. Sie wurden ja fest in Trennung gehalten, wie drei Gegenstände, die sich nur an ihrer Oberfläche berühren konnten.

Mir erschien es so, dass Ereignisse durch eine erlebte Zeit-Linie, wie bei meinem Geburtserlebnis, diese drei eher Beschreibungen von Zuständen waren, in denen das Erleben verlaufen konnte. Wenn das stimmte, konnten die drei in Verbindung bleiben und dem Erleben ohne Abgrenzung zugänglich sein. Und es könnten die Kräfte eine neue Linie in die Zukunft bilden, sowie von der Zukunft her in die Gegenwart.

Alle Zeittheorien, die ich gelesen hatte, nahmen einen Bezug zum Licht auf. Da steckte ein Rätsel, bei dem ich auch zunächst nicht weiter kam. Aber das wollte ich mit der Zeit gerne weiter erhellen.

Nach dieser intensiven Phase innerer Klausur, erschien mir manches in der Welt anders. Sie hatte mich verändert. Ich öffnete die Augen etwas weiter. Und dieselben Dinge waren neu anzuschauen, zeigten Weiteres. Es war nun wieder Zeit aufzutauchen und mich mit der Welt zu verbinden. Eine rechte Unternehmungslust hatte mich wieder.

Die grüne Lunge der Erde

Zum Frühstück saßen Paulo und ich im Morgenlicht auf der Veranda. Wir beobachteten den Dunst, der langsam in die Höhe stieg. Was brachte wohl dieser kommende Tag? Paulo sagte: „Ich glaube, es ist gut, wenn wir uns nun in die große Fabrik begeben. Es ist hier zwar keine Maschinentechnik zu sehen, aber du befindest dich in einer gigantischen Produktionsstätte. Riesige Mengen Sauerstoff werden hier in die Luft abgegeben. Es ist ganz richtig, den Amazonas-Urwald, das größte zusammenhängende Urwaldgebiet der Erde, die grüne Lunge der Erde zu nennen. Allein halb Brasilien ist Waldgebiet. Europa sah früher auch so aus. Die Erdatmosphäre schnauft hier kräftig durch, sozusagen. Das läuft hier alles in unzähligen kleinen Fotolaboratorien ab, sie heißen Blätter. Und ein weiteres wunderbares Erzeugnis der Photosynthese ist Zellulose, das Holz und der Baum.

In Europa ist ein Wald mit 90 Baumarten schon ungeheuer artenreich. Hier sind es viele Hundert. Die tropische Vegetationszone ist wie eine übersprudelnde Quelle des Lebens. Auch in der Artenzahl drückt sich das aus. Basisvorgang für diesen ganzen Lebensraum ist dieser eine Lichtprozess, die Photosynthese.

Der Wald baut sich in bis zu fünf Schichten in die Höhe hinein. Vor allem für den naturbelassenen hoch gewachsenen Primärwald gilt das. Die höchsten Bäume lugen aus der durchgehenden Baumkronendecke heraus. Sie erreichen 60-70 Meter Höhe und eine Kronenbreite bis 35 Meter. Diese Riesen mit einem Stammdurchmesser bis 3 Meter bekommen das meiste Sonnenlicht ab. Deshalb sind ebenfalls viele Tiere und Pflanzen dort oben.

Darunter liegt eine geschlossene Baumkronendecke der

Bäume, die eine Höhe von 20-40 Metern erreichen. Die meisten Arten leben in diesem 30-35 Grad warmen und hellen Penthouse-Block. In diesen zwei Schichten spielt sich so viel Leben ab, dass wir eigentlich eine Bio-Station genau dort haben müssten. Leider gelang es mir noch nicht, die Regierung zur Realisation dieses Baumhaussystems zu bewegen. Ich hoffe, das wird mir in Zukunft noch gelingen.

Zu der darunter liegenden dritten und mittleren Schicht gehören vor allem nachwachsende Bäume, mit noch geringerer Höhe. Deutlich dunkler und kühler ist es hier schon.

Viel erdnäher, bei uns unten, mit wenigen Metern Höhe, sind die Sträucher eingestreut. Sie fangen Restlicht und -regen auf. Die unterste Schicht sind aufsitzende Pflanzen und Kräuter am Boden. Gerade einmal ein Prozent der Lichtstrahlen von oberhalb der Wipfel kommt hier unten an. Und der Schlüssel zu all dem Wunderleben der ganzen Zone ist ein einziger Pflanzenteil: das Blatt. Hier ist der Ort des wichtigsten Prozesses der Welt, die Urfabrik des Waldes mit ihrer Photosynthese.

Wir Menschen stehen ihr biochemisch sozusagen gegenüber. Denn die Pflanzen nehmen Wasser und Kohlensäure aus der Umwelt auf. Die Kohlensäure zersetzen sie unter Sonnenenergie zu Zucker und Sauerstoff. Den daraus erbauten Stoff, die Zellulose, kann man vereinfacht auch als Mehrfachzucker bezeichnen. Der Mensch ernährt sich von diesem durch Licht prozessierten Zucker und atmet Sauerstoff ein. Er zerstört sie beide und atmet Kohlensäure wieder aus. Deshalb stehen Pflanze und Mensch sich, was diesen Prozess betrifft gegenüber. Wir brauchen sie – sie uns vielleicht auch, das weiss ich noch nicht.

Für lichtaktive Vorgänge bei Stoffverwandlungen und Stofftransport, haben beide Lebewesen eine Flüssigkeit. Darin ist ein Biofarbstoff gelöst. Bei der Pflanze ist es Chlorophyll, das uns mit seiner grünen Farbe erscheint. Und beim Menschen ist es das Hämoglobin, das uns rot erscheint. Das ungeheuer spannende ist, dass beide Stoffe beinahe identisch sind. Sogar die Struktur ihres Molekülaufbaus betrifft das.

Um einen Metallkern sind vier Stickstoffatome angeordnet und darum herum hauptsächlich Kohlenstoffe und Wasserstoffe. Das zentrale Metall ist bei den Pflanzen das Magnesium und beim Menschen das Eisen. Darin liegt der einzige Unterschied.

Vielleicht weißt du auch, dass diese beiden Metalle in Feuer gleißend helles Licht aussenden, wenn sie verbrennen. Sie haben also ganz viel mit dem Licht zu tun. Verschiedene Organismen nutzen sie auf verschiedene Weise, um sich in Lichtaktivität zu versetzen.

Es gibt auch die Photonenforschung. Hier wird die Emission von Licht durch Organismen und Stoffe untersucht. Dieses Licht ist inzwischen auch schon messbar nachgewiesen. Nur Erklärungen fehlen noch. Das Lebendige hat man noch nicht wirklich verstanden. Die Wissenschaft kann darüber jedenfalls noch wenig sagen. Aber wir können mit Sicherheit sagen, dass Pflanzen anorganische Stoffe in organische verwandeln. Das heißt sie können sie ins Leben versetzen. Wenn wir das auch nur im Geringsten verstehen könnten, wären wir unermesslich viel weiter, in unseren Erkenntnissen.

Das was wir mit Licht und Farbe sehen, muss damit zu tun haben. Wir nehmen mit dem Auge Lichtkontakt auf - aufnehmend und aussendend.

Auch in den Nerven gehen Lichtprozesse vor sich. Aber sie gehen keinen organischen, sondern einen toteren Weg, mit einem elektrischen Blitz.

Dem folgt allerdings in denselben Bahnen eine lebendige Strömung, die die Wissenschaft noch nicht schlüssig entdeckt hat. Alles was Du denkst und sagst und merkst erzeugt Lichtblitze in den Nervenbahnen. Und sie erzeugt Strömungen in den parallel verlaufenden Lebensbahnen.

Das Ganze strahlt auch Aussendungen in die Welt hinaus. Ein anderer Mensch sieht die zusammengefassten Ausstrahlungen an einem Menschen meist deutlicher – die Aura.

Wenn du dich mit etwas in der Welt beschäftigst, gehst du über deine Sinneswahrnehmungen und Gedanken mit den Dingen hier zusammen, in etwas, das man ein Wellenbad nennen könnte. Wenn Du eine relative Gleichschwingung mit ihnen erreicht hast, nimmst du sie wahr. Wenn du weitergehend hineinschwingst, kannst du sogar bewusst gedanklich teilnehmen. Dann entsteht ein gemeinsames Lichtschwingungsfeld. In deinen Gedanken kannst du daraus ein Bild formen. Mit dem Ton ist es dasselbe. Er hat nur einen anderen Bereich, als Feld.

Und nun ist es der Theorie genug. Falls Du bereit bist können wir wieder zur Praxis schreiten."

Er sah mich fragend an. So entschieden er die Hintergründe und Grenzen der Wissenschaft in schönen Zusammenhängen ausgebreitet hatte, so offen war er nun wieder. Er gab mir die Gelegenheit, auf seine Rede zu reagieren und damit die weitere Umsetzung mit zu beeinflussen. Über diese Ausführungen in voller Verständlichkeit konnte ich nur staunen. Jetzt ging mir wirklich ein Licht auf.

Diese Ausführungen waren in Worten so einfach gefasst, inhaltlich aber so weitgehend, dass mir viele Vorgänge, die ich in wundersamen Erlebnissen gehabt hatte, erklärt waren.

Und es enthielt für die Besonderheit dieses Lebensraumes und seiner Atmosphäre eine Erklärung. Nach einer Weile des stillen inneren Ordnens erkannte ich viele Bezüge, die wie Fäden zu allen Seiten gesprochen waren. Zu Seiten meines persönlichen Lebens, aber auch des Lebens im Allgemeinen, gingen sie.

Ich sagte: „In Deiner Sprache liegen Musik, Wissenschaft und Natur so eng beieinander, als ob sie gar nicht getrennt wären, oder zur selben Quelle gehörten. Nun verstehe ich erstmals die Verwandtschaft meines ersten Berufswunsches, Biochemiker zu werden, mit meiner späteren Wahl, der Musik und meines aktuellen Zuges in die direkten Begegnungswunder mit der Natur. Jetzt sehe ich, dass ich jeweils das Gleiche in diesen Bereichen gesucht habe. Die Verbindung mit etwas konkret lebendigem aufzufinden, in der höheren Gesetzmäßigkeit der Musik, der Chemie, dem Licht.

Es kommt mir vor, als stellte die Pflanze, aber auch der bewusste Mensch in manchen Tätigkeiten genau das her, diese Verbindung. Aber ehrlich gesagt, weiß ich noch nicht genau, warum ich diese verschiedenen Fächer streifen musste, ohne anzukommen. Warum leuchteten die Zusammenhänge so oft kurz auf und verschlossen sich bald darauf wieder?

Warum musste ich meine Familie, mein Heimatland und meine sämtlichen zuvor gefassten Lebensperspektiven verlassen, um hier mit deiner Hilfe und der des Waldes, wieder auf die Spur zu kommen?"

Verständig nickte Paulo und antwortete: „Manchmal muss man sein Leben erst von weiter Entfernung ansehen, um das Wichtige daran zu erkennen. Aber auch manche Begegnung ist unersetzlich wichtig. Treffe die wenigen Menschen, mit denen du eine gemeinsame Geschichte hast. Sie sind die Einzigen, die dir eine weitere Tür fürs Leben öffnen können. Erinnerung an gemeinsame Vergangenheit ist wichtig."

Was er mit Begegnung als Schlüssel zu Türen meinte, blieb mir noch ein Rätsel. So fragte ich zurück: „Du bist wahrscheinlich für mich so ein Schlüsselmensch. Aber wir sind uns doch zuvor nie begegnet. Welche gemeinsame Geschichte sollten wir da erinnern?"

Er sah mich mit einem Blick an, den ich bei ihm zuvor nicht gesehen hatte. Er schaute auf mich, an einen Punkt in den Augen, der nie zuvor berührt wurde. Und in seinem Blick erschien ich mir selbst als ein Anderer.

„Wen oder was sieht er gerade an?", fragte ich mich.

Es wirkte nicht bedrohlich, eher tief aufmerksam. Ich spürte deutlich, mir fehlte ein bestimmter Zugang zu mir selbst noch. Ein bewusster Lebenszusammenhang, an jener Stelle, wo er gerade hin sah.

Meine Mutter hatte sich darum mit Psychologie bemüht, doch meiner ganzen Familie fehlte in dieser Hinsicht ein Weg.

Kurz darauf schaute Paulo wieder wie sonst und sagte: „Du und ich und alle hier sind nicht zum ersten Mal am Leben auf der Erde. Ohne Erinnerung muss das für jeden unsinnig klingen. Doch es ist so. Und du musst nicht bei deiner Familie oder bei deiner Geburt Halt machen. Noch weiter kann deine Erinnerung dringen. Die Indianer sagen: wenn ich weiß woher ich komme, dann weiß ich auch, wohin ich gehe.

Du hast dich so sehr in die Zukunft aufgemacht, dass du in die Vergangenheit zurückfallen musstest. Finde ein Gleichgewicht, um deinem Leben selbst Zusammenhänge zu geben. Es sieht aber so aus, als ob es dir gelingen könnte. Die

Pläne mit denen du ins Leben gekommen bist, hast du selbst mit gefasst. Dann in diesem Leben geboren, hast du sie verlegt und musst sie nun noch einmal lesen. Es ist klar, dass du das nicht sofort verstehen kannst. Aber wenn die entsprechenden Situationen eintreten, wirst du jetzt besser verstehen."

Das war schon eine richtig dicke Packung Esoterik für mich. Aber das Komischste an Paulos Rede fand ich in der eindeutigen Zustimmung aus meinem Inneren. Kaum je war ich mit Reinkarnation konfrontiert worden. So hätte es mir doch völlig neu klingen können. Doch aktive Zustimmung kam von einer mir unbekannten inneren Stimme. Ich war so erstaunt darüber, dass ich nicht antwortete. Ich suchte in mir die Erlebnisse, die diese Stimme geprägt hatten. Da fand ich zunächst nichts, doch ahnte ich, dass bald weitere Schleier aufgehen würden.

Wir spürten beide, dass nun die Zeit reif war, wieder in den Wald zu gehen. Es war kein weiteres Wort nötig. Also packten wir Material und Proviant zusammen. Die Tageszeiten verliefen in dieser Klimazone regelmäßig, wie in Europa die Jahreszeiten. Nach dem Regen liefen wir los.

Die Grünen

Seit Paulos Einführung in die biologischen Wunderprozesse, erschien mir der Wald nach unserem Gepräch wieder anders. Er war in sehr weite Bereiche gedrungen. Für meine Wahrnehmung war das, als hätten seine Gedanken die Welt gleich mit verändert. Es ging mir jedes Mal so, wenn ein verändernder Prozess passierte. Mir zeigte sich diese Veränderung am deutlichsten an den Blättern der Pflanzen. Es fiel mir auf, wie vielfarbig und vielgestaltig sie waren. Die Farben wirkten auf mich unterschiedlich nuanciert. Wo der Wald als Ganzes schlicht grün erschienen war, wie eine Fläche, begann nun Differenzierung. Eine Vielheit von Grün drängte sich auf.

Mein Auge streifte während des Gehens von Blattfläche zu Blattfläche und sog die Eindrücke auf. Es war ein wellendes Streifen über viele Farbmotive, das sich in mir zu einem Bild zusammen fügte. Jedes Blatt schien einzeln und anders in Licht und Farbe zu stehen.

Das Licht, das durch die Blattflächen drang, hob deren Struktur hervor. Die Dicke und Dichte ihres Gewebes trugen zur Aussage bei. Wohin führten diese vielen Eindrücke? Ich ließ es erst wie einen sanften Regen abperlen. Meine Haut sollte es aufsaugen und Licht und Farben einatmen.

Immer mehr überließ ich mich diesem Prozess. Im selben Maß nahm das Verstandesdenken ab. Das Denken fand trotzdem seine Wege, nur von anderen Zentren hervorgebracht. Wie Gedanken aus den Bewegungen entsprangen, hatte ich schon mit verfolgt. Auch aus den Sinneswahrnehmungen war das möglich.

Weil mein Bewusstsein einem Gedanken folgen konnte, ohne das Hirn als Stütze dafür zu brauchen, hatte ich mich selbst, einige Tage zuvor, aus Augen im Wald ansehen können.

Das Lebendige hatte an der Physis keine absolute Grenze, sonst wären wir nicht am Leben. Mit dem Körper so in Verbindung gehen, konnte also heißen, zugleich mit Lebensprozessen und Weltprozessen in Verbindung zu treten.

Rein Physisches, ohne diese Prozesse, gab es gar nicht, nur lag es sonst außerhalb des Bewusstseins.

Erst als Leichnam, wenn die Prozesse sich daraus zurückzogen, war das rein Physische. Dann wirkten die Todesprozesse und es war kein Mensch mehr im Körper, um sie nachzuvollziehen.

Die Art der Erlebnisse, die sich in den letzten Monaten bei mir angebahnt hatte, machte den Bezugsraum der Gedanken weiter und ablösbar, von einem fixen Organ, dem Gehirn. Nur mit Hirndenken waren sie zwar ansatzweise theoretisch verständlich, aber nicht mit-teilbar oder mit-vollziehbar.

Meine unvoreingenommene Offenheit für die Vorgänge, hatte die Sensibilität immer weiter gesteigert. Wie eine Leiter mit aufsteigenden Sprossen des Bewusstseins, hatte sich eine Folge ergeben. Die Schlüsse, die ich daraus gezogen hatte, hätten Wissenschaftler im herkömmlichen Sinn nicht gelten lassen. Aber so war es mit außergewöhnlichen Erlebnissen immer. Sie waren unglaublich, bis ein Anderer sie mit- oder nachvollziehen konnte. Das Leben bestätigte mir doch ständig diese Haltung. Da ich den Anspruch der Belegbarkeit zunächst gar nicht hatte, erlaubte ich mir, weiter so die Welt neu zu entdecken, solange die Ergebnisse ständig dafür sprachen.

Paulo hatte heute nicht, wie sonst, ein einfaches T-shirt an, sondern ein weißes Hemd. Das zog er nun aus und breitete es auf dem Boden wie eine Tischdecke aus. Dann legte er einige frische Blätter, die er auf dem Weg hier und da abgezupft hatte, darauf. Ein paar weitere nahm er hier noch von Büschen und Bäumen. Ein Dutzend recht verschieden geformte grüne Blätter lagen nun darauf.

Auf dem hellen Untergrund des Hemds erschienen die Blätter in starkem Kontrast zur Umgebung. Auch der Formenunterschied der Blätter kam stärker zur Geltung.

Dann fragte er mich: „Was siehst du hier?"

Ich beschrieb was mir auffiel: „Hier hast du Blätter mir unterschiedlichen Formen hingelegt. Die einen sind lilienartig, schmal und lang. Andere sind tellerförmig rund. Die Baumblätter sind noch strukturierter mir engerer Gliederung der Blattorgane. Dann sind sie farbig etwas unterschiedlich. Diese da haben das gleiche satt-dunkle Grün, diese ein mittleres Grün und diese ein frisches Gelb-Grün."

Paulo nahm nun eine andere Unterteilung vor als ich. Er stellte sie in sechs Feldern zusammen und fragte erneut: „Kannst du hier sechs Farben unterscheiden?"

Ich schaute länger hin und ließ den Blick von einem zum anderen Feld wandern. Mit der Zeit konnte ich noch einen vierten Farbton ausmachen und sagte: „Diese hier haben ein Grau-Grün. Bei uns würden wir Oliv dazu sagen.

Er bestärkte mich: „Das ist gut. Nimm möglichst noch mehr Worte aus deiner Sprache, um weitere Unterschiede zu finden."

Ich versuchte die Blätter noch einmal neu nach Farben einzuteilen. Dabei kam ich tatsächlich auf einen weiteren Farbton. Aus meinem Sprachhintergrund hätte ich ihm den Namen Tannengrün gegeben.

Dann versuchte ich mich an weitere Grünnamen zu erinnern, die nahe bei den Farbtönen lagen, die ich hier sah. Ich suchte von ihnen aus mehr zum Gelb, Blau und Grau. Dazu fand ich auch einige weitere Namen in meiner Sprache. Aber ich konnte sie an den zwölf Blättern, die dort lagen nicht sehen. Nicht einmal eine sechste Farbe konnte ich von den Fünfen unterscheiden.

Irgendwann gab ich auf und bat Paulo, noch einmal seine Unterscheidung zu treffen. Er legte die Blätter nun wie eine Uhr, mit zwölf gleichmäßig verteilten Positionen auf dem Kreis. Dann benannte er alle zwölf mit Namen, in einer Sprache, die ich nicht verstehen konnte.

Ich lächelte ihn an und bat um eine Erklärung.

Er schlug stattdessen ein Experiment vor und sagte: „Das was nun kommt, habe ich aus der Sprache der Indianer gelernt. Manche Bereiche der indianischen Sprache sind nicht stark differenziert, wie zum Beispiel die Zahlwörter. Manche indianischen Sprachen haben nur drei bis vier Zahlbegriffe: eins, zwei, viel und viel-viel. In Bezug auf die Farben ist das aber anders. Auch nicht bei allen Stämmen, besonders aber bei einem. Sie bezeichnen die Farben nicht nach ihrer äußeren Erscheinung. Also nicht wie Tanne, wie Meeresschaum, wie Gras, sondern im Bezug auf ihre Wirkung. Jetzt schlage ich vor, dass du die Zwölf einmal betrachtest und so tust, wie ein Blatt tut, gegenüber dem Sonnenlicht. Es lässt sich ganz bescheinen. Aber nicht nur das. Seinen ganzen Sinn bezieht es aus diesem Licht, bis in den inneren Bau hinein. Und wenn du das tust, kommst du vielleicht auf noch Weiteres.

Ich versuchte mich also noch einmal ganz neu diesen Farben hinzugeben und dabei Wirkungen zu beobachten, so frei von Vorstellungen wie möglich. Und immer wenn sich in meinem Kopf eine Schublade auftun wollte, um die Farbe dort einzuordnen, schob ich sie wieder zu und versuchte, Festlegungen beiseite zu lassen. Das gelang mir eine ganze Weile. Was ich jetzt wahrnahm, war dem, was ich in der Instincto-Ernährung mit Geschmack erlebt hatte, ganz ähnlich. Ich konnte die Wege der Sinneswahrnehmung im Körper verfolgen. Zum Beispiel konnte ich bei einem grün deutlich wahrnehmen, dass es in meinen Körper hereintrat, noch vor dem Kopf, auf Augenhöhe. Von dort aus zog es in die Ohren hinein, dann den Hals hinunter in die Schultern, danach in die Mitte zum Herz und zuletzt hinab zum Magen. Hätte ich dafür einen Namen finden sollen, hätte ich diesen Weg beschreiben müssen. Ich sammelte weiter.

Ein Grün ging mir direkt auf die Zunge, wie ein Geschmack, dann auf die Atmung und von dort auf die Haut. Das war ein deutlicher Unterschied in der Wirkung, obwohl die Erscheinung für das Auge, dem vorigen Grün gleich war. So ging es durch alle zwölf. Und siehe da, alle zwölf waren verschieden in ihrer Wirkung. Darüber staunte ich wieder sehr. Das Experiment war gelungen.

Paulo bestätigte meine Beschreibungen und sagte: „Das ist doch gut gegangen. Welcher Forscher kann ein Experiment machen und schon beim ersten Mal den vollen Erfolg verzeichnen?

Der erste Anspruch in der Wissenschaft ist, dass ein Experiment wiederholbar und nachvollziehbar ist. Also mache es noch einmal und schaue, ob die Wirkungswege wieder dieselben sind. Vielleicht war es ja auch ein Zufall des Organismus, mit seiner Befindlichkeit."

Nach einer kleinen Pause machte ich mich also wieder daran und Paulo schrieb auf, was ich an Wirkungen berichtete. Es kam nun nicht ganz dasselbe heraus, wie beim ersten Mal. Die Tendenzen waren allerdings die Gleichen. Paulo konnte die Veränderung der Wirkungen erklären: „In dem Moment, wo du die Dinge nicht mit Wörtern treffen willst, wie man einen Vogel vom Himmel schießt, sondern auf die Wirkung schaust, hast du es mit einer Wechselwirkung zu tun. Die Dinge stehen in Verhältnissen. Und wenn die Sprache nun auch von dort kommen kann, entstehen ganz andere Begriffe. Die Farbe ist also so, die Wirkung auf dich so, nur möglicherweise im Zusammentreffen anders als vorhin, oder nachher. So ist das mit lebendigen Vorgängen immer. Sie können nicht wie Vögel vom Himmel geschossen werden, sondern nur in einer momentanen Auffassung aufleben.

Und dann ist vor allem wichtig, ob ein Volk für solche Vorgänge eine Sprache entwickelt. Und das müssen wir ehrlich zugeben. Wir haben das fast nicht. Unsere Farbnamen sind meist nur Beschreibungen von oberflächlichen Wahrnehmungen und sagen so etwas wie: ′das ist die Farbe wie das da draußen′.

Gerade konntest du etwas erleben, was sowohl draußen als auch drinnen seinen Weg nimmt. Nur gibt es dafür in unseren Sprachen noch keine Begriffe.

Mit unserem Experiment haben wir einen Weg gemacht, mit dem man vom Erleben zum Begriff kommen kann. Das passiert aber in unserer Gesellschaft so gut wie nie. Wenn überhaupt, geht der Weg meist von einem Begriff zum Erleben.

Wenn wir aber keine Begriffe für etwas haben, das tiefer unter die Oberfläche der Dinge dringt, haben wir kein tieferes Erleben. Dafür müsste man zum Beispiel erst einmal die Grünbegriffe der Indianer lernen. Das ist sehr schwer.

Dass du in deinem Wirkungserleben eine Zwölferdifferenzierung zustande bringen konntest ist außergewöhnlich. Im Ganzen sind es bei ihnen übrigens über dreißig Begriffe für das Grün. Und ich bin sicher, dass sie weitere finden werden.

Leider kann ich sie in meine Sprache nicht genügend übersetzen. Ich musste genauso vorgehen, wie du eben und darauf hoffen, dass sich daraus mit der Zeit Begriffe bilden werden. So weit ist es noch nicht.

Einen anderen Weg könnte ich mir für uns Zivilisierte noch mit unserer Sprache vorstellen: Wenn man für jede Pflanze oder jeden Stein seinen eigenen Namen finden könnte, indem man direkt sein Wesen erlebt. Die Indianer behaupten, dass die Farben einen Geist haben, denen man begegnen kann. Dann wäre der Begriff nicht mehr oberflächlich, auch nicht mehr nur der Wirkkraft folgend, sondern wesentlich. Aber diesen Weg halte ich für noch schwieriger und schlage vor, ihn auf später zu verlegen."

Das waren ja zwei äußerst spannende Fährten, die Paulo hier aufgedeckt hatte. Und da die Erste für mich sofort zugänglich geworden war, beschloss ich, hier weiter zu dringen. Nachdem wir an diesem Tag von der Arbeit zurückgekehrt waren, legte ich eine Liste von verschiedenen Grüntönen an, die ich in meinem Sprachgebrauch relativ verbreitet fand:

Smaragdgrün	Jadegrün
Perlgrün	Türkis
Opalgrün	Meerschaum
Kieferngrün	Tannengrün
Grasgrün	Farngrün
Spinatgrün	Frühlingsgrün
Mintgrün	Pistaziengrün
Gelbgrün	Olivgrün
Kaki	Chromoxid
Blaugrün	Pastellgrün
Blassgrün...	

Ich war anfangs sicher, dass das sinnliche Unterscheidungsvermögen mit der Differenzierung in der Sprache zusammenhing. Weniger, ob man viele oder wenige Worte für Grüntöne hatte, sondern, wie viele Begriffe davon existierten. Es zeigte sich in meiner Sprache, dass die Grüns keine eigenständigen Namen hatten, sondern meist mit natürlichen Dingen verglichen wurden.

Weil ich das Gefühl hatte mich durch die Übungen den Wesen anzunähern, nannte ich sie neu: „die Grüns" oder „die Grünen" und schrieb sie ab sofort auch immer groß.

Ich fragte mich auch, wie ein Begriff entstand. Ich hielt es für möglich, einen Begriff von Etwas zu haben, ohne ein Wort dazu. Es gab auch Erlebnisse ohne Begriffe. Wie entstanden überhaupt neue Begriffe?

Ich kannte mehrere Worte im Sprachgebrauch, deren Begriffe entweder verzerrt oder gar nicht mehr vorhanden waren. Immer mehr erschienen mir die Begriffe selbst etwas Lebendiges zu sein.

Der einzige Name dieser Liste, wozu ich einen echten und lebendigen Begriff erlebte, war Frühlingsgrün. Nicht, dass ich keinen Bezug zu den anderen Pflanzen wie etwa Spinat hatte, aber so ganz lebendig war er nicht.

Ich fand nach einiger Zeit keine andere Erklärung, als dass ich Frühlingsgrün einmal aktiv in mein Herz aufgenommen hatte; und nicht nur als Wort, sondern als erlebtes Frühlingsgrün. All die anderen Farbnamen wiesen mich darauf hin, dass nur ein tieferes Erleben den Namen zum Begriff machen konnte.

Ein besseres Verständnis vom Unterschied zwischen Begriff und Namen, bekam ich durch Erinnerung an meine Veränderungen im Begriff für Liebe. Im Lauf der Zeit waren damit eine ganze Reihe von Entwicklungen vor sich gegangen. So Unterschiedliches hatte ich, je nach Lebensphase, damit zum Ausdruck gebracht. Was hatte ich nicht alles schon Liebe genannt! Heute konnte ich über manches dabei lachen. Ebenso hatten sich meine Beziehungsmöglichkeiten stark verändert.

Mit der Zeit hatte ich den Eindruck gewonnen, dass echte Liebe gewaltiges vermochte.

Der tiefste Begriff von Liebe, den ich mir denken konnte, brachte so intensiv in Beziehung, dass man sich darin aus dem Erdenleben auflösen müsste. Damit wäre der volle Begriff auch gar nicht erreichbar. Außer man würde mit Absicht Lasten der Anderen auf sich nehmen, was in der Schwere zu bleiben ermöglichte. Wahrscheinlich kam der christliche Begriff von Bruderliebe genau dieser Idee recht nahe. Zu so einer Definition war auch nur ein Mensch bereit, der sehr lieben konnte. Wie weit war ich wohl auf diesem Weg? Ich sah noch viele Stufen vor mir.

Über diese neuen Auffassungsmöglichkeiten zur den Grünen und Fragen über die Liebe stellte sich ein neuer gemeinsamer Begriff dieser beiden in mir ein. Und den empfand ich fühlbar vor allem in meiner Brust beheimatet und von meinem Denken klar erkannt. Man sagte immer, grün sei die Hoffnung und rot die Liebe. Ich lernte sie beide jetzt als zwei Seiten derselben Sache kennen. Konnten die beiden Lebensfarbstoffe Chlorophyll und Hämoglobin mir ein farbiges Bild geben, für zwei Arten, liebend in der Welt zu stehen? Konnte ich mich von den Pflanzen im Lieben belehren lassen? Würde dann mein Blut davon anders? Der Rest-Normalbüger, den ich noch in mir hatte, lachte mich aus. Er nannte solche Gedanken natur-romantische und esoterische Spinnereien. Aber die Wirklichkeit, die in den Erlebnissen lag und zustimmende Begegnungen hinzufügte, bestätigte diese neuen Auffassungen. Nach einem ernsthaften Scheitern oder Auffinden von Widersprüchen, während ich diesen Wirklichkeiten folgte, könnte ich immer noch die Schlüsse korrigieren. So fuhr ich fort, an und über die alten Grenzen zu gehen. In diesem Rahmen konnte es niemandem schaden, außer mir.

Nachts

Irgendwann war mir der Urwald vertraut und ich fühlte mich darin heimisch. Es war nicht mehr jeder Schritt ein Abenteuer. Ich konnte zunehmend entspannen und traf immer mehr Bekanntes an. Die Laute der Vögel, der anderen Tiere und auch alle weiteren Geräusche wurden zur anheimelnden Klangkulisse. Und ein besserer Orientierungssinn hatte sich eingestellt. Die eine oder andere Stelle im Wald kannte ich wieder, schon im Voraus. Was ich aber noch nicht kannte, war der Wald bei Nacht.

Ich fragte Paulo: „Wie ist es wohl im Wald zu übernachten, hast du dort schon einmal geschlafen?"

Er zog die Augenbrauen hoch und antwortete: „Auf einer Forschungstour war ich mit ein paar Anderen gezwungen, ein paar mal im Wald zu übernachten. Wir hatten uns aus Ästen und großen Blättern ein Regendach gebaut. Darunter spannten wir unsere Hängematten auf.

Weißt du, im Urwald gibt es nachts ungeheuer viele nachtaktive Tiere. Sie jagen dann, oder sind zumindest unterwegs. Die Waldbewohner roden sich deshalb immer ein Stück Wald frei. Dann ordnen sie ihre Hütten oder Dächer in einem Kreis an. Darin entzünden sie mindestens eine Feuerstelle. Allein das hält die meisten Tiere auf respektvollem Abstand. Wenn du das nicht hast und unter einem kleinen Blätterdach mitten im Wald schläfst, wirst du ein reges Treiben erleben. Ein Moskitonetz hält dir zwar die Insekten, Spinnen und vielen kleine Schlangenarten vom Leib. Aber du wirst von vielen ungewohnten Geräuschen wach gehalten.

Wenn du das unbedingt erleben willst, empfehle ich dir, mindestens ein Moskitonetz über deiner Hängematte anzubringen und dir einen relativ hohen Schlafplatz einzurichten. Ohne Dach erreicht dich der Regen trotzdem. Und größere Schlangen hält selbst das Moskitonetz nicht ab."

Ich hatte bei Paulo bis jetzt eine natur-harmonische und spirituelle Einstellung erlebt. Es wunderte mich, dass er nun mit keinem Wort auf die rechte Einstellung einging, die eine solche Situation erforderte. Trotzdem war mir dieses Gespräch nützlich, da ich dabei zunehmend die nötige Sicherheit für mein Vorhaben empfand. Ich war sicher, die Natur hatte nicht vor, mich zu töten. Sonst hätte sie es wohl schon längst getan. Im Gegenteil, sie schien eher vor zu haben, mir ein großes Geschenk fürs Leben zu machen. Ich fühlte mich mit ihr gut verbunden.

„Ich will es versuchten", sagte ich zu Paulo.

Er schaute mich offen an und sagte: „Ich werden dich sicher nicht aufhalten. Du musst selbst wissen, wo dein Weg lang geht und ob du die Kräfte dafür besitzt."

Er brachte aus seinem Zimmer ein Stirnlampe heraus. Das war ein ungeheuer praktisches Ding. Damit könnte ich an alle Stellen, wo sich mein Kopf hin drehte, nachts hin leuchten und hatte trotzdem die Arme für alle Tätigkeiten frei. Diesmal brauchte ich den Rucksack um einige Dinge zu transportieren, zum Beispiel die Hängematte.

Inzwischen war ich erfahren genug, keine Früchte mitzunehmen. Sie hätten nur dafür gesorgt, dass alle möglichen Tiere bei mir vorbeigekommen wären, um ihr Fresschen zu bekommen. Ich wollte mich also auch auf dieser Tour eher mit dem versorgen, was ich vor Ort finden konnte. Mit der Zeit hatte ich ja einiges gefunden. Nicht ein Mal hatte ich Beschwerden gehabt, mich auf meine Instinkte zu verlassen. Ich zog also los, mit den besten Wünschen von Paulo und den beiden Anderen.

Paulo sagte noch: „Ich kann dich ein paar Tage entbehren.

Mach was du willst, solange es dir dabei gut geht."

Ich ging wieder in Richtung des Primärwaldes, wo ich mit Paulo und auch allein schon gewesen war. Bei den alten Baumriesen fühlte ich mich am ehesten in einer aufmerksam wissenden Gesellschaft von weisen Alten. Sie waren ja viel älter als ich und hatten im Lauf der langen Zeit wohl auch viel mehr erlebt. Ganz bewusst suchte ich mir in dem Gebiet einen Platz, an dem ich mich wohl fühlte. Dafür suchte ich einen recht lichten Platz aus.

In diesem recht sauren Milieu verrottete alles sehr schnell. Es lagen nicht allzu viele Äste am Boden, aus denen man einen Unterschlupf hätte zimmern können. Es gelang mir aber, von einem kleineren auf einen größeren Baum zu klettern, der ein paar schön waagerecht abstehende Äste getrieben hatte. An einem von ihnen konnte ich eine Plane als Regenschutz befestigen und darunter meine Hängematte für die Nacht aufspannen.

Während ich dort mein Wohn- und Schlafzimmer einrichtete, fiel mir auf, was für ein günstiges Plätzchen das doch für alle möglichen Beobachtungen war. Wenn ich entspannt und still in der Hängematte lag, konnte ich vieles vom Waldleben mitbekommen. Dabei wurde ich etwas schläfrig und nickte ein.

Dabei träumte ich von Yara: *Sie war ganz anders gekleidet, hatte beinahe nichts an, wie die Indianer und trug ein Kind auf dem Arm, ein kleines Baby. Im Wald stand sie auf einer Lichtung und sah mich an. Ich ging auf sie zu. Sie schaute mich an. Ich begrüßte sie.*

Sie sagte: „Da bist du ja wieder."

Das Sonnenlicht reflektierte schön auf ihrer goldenen Haut. Sie sah mich mit offenem Blick an, der mir eine Menge aus ihrem Inneren liebvoll mitteilte. Großes Vertrauen drückte er aus und Nähe.

Ich fragte sie: „Wer ist dieses Kind, woher hast du es?"

Sie antwortete: „Das bist du. Ich trage dich in die Welt und zeige dir dein neues Leben."

Ich fragte sie: „Und wer ist dann das da?", und patschte mir auf die Brust und die Wangen im Gesicht.

Sie antwortete: „Das ist der Rest, von dem der du warst, als wir uns das letzte Mal kennen lernten. Komm mit, ich will dir etwas zeigen."

Dann ging sie in den Wald voraus und ich hinterdrein. Nach einer Weile sang sie ein Liedchen. Ganz einfach war es, mit immer wiederkehrendem Text. Ich verstand ihn nicht, konnte ihn aber leicht aufnehmen. Immer und immer wieder fing sie damit an. Es hatte etwas herab dämmerndes. Wir schwammen in dieser Melodie durch den Wald. Und irgendwann stimmte ich mit ein. Ständig sah ich dabei auf ihren Rücken, der aufrecht und in leichter Bewegung drein ging.

Das Ganze übte auf mich einen Sog aus. Es zog mich auf ihren Rücken. Und ich wurde kleiner, bis ich wie ein Kind im Tragetuch, durch die Töne auf ihren riesig gewordenen Rücken wuchs.

Durch ein schrilles Geschrei wachte ich wieder auf. Der erste Blick beim Aufwachen fiel auf ein Grüppchen Makaken-Affen, die schräg über mir in den Bäumen vorbei turnten. Es hatte sie wohl etwas aufgeschreckt. Vor allem erkannte ich eine Affenmutter. Zwei Junge klammerten sich an sie; eines vorne, eines hinten auf dem Rücken. Flink ergriff sie die Äste und bewegte sich in Schwüngen vorwärts, ungehindert von den beiden. Wie seltsam dieser Anblick meinem soeben erlebten Traum glich.

Während ich nun langsam aufwachte, genoss ich wieder den guten Ausblick. Zum ersten Mal hatte ich mir einen Ansitz gebaut. Warum war ich eigentlich noch nicht früher darauf gekommen? Paulo hatte öfter erwähnt, dass in den höheren Schichten der Bäume noch mehr Leben vor sich ging, als in Bodennähe.

Leider gab der Wuchs des Baumes nicht her, sich wie auf einer Leiter hoch zu bewegen. Weitere Äste waren unerreichbar. Der Stamm war dafür zu glatt. Ich nutzte den Ausguck wenigstens noch ein letztes Mal, um ein paar Beobachtungen zu machen. Und vor Einbruch der Dunkelheit befestigte ich noch das Moskitonetz über der Hängematte.

In dieser Nacht schlief ich tatsächlich nicht besonders gut. Erst regnete es längere Zeit in Strömen. Und dann wachte ich noch zig Mal auf, wegen irgendwelcher unbekannten Geräusche im Wald. Aber gefressen wurde ich auch nicht.

In einer etwas längeren Schlafphase hatte ich noch einen Traum: *Es erreichte mich von zwei Seiten ein tiefblauer Lichtstrahl. Der vom Himmel hatte eine schwarzblaue Farbe, der von der Erde eine rotblaue, lila Farbe. Sie trafen sich bei mir und bildeten eine schimmernde Hülle, wie ein schützender Mantel.*

Er hinterließ ein Gefühl von Geborgenheit und Erfrischung, trotz des wenigen Schlafes. Die Sonne stand noch nicht besonders hoch, als ich anfing, meinen Horst abzubauen. Vorsichtig montierte ich mein Hüttchen wieder ab und verstaute die Utensilien in meinem Rucksack. Sehr vorsichtig stieg ich wieder vom Baum herunter. An diesem Ort wollte ich mir sicher kein Bein brechen. Das konnte mich hier eventuell das Leben kosten. Unten angekommen, fühlte ich mich doch erfrischt von allem, was mich in dieser Nacht berührt hatte. Nun wollte ich Ausschau halten, nach einem kleinen Frühstücksbuffet, irgendwo. Ich setzte in aller Ruhe den Rucksack auf und richtete den Sinn wieder auf den Wald. Zu einer bestimmten Richtung fiel mir ein, dass ich dort Wasser finden würde. Dieser Fährte folgend, fand ich tatsächlich einen kleinen Bach. Darin wusch ich mich und schöpfte Wasser mit meiner Flasche. Das Wasser erfrischte und schmeckte richtig gut. Nahebei fand ich noch ein paar Baumfrüchte, mit denen ich meinen Morgenhunger stillen konnte.

Schicksalsbegegnung

Dann lenkte ich zufrieden meine Schritte wieder durch den Wald. In Bewegung wollte ich eine Idee bekommen, wie und wohin es weiter ging. Nach einer Weile sah ich weiter entfernt in Wald etwas, das sich bewegte.

Bald erkannte ich was es war. Ich traute meinen Augen erst nicht. Da kam Yara auf mich zu! Sie hatte mich schon gesehen und strahlte mich an. Sie rief, noch ein paar Meter entfernt: „Oi, bon dia! Hallo, guten Morgen!"

Mir blieb regelrecht der Mund offen stehen. Während sie die letzten Meter näher schritt, passierte zwischen uns jede Millisekunde eine Menge. Ich freute mich gewaltig und schämte mich zugleich der Vehemenz der Empfindung. Die Vertrautheit war schon auf Abstand wieder da gewesen. Einen letzten Meter bevor sie ankam breitete ich meine Arme aus. Sie ließ sich hineinfallen. Ich hielt sie einige Lichtjahre fest, küsste sie auf die Wange und sagte: „Yara, mit dir hatte ich überhaupt nicht gerechnet!"

Dann standen wir uns gegenüber und sahen uns an. Sie sagte: „Hallo Sascha, wie es aussieht, geht es Dir gut, hier im Wald."

Immer noch erstaunt sagte ich: „Gestern habe ich von Dir

geträumt. Heute bist Du hier. Das ist ein Wunder und so eine schöne Überraschung. Ich freue mich sehr dass Du gekommen bist."

Sie lachte und räkelte sich in meinen Armen.

Ich fragte: „Bist du hier zufällig, oder wolltest du mich hier finden?"

Sie erhob sich wieder und sagte: „Sagen wir, ich habe hier noch etwas zu tun. Und ich wollte dich auch finden."

Ich fragte: „Aber wie konntest du das? Hier sind wir noch Stunden von der Station entfernt."

Sie sah mich mit ihren tiefen Augen an und sagte nur: „Ich wollte dich finden und habe meine Führung. Auch fand ich Hinweise nach dir. Du hinterlässt auch Spuren im Wald, falls du das noch nicht weißt. Und nicht nur, wenn du auf die Toilette gehst. Ich zeige es dir später."

Ich konnte sie wieder maßlos bewundern. Wir gingen zusammen weiter. Es dauerte nicht allzu lange, bis ich ihre Art bemerkte, durch den Wald zu gehen. Zum Einen hatte sie eine andere Art, sich zu bewegen. Beinahe völlig lautlos konnte sie ihre Füße auf den Boden setzen. Flüssig wellend ging sie durch den Raum. Es hatte viel davon, wie ein Fisch durchs Wasser glitt. Und wenn ich mein Inneres darauf einstellte, konnte ich fühlen, dass ihre Verbindung mit den Dingen auch eine andere war.

Wir sprachen über dies und das. Zum Beispiel über meine Erlebnisse der letzten Wochen. Wie Paulo und der Wald mich belehrt hatten, wie ich fast gefressen und erschossen worden wäre. Sie sprach auch über ihre Tätigkeiten und Erlebnisse in der Stadt.

Sie hatte diese wunderbare Art zu erzählen. Beim Sprechen legte sie vielmals ihre Hand auf meinen Körper, wie um das Gesagte sanft einzudrücken. Jedes Mal ging mir dann ein kleine Schauer durch. Mit jeder Minute des Gespräches wuchs die Vertrautheit. Ein wohliger Überfluss von Wärme herrschte zwischen uns. Ihre Stimme war so laut und klar, dass ich immer ein Stück aufwachte, wenn sie sprach. Wenn sie mich ansah, fühlte ich mich wie ein besserer Mensch, als für den ich mich hielt. Zudem übte sie einen Zauber auf mich aus, der mir sagte, dass mit ihrer Art zu sein, ein bedeutender Teil des Lebens erst noch zu entdecken wäre. Darauf war ich furchtbar neugierig. Und ehrlich gesagt, war ich im Begriff, mich zu verlieben.

An einer Stelle zeigte sie mir einen Busch, an dem ein paar kleine Zweige in Schulterhöhe abgebrochen waren. Sie deutete darauf und sagte: „So brechen nur Menschen die Zweige. Das ist eine Möglichkeit, Hinweise nach dir zu finden. Bei einigen Vertiefungen im Boden sehe ich deine Füße ebenso."

Ich staunte. Dann sagte sie mir, wie in meinem Traum, tags zuvor: „Komm, ich will dir noch etwas anderes zeigen!"

Dieser Satz erzeugte in mir eine ungeheure Spannung. Denn genau diesen Wortlaut hatte ich doch, von ihren Lippen kommend, geträumt. Weil ich darin keinen Zufall sehen konnte, nahm ich es als weiteres Zeichen der Verbundenheit zwischen uns. Woher kam diese Vertrautheit? Etwas selbstverständlich zusammengehöriges war fühlbar.

Wir gingen eine Weile. Sie führte mich an einen kleinen Fluss. Es war ein kleiner Nebenzufluss des Rio Jauaperi. An einer Stelle war ein Abriss in der Geo-Formation. Einige Meter vor der Mündung des Baches entstand ein Wasserfall. Er fiel in den tiefer gelegenen Fluss hinab. Davor lag das kleine beckenförmige Delta. Den Platz erreichte viel Sonne. An den meisten Uferstellen drängten sich Bäume und Büsche, bis ans äußerste Ufer. Manche trieben ihre Äste noch weit über die Wasserfläche hinaus. Ganz selten waren die Stellen, an denen stärkere Strömungen, oder regelmäßig auftretende Hochwasser Flussbiegungen von Vegetation frei hielten. Hier war eine. An der Mündung war ein kleines Stück Sandstrand, das leicht zum Fluss abfiel.

Es war ein schönes, ruhiges und sonniges Plätzchen und ein passender Platz für unsere Begegnung. Ich freute mich und war sehr gespannt. Die Sonne wärmte richtig, hier. Und schon beim ankommen rief ich: „Ah, que lindo! Ach, wie schön! Können wir hier schwimmen gehen?"

Ich setzte seufzend meinen Rucksack ab. Da sprang sie schon lachend ins Wasser. In wenigen Sekunden hatte sie sich ausgezogen. Sie war in allem so natürlich und hatte weniger Hemmungen als ich, ihren atemberaubend schönen Körper zu zeigen. Immerhin musste ich nun nicht darüber nachdenken, wie ich mich angemessen höflich zu verhalten hatte und streifte meine Kleider ebenfalls schnell ab. Einen Blick nach etwaigen lauernden Tieren am Ufer warf ich trotzdem. Dann glitt ich auch in den Fluss und genoss das weiche Wasser.

Wir hatten alle herzliche Unschuld. Wie Kinder genossen wir das Bad, spritzten herum und tanzten im seichten Wasser. Sie wirkte mit dieser Umgebung so vertraut wie jemand, der in seinem Garten herumgeht, wo er seit Kleinkindtagen aufwuchs. Davon übertrug sich einiges auf mich. Das war noch stärker als mit Paulo.

Danach hockten wir nebeneinander im Sand, malten in ihm herum und ließen uns die Haut von den Sonnenstrahlen trocknen. Eine Zeit brauchten wir keine Worte, waren einfach da.

Dann fragte ich: „Was hat Dich hierher geführt?"

Nun wurde sie ernster und sagte: „Als wir uns das letzte

Mal trafen, wusste ich sicher, dass wir uns kennen. Nur war mir nicht klar woher. Etwas später träumte ich etwas eigenartiges: Da war ein junger Kapitän, der lud mich und ein paar Freundinnen auf eine Bootsfahrt ein. Wir legten mit einem riesigen Schiff ab und hatten eine schöne Segelfahrt. Irgendwann fragte ich, wohin wir segelten. Der Kapitän antwortete: „Nach Europa!"

Ich stellte mich vor ihn hin und befahl, uns wieder nach Hause zu bringen. Er schaute mich lieb und traurig zugleich an und antwortete nur: „Erst wenn du mir verziehen hast!"

Noch während wir uns ernst anschauten wachte ich auf. Und seit diesem Moment wollte ich Dich treffen."

Aus dieser Erzählung wurde ich nicht recht schlau. Ich fragte sie: „Was hat dieser Traum mit mir zu tun?"

Sie antwortete: „Weißt du das wirklich nicht? Als ich vorhin Paulo traf, erzählte er mir, dass du langsam dem Licht und den Farben näher kommst und dich anfängst zu erinnern."

Etwas verwirrt antwortete ich: „Ja schon, Wunderbares passiert mir hier, in diesem herrlichen Wald. Doch ich verstehe wirklich nicht, wie dein Traum mit meinen Erinnerungen und unserer Begegnung zusammenhängt. Kannst du es mir vielleicht erklären?"

Sie zögerte keinen Augenblick und begann sofort zu erzählen: „Vielleicht weißt du, dass ich halb indianischer Herkunft bin. Davon bin ich ein wenig geprägt, oder auch etwas mehr. Indianer halten regen Kontakt mit ihren Ahnen. Sie versuchen von ihnen auch Rat und Hilfe für dieses Leben zu bekommen, zum Beispiel Hinweise auf Dinge, von denen sie noch nichts wissen und vieles mehr. Um in Kontakt zu kommen versetzen sie sich in besondere Zustände. Manchmal auch mit Hilfe von Drogen, die sie aus dem

Wald gewinnen. Es gibt solche Substanzen zum Kauen, zum Schnupfen.

Das Geschenk, das sie aus solchen Zusammenkünften bekommen, ist das Erleben von Zusammenhang. Zusammenhang von ihrem Reich mit unserem, des geistigen Lebens mit dem Naturdasein, aber auch der früheren Zeiten mit den jetzigen. Für alle ist dabei sehr wichtig, ihre Gründe zu erfahren. Warum ihre Neigungen so sind wie sie sind, oder ihre Körper, oder warum sie besondere Eignung haben, mit bestimmten Tieren in Zusammenarbeit zu kommen. Diese Zusammenhänge brauchen und schätzen sie für ihr Leben.

Die Erinnerung und Begegnung mit Vorfahren nimmt dabei eine besondere Stellung ein. Einjeder kennt sich besser, wenn er den Lauf seiner Vorfahren kennt, was er von ihnen hat und was er selbst individuell entwickelt hat.

Was ich dann noch dazu lernen durfte, nenne ich den zivilisierten und christlichen Teil von geistigem Leben. Hier wird die eigene Geschichte durch viele vorige Leben noch einmal nacherlebt. Danach kann in einem weiteren Schritt das nun aktuell erkannte Leben mit Christus verbunden werden. Hier entdeckt ein Mensch sich frei von den Zwängen, die von seinen Urahnen aufgedrückt waren. Und es werden neue Lebensentschlüsse fassbar.

Auf diesem Weg gehört es auch dazu, dass frühere Leben noch einmal bewusst erfahren werden. Es muss erkannt werden, worin noch unerlöste Taten lagen und wie darin Veränderungen geschaffen werden können. Erst in diesen dunklen Ecken der eigenen Vergangenheit können Probleme des jetzigen Lebens gelöst werden. Ihr Zusammenhang wird vorher nicht klar. Dann erst kann sich neues Schicksal auftun und freie Entscheidungen getroffen werden.

Nachdenklich wand ich ein: „Das klingt dem ganz ähnlich,

was mir Paulo vor einiger Zeit sagte."

Ruhig fuhr sie fort: „Die Reise zum gesetzten Schicksal zu unternehmen verläuft etwas anders als die Ahnenbegegnungen bei den Indianern. Vor allem hat es nichts mit Drogen zu tun. Diese Schicht muss angerufen werden. Und man muss eine Bereitschaft signalisieren, wirklich sein Schicksal anzuschauen und in Zusammenarbeit zu treten. Jetzt aber nicht mit den Ahnen, sondern anderen, wie zum Beispiel weiteren Anteilen des Selbst. An dieser Bereitschaft - anzuschauen - mangelt es meistens.

„Warum das?", fragte ich.

Sie sagte: „Weil du dann mit ansehen musst, was du an Fehlern angerichtet hast. Wenn andere Menschen auf dich schauen und zum Urteil kommen, dass du zur Begegnung mit deinem Schicksal bereit bist, gibt es auch Möglichkeiten, diese Schicht näher zu holen. Und wenn du willst können wir das zusammen versuchen. Als Letztes kann ich dir dazu nur sagen: es ist nicht einfach und es ist gefährlich. Solltest du den geringsten Zweifel haben, tu es nicht. Ich würde es auch nicht, wenn ich irgend einen Zweifel hätte."

Darauf konnte ich lange nichts sagen. Es kam mir vor, als ob mir hier das größte Abenteuer meines Lebens angeboten würde. Manches klang auch fremd und phantastisch für mich.

Deshalb fragte ich nach: „Du glaubst also, wir leben nicht nur einmal sondern öfter. Wir kommen wieder und knüpfen an einer zusammenhängenden Geschichte weiter. Es gibt einen Anteil von familiären Verknüpfungen. Es gibt einen anderen von individuellen Verknüpfungen. Ist das richtig?"

- „Richtig, weiter!", trieb sie nun ungewöhnlich trocken an.

Ich sagte: „Und wenn ich dich recht verstehe, haben die Dinge die da passieren, in den verschiedenen Leben, ob sie gut oder schlecht verlaufen, eine Auswirkung auf mein jetziges Leben. Richtig?"

Kurz sagte sie: „Richtig, weiter!"

Ich fragte: „Und ich soll in diesem Leben einige Erlebnisse, die unbewusst in der Vergangenheit liegen, bewusst durchleben, damit ich aktuell an meiner Aufgabe anknüpfen und fortsetzen kann. Richtig?"

Sie lachte: „Wunderbar, weiter!"

Ich fragte: „Dann sage mir jetzt bitte, warum ich mich nicht einfach selbst daran erinnern kann. Warum brauche ich dich dazu?"

Nach kurzem Überlegen antwortete sie: „Wenn du dieses Leben verlässt, mit deinem Erleben, um nochmals in ein anderes zu schlüpfen, ist das wie ein Tod. Und damit verbunden erlebst du schöne und unschöne Dinge die zum Todesprozess gehören. Es ist gut, wenn ein Mensch in den Verhältnissen bleibt, in denen du diese Reise startest. Er kann auf dich und alles überblickend schauen. So gehst du nicht verloren."

Nicht allzuviele Bedenken hatte ich, aber die betreffenden Risiken wollte ich wenigsten kennen. So fragte ich noch: „Und wenn es schief geht, was passiert dann?"

Sie antwortete: „Falls Du es nicht verkraftest und die gemachten Erfahrungen zu stark sind, wirst du wahrscheinlich verrückt. Aber deine bisherigen Erfahrungen im Wald sprechen dafür, dass du es verkraften kannst."

Langsam fiel mir keine weitere Frage mehr ein: „Und warum sollte ich es überhaupt machen?"

Sie sagte: „Den Grund kann ich dafür nicht geben. Es sollte auf jeden Fall dein eigener freier Wille sein. Aber ich glaube, dass was du suchst auf keinem anderen Weg findbar sein wird. Ich glaube nämlich, dass du versuchst, auf einen ganz eigenen Weg zu kommen. Und den wirst du bei den Indianern so nicht finden.

Eine alte Sehnsucht nach Familie und Geborgenheit mag da noch eine Rolle mitspielen. Aber diese Art von Geborgenheit wird dich nicht erfüllen und glücklich machen. Du bist ein Europäer, ein moderner und individueller Mensch, in den letzten Jahren eines auslaufenden Jahrtausends aufgewachsen, erwachsen im Moment des anbrechenden dritten Jahrtausends. Wir können nicht mehr einfach in die Kindheit zurück, auch menschheitlich nicht und wir können nicht dieses Leben in Lebenszusammenhängen von früheren fortführen. Der Ansatz von heute muss gefunden werden.

Aber die Chance den Umweg zu machen, bei den Indianern, bleibt dir als Möglichkeit. Du bist von ihrem Gebiet nicht mehr allzu fern."

Wenn Yara so zu mir sprach, wirkte sie auf mich, wie eine urweise Alte. Obwohl sie so jung aussah, vielleicht Mitte zwanzig. Und sie trug die Dinge so entspannt vor, als ginge es nur darum, im Wald ein paar Beeren zu sammeln. Besonders wunderte mich, dass gerade sie, mit teilweiser Indianerherkunft, von den Begrenzungen dieser Kultur sprach und der Erweiterung durch moderne Spiritualität.

Aber was sie mir da geduldig erklärte, klang für mich auch wie ein folgerichtiger Schritt auf dem Naturweg. Auf der Entwicklungsleiter der Erlebnisse war für mich klar, dass die Seele und der Geist auf eine Weise in die Natur eingebettet sein mussten. In Unternehmungen mussten auch sie erfahrbar sein. Einen grundsätzlichen Widerspruch zwischen Geist und Naturdingen konnte ich in meiner unbedarften Auffassung nicht feststellen. Nur die Erreichbarkeit der entsprechenden Schichten war mir nicht kulturell vermittelt, oder durch eigene Entdeckungen gegeben. Deshalb stimmte ich zu, trotz aller Unsicherheiten, die ich damit noch hatte.

Ich sagte: „Ich nehme an, du hast die Reise schon unternommen. Etwa mit Paulo?"

Sie stimmte zu: „Ja ich habe diesen Weg schon mehrmals gemacht. Es ist kaum mit einem Mal getan. Und Paulo bin ich in diesen Zusammenhängen auch erstmals begegnet. Aber er war nicht direkt bei meinen Rückerinnerungen beteiligt. Ich hatte andere Menschen zu Hilfe."

Ich spürte keine Grenze des Vertrauens und bestätigte ihr nochmal: „Gut, ich vertraue dir meine Leben an. Wir können beginnen. Ich bin bereit."

Sie lächelte dankbar und schritt sofort zur Tat: „Dann lass uns dort drüben im Schatten einen geeigneten Platz finden."

Zurück in die Zukunft

Wir fanden eine Stelle, wo ich mich hinsetzen und anlehnen konnte. Sie legte ihre Arme auf meine Schultern. Dann wies sie mich an, die Anrufung abzuwarten und danach alles direkt zu erzählen, was ich erlebte.

Sie fing an zu singen. Das umfing mich wieder in einem schönen Klang wie das letzte Mal. Dann begann etwas sanft einzugreifen, es war auf der Haut und dann auch tiefer spürbar. Dazu breitete sich eine Schwärze über mich aus. Yara wies mich an, dort tief hinein zu gehen.

In einer sehr realen Schau sah ich mich in einen anderen Körper ziehen, in eine andere Zeit. Ich merkte den Übergang dorthin deutlich als Schwelle. Dann auch durch einen veränderten Zusammenhang der Lebensgefüges. Ich konnte erleben, dass das was Yara geträumt hatte, zum Großteil den früheren Tatsachen entsprach. Hier war ich nun aktiver

Teilnehmer eines vorigen Lebens.

Ich hatte ein Schiff unterhalten, und Menschen ihrer Heimat entrissen, um sie andernorts zu verkaufen. Ich stammte damals aus demselben Kulturkreis wie sie. Unter Yaras Augen konnte ich nun in neu rückschauender Sicht alle Schicksale mitansehen, die ich zerrissen hatte. Und ich litt unendlich daran.

Mit einer jungen Frau, die damals auch auf dem Schiff war, verliefen die Dinge anders. Trotz der unsäglichen Menschenvergehen, die ich beging, konnte sie mich lieben. Wir konnten uns lieben. Dadurch konnte ich im Innern zu einer Wende aufwachen.

Erstmals interessierte ich mich für das Schicksal derer, die ich wie eine Ware ablieferte. Zuvor wusste ich gar nicht, was mit ihnen passierte. Nun verfolgte ich es nach und musste dabei Schreckliches entdecken.

Auf dieser schicksalshaften letzten Fahrt wollte ich wenigstens das weitere Leben der geliebten Frau behüten. Das war mir aber damals leider nicht vollständig möglich. Ich war ja selbst in dem Kulturraum dort fremd und meine Mittel begrenzt. Nur vor dem Allerschlimmsten konnte ich sie bewahren und sie in ihrer letzten Lebenszeit begleiten, ihr meine Liebe beteuern und sie um Verzeihung bitten.

Sie konnte es anscheinend tatsächlich verzeihen. Nur ich konnte es nicht annehmen und verurteilte mich vor allem selbst. So viele hatte ich aus ihren Familien und ihrem Land gerissen, und in der Folge zu lebenden Toten gemacht. Das Schicksal all dieser Unglücklichen erfuhr ich nun in der eigenen Seele. Über dieses Leben hinaus, wollte ich für Ausgleich sorgen und richtete mich im folgenden Leben so ein, dass ich dieses Schicksal auch am eigenen Leibe erfahren sollte.

Hier lag die wahre Ursache für meine Heimatlosigkeit! Und
allein durch äußere Veränderungen war sie nicht zu ändern.
Vor allem meine Haltung wäre der Ort der Veränderungen.
Die könnte sich bei einer Neubegegnung mit den betroffe-
nen Menschen und Situationen erweisen.
Auf diesem Wege eröffneten sich noch mehr Hintergründe
für manche schwere Schläge im jetzigen Leben. Jedes Mal
war erkennbar, dass ich mir die Suppe zuvor einmal selbst
eingebrockt hatte.

Irgendwann sagte Yara: „Komm jetzt wieder in dieses Leben als Sascha Denzer und stehe auf!"

Sie begann wieder einen Gesang, der mich mit seinem
Wohlklang einhüllte und dann eine Wirkung mit sich brachte. Es führte mich wieder in die Verhältnisse dieses Lebens
hinein.

Geburtskanal

Ich schlüpfte, so gut ich konnte in meine Glieder und das
Gerüst von Zeit und Ort. Der Gesang regte mich zudem an,
meine Stimme zu betätigen. Langsam schwang ich in Yaras
Melodien mit ein. Bald sang ich auf eigene Weise. Dann
stand ich auf und nahm behutsame Bewegungen auf. Nun
bewegten wir uns in losem Zusammenhang nahe beieinander. Damit kam ich weiter an.

Die Atmosphäre unter uns und während dieser Vorgänge
war sehr liebevoll. Die Verbundenheit mit diesem Ort, der
uns dies ermöglichte, war ebenfalls davon innig durchdrun-
gen.

Im Singen führte etwas mein Bewusstsein auf Yaras Rücken
zu. Ich spürte, dass sich ein bestimmter Vorgang anschließen wollte und ging dem nach – wiederum wie zuvor geträumt. Mit meiner Stimme bekam ich Kontakt mit den
Kräften ihrer Aura. Stück für Stück sang ich mich in ihre

Wirbelsäule hinein und dann herunter. Am unteren Ende ging ein Trichter auf und erzeugte einen Sog. Nun wusste ich intuitiv, worum es ging. Es war ein Geburtskanal in Yaras System aufgegangen.

Langsam rutschte ich an ihrer Rückseite hinab und hockte unter ihr Becken. Sie öffnete die Beine und umfing mich mit ihnen, wie in einem engen Zelt. Die Klänge bauten das Gebilde des Geburtskanals weiter aus. Immer dichter wurde er, bis zum Tastgefühl. Nun war ich ganz von Yara umschlossen und erlebte in diesem gemeinsamen Singen einen gerafften Reifungsprozess. Eine starke liebevolle Hülle und lichte Wärme arbeitete an uns. Wir waren in Eins verbunden.

Doch war auch die Entwicklungsrichtung auf eine baldige Trennung wahrnehmbar. Schwere erfasste zunehmend meinen Körper und ebenso der Drang, nach draußen und auf die Erde zu treten. Es war nicht nötig, irgendein Wort zu sprechen, da uns bewusst derselbe Prozess mit demselben Wissen vereinte.

Die Ablösung hatte eine deutliche Schwelle. Wir mussten eine ganze Weile bewusst auf die Trennung hinarbeiten und sogar mit großer Anstrengung durchführen. Wir hafteten in der Geburtssphäre fest aneinander. Die Anstrengungen zur Auseinandersetzung wurden stärker und unser Gesang durchdringender.

Später setzte sich Yara sogar mit vollem Gewicht auf mich und rutschte an meinem Rücken herab. Dieser physische Druck war eine große Hilfe, meinen Körper wieder in die eigene Aura und frei in die Welt zu setzen. Es war schmerzhaft, anstrengend und wunderschön zugleich. Die Schmerzen halfen die Ablösung zu befördern. Irgendwann merkte ich etwas wie eine Hülle von mir weggehen.

Dann konnte ich aufstehen. Die Knie wackelten mir noch. Wir hielten uns noch an den Händen. Dieser letzte Halt war wie eine Nabelschnur. Ich ging stärker in den Atem hinein. Er brachte mich mehr ins unabhängige Sein. Wir warteten geduldig, bis die Lösung kommen konnte. Irgendwann war der Moment spürbar da. Wir sahen uns an, ließen voneinander los und verstummten. Damit war ich wieder ganz selbst in diesem Leben. Zugleich waren wir so erleichtert, dass wir ständig lachen mussten. Der Prozess war zu Ende. Der wundersame Zustand klang ab. Wir schnauften kräftig durch, nach diesen langen Anstrengungen.

Sie hatte mich wiedergeboren, in einer Art Geburtsprozess. Und ich war bewusst und aktiv daran beteiligt gewesen. Die Verbundenheit und das klare Wissen klangen noch so sehr nach, dass wir kein Wort sprachen. Immer wieder lachten wir vor Verwunderung und küssten uns. Eine lange Zeit strichen wir uns über Kopf und Arme. Das half zu sich zu kommen.

Es war sehr eigenartig, nicht genau im Gefühl unterscheiden zu können, ob ich hier meine Geliebte, oder meine Mutter küsste. Ich war nicht aus ihrem Blut hervorgegangen. Doch das vollständige Durchleben des Geburtsvorganges erfasste die Seele stark und das Blut teilweise mit. Und das stellte mich noch einmal neu auf die Erde und in dieses Leben.

Der Ort an dem es geschehen war, wirkte auch nicht mehr wie zuvor. Er war nun vertrauter, näher und in sich selbst ein wenig anders. Es schien, als ob der Platz uns nicht nur aufgenommen und geborgen hätte, damit etwas neues entstehen konnte. Wir hatten in ihm auch etwas neues hervorgebracht. Die Stimmung trug ein fühlbares Zeugnis von den Ereignissen, die dem Leben, der Liebe und der Selbstfindung gewidmet waren.

Mit der Zeit nahm ich Yara wieder als geliebte Freundin wahr. Als wir uns erholt hatten, war die Zeit schon deutlich fortgeschritten. Wenn wir nicht noch eine weitere Nacht im Wald verbringen wollten, mussten wir bald zurück. Wir machten uns auf den Weg. Das Gehen war anfangs noch etwas unsicher, doch es tat mir sehr gut. Es half mir weiter anzukommen. Irgendwie musste ich noch einmal gehen lernen. Ich war ziemlich auseinandergenommen worden und musste nun einiges dafür tun, die verschiedenen Glieder meines Wesens wieder gut zusammenzufügen. Mein Körper, mein Vitalsystem, meine Gefühle, meine sinnlichen Auffassungen und mein Geist, sie wollten wieder in ein neues Gleichgewicht finden.

Yara drängte mich nicht, als sie sah, dass ich erst langsam und behutsam in Bewegung kam und sagte: „Das wird sich noch ein paar Wochen auswirken, bis Du wieder in einem neuen Gleichgewicht bist. Es wäre gut, heute und morgen mit allem sehr vorsichtig zu sein und viel zu trinken."

Da ich insgesamt noch etwas benommen und stark nach innen gekehrt war, war ich sehr froh, dass sie vorangehen konnte und mich zur Station zurückführte. Durch die Prozesse war ich zugleich sehr belastet und erleichtert.

Bei Einbruch der Dunkelheit kamen wir wohlbehalten an der Station an. Paulo hatte ein festliches Abendessen gekocht und für mich ein paar Früchte aus der Stadt mitbringen lassen. Das hieß uns gut willkommen.

Er schaute Yara eindringlich an und fragte kurz: „Hat er die Rückreise angetreten?" Yara schwieg, nickte aber.

Dann sagte Paulo: „Lasst uns ein bisschen feiern!"

Wir setzten uns einträchtig zusammen und genossen den Abend mit leichten Gesprächen.

An diesem Abend realisierte ich, was in den letzten Wochen alles vorgegangen war. Wie außergewöhnlich war das doch alles, dachte ich. Hätte ich die Erlebnisse für Glück oder Zufall gehalten, dann hätte ich die Wunder abgeleht. Und dann würde ich mein Leben nicht ernst nehmen. Wie könnte ich all das erleben und dann alles beim Alten lassen, die Lebenssicht nicht verändern, die Perspektive, die Ziele? Das ging nicht. Mit wurde klar, dass weitere starke Veränderungen kommen würden.

Langsam kam ich wieder richtig zu mir. Und ich saß glücklich mit den beiden zusammen. Wir sprachen nur noch ein wenig über biologische Themen. Dann war ich so müde, dass ich bald in meine Hängematte wollte. Wir räumten ab, wünschten uns eine gute Nacht und gingen schlafen. Die Nacht und ihre Klänge des Waldes umfingen uns. Ich tauchte ganz in sie ein. Im selben Augenblick, als ich im Tuch lag schlief ich ein. Selig und sehr lange schlief ich. Am kommenden Nachmittag erst erwachte ich wieder. Schon beim ersten Augenaufschlag fühlte ich mich so wohl und klar, wie seit sehr langer Zeit nicht mehr.

Meine beiden Freunde waren zu Untersuchungen in den Wald gegangen. Raul richtete mir ihre Nachricht aus, sie würden nicht allzu lange brauchen und ich sollte mich ausruhen. Er leistete mir zum Frühstück, das eher ein Spätstück war, Gesellschaft. Ich genoss zwei der Kokosnüsse, die er aus der Stadt mitgebracht hatte. Sie waren hier selten. Kokosnüsse gehörten nicht zum Urwuchs Brasiliens. Sie mussten aus der Küstengegend, wo die Kokospalmen inzwischen häufig waren, herangefahren werden. Ich trank die Nüsse mit großem Genuss und spürte nach, wie die Milch in meinen Körper sickerte.

Raul fragte mich: „E tamben Biologico locé? Bist Du auch Biologe?"

Ich sagte: „Nao, sou musico. Nein, ich bin Musiker."

In seiner einfachen Art sagte er: „Mas, locé e como un Biologico. Aber du bist wie ein Biologe."

Um seinen Spruch von den Indianern aufzugreifen sagte ich schnippisch: „Weil ich in Wahrheit ein Tier bin, eine Bestie des Waldes, weißt Du."

Wir lachten, er hatte verstanden.

Den Rest des Tages tat ich fast gar nichts, entspannte und schlenderte einfach ein wenig um die Station herum. Beim Reparieren des Stromgenerators konnte ich Raul ein paar Handgriffe helfen. Es tat gut, in aller Ruhe anzukommen.

Die beiden kamen bald zurück und waren dann sehr interessiert, wie es mir geht. Es ging gut. Mit Freude sah ich, dass sie auch ohne Waffen in den Wald gegangen waren.

Wieder saßen wir den ganzen Abend beieinander, bis wir schlafen gingen. Zu meinem stark romantischen Gefühl für Yara war noch eine andere Art von Verbundenheit hinzugekommen. Derzeit wusste ich nicht recht, wie ich sie einordnen sollte. Die offengelegten Untaten, aus der Schau aus vorigen Zeiten, machten mich demütiger.

Als jeder in sein Bett ging, lag ich noch lange wach. In meinem Kopf ging eine Suche nach einem neuen Selbstbild los. Ich konnte mich nicht mehr als so gut ansehen, wie mein bisheriges Selbstbild gewesen war. Das war zusammengesetzt aus den Ansichten vergangener Situationen dieses Lebens. Der Rahmen war nun gesprengt. Offenbar gab es da noch viel mehr zu berücksichtigen.

Die neuen Ansichten erklärten mir erstmals, warum mich

einige Menschen in spontaner Begegnung extrem abge-
lehnt hatten. Diese Reaktion hatte ich bisher kaum verstanden. Meine Selbstkritik konnte sich erst auf Taten dieses
Lebens beziehen. Nun musste dafür noch mehr integriert
werden. Damit hatte ich zunächst Probleme. Die liefen vor
allem in meinem Kopf ab. Er kombinierte die Erwartung,
auf negative Züge Ablehnung zu erfahren. Komischerweise
trat hier das Gegenteil ein.

Yara und Paulo lebten eine Verbundenheit zu mir, die sich
nicht auf einen richterähnlichen Beschluss gründete. Nicht
eine Summe von Gut oder Schlecht führte zu einem Urteil,
das die Begegnung bestimmte. Das hatten sie gar nicht nötig. Angstfreiheit und Freiheit überhaupt schufen eine andere Grundlage von Menschenbegegnung. Sie definierten sich
vielleicht viel mehr aus dem, wie sie von sich aus begegnen
wollten.

Außer meinem Kopf kamen meine Gefühle zum Ausdruck.
Vieles tat sich hier auf. Einerseits empfand ich die alte
Schuld der früheren Taten. Andererseits sah ich eine morali-
schere Entwicklung in diesem Leben. Zwar empfand ich
auch hier über vieles Schuld, doch entdeckte ich eine
grundsätzlich andere Ausrichtung – zum Menschlichen hin.
Die sah ich sowohl in der Lebenshaltung, als auch in Taten.
Weitere Gefühle ergaben sich aus dem Zusammentreffen
mit Menschen in der Gegenwart, auf diesem Natur-Weg
nach Brasilien. All den Menschen hier konnte ich so gut begegnen. Vor allem Yara und Paulo schienen die Begegnung
vorbehaltlos zu bejahen.

Schon diese zwei Perspektiven, des Kopfes und der Gefühle,
zwangen mich, keine Sicht festzulegen. Es musste mit dem
Aufdecken fortgefahren werden, ohne ein Urteil beizufügen.
Die Dinge wollte ich annehmen und belassen, wie sie eben

waren.

Außerdem kam noch eine dritte Perspektive hinzu. Aus Begegnungen und Tätigkeiten sprach sich ein Wille der Zukunft aus. In meinen Erlebnissen hier lag nicht nur etwas, das ich darin sehen wollte. Es lag auch etwas an sich darin. Das wies auf einen Weg der Taten zur Zukunft.

Die Begegnungen mit den Menschen und der Natur waren ständig produktiv gewesen und hatten Weiteres hervorgebracht. Und das Meiste davon hatte den Charakter des Neuen. Es war ständig Entdeckung und Steigerung in mehreren Sinnen gewesen.

Diese Sinneserlebnisse zu einer Erkenntnis zu bringen, gelang mir momentan nur in winzigem Maß. Diese Winzigkeit war mir aber genug. Sie reichte aus, das Nebeneinander dieser drei Seelenansichten von Denken, Fühlen und Wollen von Zwiespalt frei zu halten. Und die entscheidende Haltung, um sie in der Schwebe und lebendigen Mitte halten zu können, war die Freiheit von Angst und Urteil. Nichts musste festgelegt werden, was das Leben nicht von selbst herauskristallisierte. Der Zusammenhang der Dinge in der Welt durfte sich von selbst, in aller Ruhe hereinstellen. Weil kein Urteil stattfinden musste. Ich durfte einfach im Leben entdecken und die rechten Urteile würden mich bei Reife schon erreichen.

Es formte sich in mir das Bild einer Schwangeren, die alles aufnahm und erst in ihrem Bauch die Keime ins Leben trug. Sie ging damit auf die Beine und ließ eine längere Reifezeit verstreichen. Dann bei Reife würde der gewachsene Keim in die andere Daseinsform treten. Schwere und Schmerzen konnten ertragen werden, damit das Leben seine Bahn zog. Mit diesem Lebensweg wollte ich meinen Frieden machen. Es war eine Art Versöhnung mit dem Leben. Die Lebensflucht, die Angst und die Todessehnsucht waren genügend durchlebt, um wieder umzuwenden und am anderen Pol des Lebens Aufbau zu tragen. Die Ungewissheiten auf den Wegesstationen musste ich annehmen lernen. An diesem Punkt angekommen konnte ich endlich wieder in den Schlaf sinken.

In dieser Nacht träumte ich von einer weiteren Schiffsfahrt: *Die unternahm ich wiederum nach Europa, um die junge Frau von damals abzuholen. Weil sie inzwischen alt und grau geworden war, verging einige Zeit der Suche, bis ich sie fand und erkannte. Als ich ihr sagte, ich würde sie zu ihrer Heimat zurück bringen, schaute sie mir tief in die Augen, sagte kein Wort. Dann hob sie die Hand hoch und mir entgegen, damit ich sie führen könnte. Ohne ein weiteres Wort ging sie mit auf das Schiff.*

Während der gesamten Überfahrt sah ich sie nur ein einziges Mal. Da stand sie auf dem Oberdeck und hielt das Gesicht gegen den Wind, nach Westen zu. Ich konnte sie nur von Weitem sehen, fand sie aber schon zu diesem Zeitpunkt eigenartig verändert. In Europa hatte sie gebeugt, fast gebrochen ausgesehen. Nun stand sie aufrecht, nur noch leicht schwankend.

Als sie von Bord ging, trug sie ein Tuch, eng um den Kopf gelegt. So konnte ich ihr Gesicht nicht erkennen. Die ersten Schritte an Land trat sie fest und langsam auf. Dann stampfte sie ein paar Mal mit den Füßen auf den Boden.

An exakt denselben Platz, von dem ich sie damals mitgenommen hatte, brachte ich sie zurück. Da hob sie das Tuch hoch vom Kopf und stand als junge Frau wieder da. Wir schauten uns in die Augen. In diesem Augenblick erkannten wir uns wieder, im Verhältnis unserer früheren Zuneigung. Als wären wir uns jetzt erst wieder richtig begegnet.

Sie gab mir die Hand, wie zum Dank. Freude strahlte und die Traurigkeit floss in Tränen aus ihren Augen. Ebenso ging es mir. Ein Stein fiel mir vom Herzen. Ein See von Tränen spülte mich von den Belastungen der Schuld und bedrückendem Mitgefühl frei.

Dann weckte mich etwas. Ein fein duftender Hauch strich mir über das Gesicht. Dann legten sich sanfte Lippen auf meine nassen Augen. Und ich vernahm ein sanftes Flüstern im Ohr: „Es ist vorbei. Du kannst es loslassen."

Es war so angenehm, dass ich vorzog, noch ein wenig später aufzuwachen. So ging der sanfte Morgenruf noch etwas weiter. Ich tastete und spürte ganz offen. Duftendes Haar und Haut legten sich auf mich. Es war ein süßer Morgentrunk.

Jetzt schlug ich die Augen auf. Yara weckte mich. Das Licht drang schon durch die Läden, stellte geometrische Gebilde leuchtend in den fast leeren Raum. Jetzt brandeten auch die Klänge des Waldes mit herein. Sofort wurde mir viel wärmer. Die Nacht hatte so gut beruhigt und abgekühlt. Der Tag machte alles wieder so hell und warm. Was war das für ein Luxus, an einem Ort zu leben, wo man nie eine Heizung brauchte und wo die frische Luft stets warm war?

Das war ein vielversprechender Anfang für einen zweisamen Tag. So durfte meinerseits wirklich alles beginnen, egal wie der Tag damit fortfuhr. Eine Wanderung ins Urlaub des Waldes, zum Urstrom des Lebens, der Begegnung.

Sie fragte, ob ich mit ihr noch einmal zu dem Platz am Fluss gehen wollte. Natürlich wollte ich. Ein Badetag am sonnigen Strand war mir immer recht. Und mit Yara wäre ich sowieso an jeden Ort der Welt gegangen. Es versprach also ein schöner Tag zu werden.

Paulo traf uns beim Frühstück. Als er auf uns zulief, konnte ich an seinem Blick ablesen, dass er inzwischen erkannte, was uns verband. Er blieb kurz stehen und ich hörte ihn zum ersten Mal „ähh!" sagen. Ich glaube, dann änderte er seine Pläne. Er fragte, ob wir schon etwas vorhätten, für den Tag. Yara sagte ihm, dass wir zum Fluss wollten.

Da sagte Paulo: „Das träfe sich gut, falls ihr auf dem Weg ein paar Bodenproben nehmen könnt."

Natürlich konnten wir das. Paulo wies uns ein, wie wir die Proben nehmen und die Aufzeichnungen vornehmen mussten. Das war eine leichte Aufgabe.

Ein Stück Papaya und eine Flasche Wasser, das war uns Frühstück genug, bevor wir loszogen. Leichten Schrittes und verliebt gingen wir los. In Bewegung aufzuwachen genoss ich seit meiner Schulzeit. Damals, jeden Morgen auf dem Fahrrad, die Luft, das Licht begrüßend, in Krafteinsatz schnaufend. Heute gingen wir im warmen Garten, eskortiert von vielen Tieren des Waldes. Ich war sehr entspannt und noch ein wenig verschlafen. Reste des vorigen Traumes umwehten mich noch. Dann wurde ich immer wacher und lief in strafferen Schritten. Ein langes Stück wurden wir von einem Kolibri begleitet.

Ich fragte ihn leise: „Blumenküsser, so heißt Du hier, welche Blume küsst Du heute?"

Es kam leider keine Antwort, aber er flog eine kurvige Bewegungsform über den Weg, in seinem summenden Flug.

Es störte mich nicht, dass immer mehr Veränderungen in mir vorgingen, solange ich mich auf meine eigenen Füße gestellt fühlen konnte. Solange es sich weiterhin wie ein Ankommen im Leben anfühlte, sollte es mir recht sein. Und solange es zu solchen Begegnungen mit Menschen wie Yara oder Paulo führte.

Wir sprachen gar nicht viel, da sich so Vieles auf anderen Wegen ausdrückte. Jeder Augenblick sprach zwischen uns viel aus. Jede Geste war Nähe. Jeder gemeinsame Atemzug ein Fest und der gemeinsame Laufrhythmus eine Freude auf die Zukunft, die auf uns zufloss und wie eine starke Welle anbrandete. Sie trug uns auf ihrem Rücken der Gegenwart.

Wir liefen ziemlich zügig und konzentriert. Spielend nahmen wir die Bodenproben. Wir hatten einen Klappspaten mit. Am Boden musste man vorsichtig sein. Unter der Blätterdecke konnte alles mögliche Lebendige zum Vorschein kommen. Ich grub und sie kartierte, bei bester Arbeitsstimmung.

Auch Yara sagte, dass aus mir ein guter Biologe geworden wäre. Sie fragte: „Was ist an der Musik für dich wichtiger, oder besser, dass du sie zu deinem Beruf gewählt hast?"

Nach kurzer Überlegung und einem tiefen Seufzer sagte ich: „Die Musik und die Welt sind aus denselben Gesetzen gebaut. Der Mensch also auch. Aber in ihr fand ich noch etwas, das ich als ur-menschlich wahrnahm – die Freiheit. Schon im Rhythmus kannst du etwas finden, was auch die Sterne tun. Sie machen in weiten Bögen wiederkehrende Formen, immer in einer leichten Veränderung zu den vorigen Bögen. Der Musiker verändert auch ein Motiv immer etwas weiter. Und wie er das macht ist ein großes freies Feld. Gelingt ihm das, hat er momentane Inspirationen. Sie vergehen wieder. Aber in solchen Momenten kann man Unvergängliches schaffen. Außerdem haben Musiker, die länger miteinander arbeiten, eine Form von Gemeinschaft ausgebildet. Jede echte Gruppe prägt ein Zusammenleben aus. Manche von ihnen wurden mehr als eine Familie. Das hängt auch davon ab, ob die beteiligten Musiker sich wirklich fragen, was Musik eigentlich ist. Und wie sie vielleicht noch besser im Einklang gefunden werden kann. Darauf haben ja auch Musiker zumeist keine Antwort. Keiner weiß genau was sie ist außer einem Wunder. Aber ob man sie suchen geht, und miteinander erkennt, wo eine gemeinsame Haltung zur Suche eingenommen wird, ist entscheidend. Wir können nur versuchen so nah wie möglich an sie und ihre Gesetze heranzukommen, bis sie inspiriert, in einen Moment hinein, wenn man spielt, oder wenn man komponiert.

Wenn die Inspiration die Musiker erfasst, dann trägt das Ganze wie ein Schiff und wiegt sie hin und her, in ruhigem oder stürmischem Fahrwasser. Sie sind dann vereint in einem Raum. Und sie wissen während eines solchen Spiels vorher, was passiert. Es passiert nicht mehr in der üblichen Zeit, oder dem üblichen Raum.

Yara strahlte, als sie das hörte und küsste mich: „Das klingt, als ob Du von der Liebe und dem Leben selbst gesprochen hättest."

Ich wusste nicht recht, womit ich mir ihre liebevollen Äußerungen verdient hatte. Doch ich fragte lieber nicht nach und küsste sie wieder. So schenkten wir uns die Lippen hin und her. Dann gingen wir weiter.

Etwa gegen Mittag kamen wir am Fluss an. So schön der Wald war, so besonders war auch ein Urlaubstag an einem sonnenbeschienenen Strand, der nur uns gehörte. Drei bis vier Stunden hatten wir noch Zeit, bis wir zurück mussten, um später im Wald nicht im Dunkeln tappen zu müssen.

Als ich am Waldrand stand und auf den Fluss sah, hatte ich starke Erinnerungen von der Rückführung, die zuletzt hier stattgefunden hatte. Der Platz trug sie nun mit. Diese Erlebnisse hatte ich nun einigermaßen verarbeitet.

Die farbige Wasserfläche lud ein zur Erfrischung. Sogar ein kleiner Windhauch ging hier. Wir waren verschwitzt vom Waldlauf und zogen uns für ein Bad aus. Yara war wieder schneller aus ihren Kleidern und in den Fluss gesprungen. Wir spielten wieder im Wasser wie die Kinder. Durchs Wasser tauchend stießen und strichen wir mit unseren Körpern übereinander und aneinander entlang, wie die Delfine.

Das Wasser zog auf der Haut angenehm spröde zusammen. Es war euch etwas getrübt von vielen darin verrottenden Blättern. Die Berührungen ließen uns stark in den Tastsinn gehen. Mit der Zeit dehnte er sich wieder über die Haut hinaus aus. Noch im Wasser umarmte Yara mich. In der Umarmung gingen wir immer tiefer ins Wasser, bis nur noch unsere Köpfe heraus ragten. Dann klammerte sie sich an mich, wie ich es bei den Äffchen gesehen hatte. Lange ließ sie nicht mehr los und ließ sich von mir hin und her tragen und wiegen. Sie begann zu summen und zu singen.

Sie duftete wie eine reife Frucht, wie eine Blüte die sich ganz der Sonne am Mittag öffnet. Und ich kam wie der Kolibri herangeflogen und tauchte die Zunge in ihren Kelch. Wie eine Landschaft breitete sie sich ganz aus und gab sich völlig offen hin.

Ich drang in sie ein und ging dort spazieren. Sie sang immer weiter, bis ihre Stimme mich und alles andere leicht angerührt hatte. Manchmal kam ein wenig Text darin vor. Ich konnte aber nur „gostoso" verstehen. Für mich war sie auch ein einmalig leckerer Genuss, ein Geschenk und ein wundervoller Mensch. Die Sinne gingen vor Genuss über, steigerten sich und wuchsen in andere Räume. In ihren Augen konnte ich den Himmel sehen, wenn sie in meine eintauchten .

Das Wasser hob uns noch ein wenig auf, solange alle Zart-

heit waltete. Als wir reger wurden, hob ich sie, immer noch
an mir hängend, aus dem Wasser heraus und ging mit ihr
auf Land.

Ich legte sie auf eine freie Stelle am Boden. Hier gab uns
die Erde Halt hinzu. Ich legte mich auf sie und die Erden-
feste half uns, noch näher zusammen zu kommen. Unsere
Stimmen klangen zusammen und woben sich in die Wald-
geräusche mit hinein.

In so vielen neuen Facetten konnte ich Yara jetzt wahrnehmen. Auf diesem Weg entdeckte ich sie und durchwanderte
sie in vielen Winkeln. Auch sie wandelte sich in unserem
vereinten Feld, bewegte und hielt sich vielfach neu zu mir
und zeigte mächtig und sanft ihre geheimen Seiten.

Auch hier legte sich bemerkbar ein Segen auf uns herab.
Die Natur umfing uns bei diesem Liebesakt. Das Gespür
machte nicht an unseren Körpern halt. Wie ich auf ihr lag,
hatte ich das Gefühl, dass ich sie durchdringen konnte, bis
in die Erde hinein und dass die Erde sie mir mit zusätzlichen Kräften entgegenhob. Diese Kräfte durchdrangen uns
ganz. Und der weite Raum über uns schloss sich mit an
meinem Rücken an, an dem sie immer wieder zog. Ich
konnte ihn auch hier in ihren Augen sehen, diesen weiten
Raum.

War es eine Sinnestäuschung oder schwebte über dem Ort
eine große leuchtende Frauengestalt? Sie ähnelte sehr der
Erscheinung, die ich in meinem vierten Lebensjahr zum
ersten Mal gesehen hatte. Sie gab den Sinnen Vieles mit. Sie
färbte das Aussehen von allem grün, klang im Tönen mit
und warf den Mantel eines veränderten Zeitraumes über
uns. Es tat sich ein noch größerer Raum auf.

Dort waren wir in unserer Verbindung geborgen und blieben dort erhalten. Da blieb etwas Gemeinsames, das was

wir als Einheit waren. Auch wenn wir später wieder zu uns zurückkehrten, als getrennte Menschen. Der trennende Schein zwischen uns war kurz weggehoben. Ein Gleiches, das Wir, durften wir schauen. In dieser großen weiblichen Gestalt waren wir kurz derselbe Mensch und standen ab jetzt bewusst darin. Aber dieses Kurz war zeitlos lang. So vergingen Stunden in Unendlichkeit und Süße. Das ganze Sein war bald von diesem reifen Saft erfüllt, bis ein Ende von selbst kam.

Wir ließen uns wieder los.

Alles an uns und unserer Umgebung vibrierte leicht. Der Ort schwang in dem angestimmten Lied noch mit. Die Verbindung war so weit gegangen und betraf so viele Ebenen über den Körper hinaus. In diesem Ausmaß war es mir völlig neu.

Wir gingen ein letztes Mal in den Fluss und kehrten im Wasser nun wieder zu uns selbst und unseren eigenen Körpern zurück. Luft und Licht trockneten uns bald wieder die Haut. Wir bedankten uns beieinander und auch bei Ihr.

Und in aller Langsamkeit bereiteten wir uns zum Aufbruch.

Auf der Hälfte des Rückwegs pausierten wir.

Ich fragte sie: „Können wir zusammen sein, wie Mann und Frau, wie Partner?"

Sie schaute mich lange an, hielt die Hand an meine Wange und antwortete: „Das könnten wir wohl, wenn nur dein Weg in diesem Land läge. Aber du bist nach Europa geboren."

Ich verstand nicht und fragte nach, wie sie das meinte.

Sie sagte nur: „Wenn du in ein paar Wochen noch hier bist, komm zu mir. Ich würde mich freuen."

So eine sonderbare Antwort auf einen Partnerschaftsantrag hatte ich noch nie bekommen. Um mich zu beruhigen dachte ich mir, dass sie wohl einfach etwas Zeit bräuchte und begnügte mich, ein paar Wochen vergehen zu lassen. Dann wollte ich auf ihre Einladung zurückkommen.

Bei Anbruch der Dunkelheit erreichten wir die Station wieder. Paulo hieß uns willkommen, schaute mich durchdringend an, fasste mich bei den Schultern und fragte Yara: „Habt ihr euch gegenseitig angesehen?"
Sie nickte und lächelte.
„Gut so!", sagte er und umarmte uns beide.
Dann archivierten wir die Bodenfunde und verbrachten den Abend wieder gemeinsam auf der Terrasse.
So vieles hatte mich in den letzten Wochen berührt. Es veränderte mich. Der alte und festgefügte junge Mann wurde unter der Stärke dieser Eindrücke zerrieben. Und diese Stärke bestand in einer sanften Gewalt. Beinahe nichts konnte ich mehr so sehen, wie zu Beginn meiner Reise. Die Dinge hatten andere Zusammehänge bekommen, in mir. Die Stärke überwältigte mich beinahe. Es war ein Glückszustand, am Rande des Erträglichen. Die Ruhe und Verwurzelung meiner Umgebung gab mir Halt.

In dieser Nacht kreisten meine Gedanken um Yara und meine Zukunft. Ging das nicht zusammen? In meinen Vorstellungen lagen festlegende Absichten. Yaras rätselhafte Worte hatten mich darauf aufmerksam gemacht, dass die große Umwälzung, die in mir vorging, unberechenbar war. Es hatte keinen Sinn mir Vorstellungen zu machen, bevor ich im neuen Gleichgewicht im Leben stand. Ich wusste überhaupt nicht, was morgen kam. Aber am Rande meiner Seele ahnte ich nun etwas aufsteigen - eine neue Lebensperspektive.

Einen Tag später, früh am Morgen, kam Yara leise in mein Zimmer. Sie legte sich zu mir in die Hängematte und sah mich lächelnd an. Sie duftete. Nach einer Weile sagte sie: „Ich muss gehen, meine Arbeit in der Stadt ruft. Und ich wollte dich noch ein letztes Mal küssen."

Ihre Worte schmerzten mich. Ich küsste sie sanft, viele Male, wollte sie halten und sagte: „Das sollen die ersten Küsse sein, von all den vielen, die ich dir in Zukunft noch geben will."

Sie entgegnete: „Nein ... ja ... vielleicht in fernerer Zukunft. Aber jetzt, von hier und von mir, wirst du bald wieder gehen, glaube ich. Und das ist wahrscheinlich richtig so."

Da sie es so ruhig und gewiss sagte, schmerzte es nicht allzu sehr. Aber es blieb mir rätselhaft.

Ich fragte sie: „Wir hatten das herrlichste Zusammensein, in den letzten Tagen. Haben wir nicht darauf so lange, seit dem letzten Leben gewartet? Warum glaubst du dass ich gehe, aber ich nicht? Es ist gerade einiges verwirrend für mich. Ich muss neu erkennen, wer ich bin und auf welchem Weg. Wer bin ich denn in deinen Augen?"

Sie sagte es langsam: "Du bist ein ganz schwach aus der Dunkelheit lebendig werdendes Leuchten. Du vibrierst wie ein Duft, der lebendig aufsteigen will, zum Leben, zum Licht, aber noch nicht kann..."

Ich war eigenartig berührt und sagte: „Das kommt mir doch bekannt vor. - Ach ja richtig, das Grün beschrieb ich so, als du das Lied sangst, vom Leben, nachts am Bach in Manaus. Das Lied, das Du von deiner Mutter gelernt hast. „

Sie hatte sich gemerkt, was ich damals zu ihr sagte. Es schien mir eine sehr lange Zeit her zu sein. So vieles hatte sich seither ereignet und verändert.

Tatsächlich fühlte ich mich so, wie sie beschrieb. Nur fand

ich mich in dieser Beschreibung nicht als ganzer Mensch. Ich fragte: „Wie meinst Du das. Bin ich ein grünes Blatt in Wind und Licht, in Deinen Augen? Oder bin ich ein Mensch?"

Wie zur Beruhigung gab sie mir wieder einen Kuss auf die Wange und sagte ganz leise: „Du musst zurück zu deinem Stamm, zu Deinen Wurzeln, auf die Erde deiner Eltern. Du willst selbst zurück ... bald. Falls ich mich irre, komm mich besuchen, dann bin ich froh. Sonst geh froh leben und ich bin auch froh."

Sie umarmte mich fest und lange. Es fühlte sich an, als ob mein Herz bei ihr hinein wanderte, ihres bei mir und sich unsere Herzen noch einmal trafen und küssten. Dann stand sie ohne weiteres Zögern auf, drehte sich kurz um, winkte und war fort.

Ich war traurig, wunderte mich zugleich, wie wenig und stand auf. Schnell zog ich meine Hose an und ging auf den Hof, damit ich Yara noch einmal sah. Gerade als ich auf dem Hof stand, war sie im Jeep mit Raul losgefahren. Sie schaute noch einmal zurück. Wir winkten uns zu.

Ich sagte leise: „Machs gut Yara, meine Liebe. Wir sehen uns – bald, oder im nächsten Leben."

Meine Vorstellung, dass wir uns immer wieder durch mehrere Leben hindurch treffen konnten, nahm diesem Abschied viel Dramatik. Und im zweiten Gedanken dachte ich noch: „Oder ich stehe nächste Woche vor Deiner Tür und wir beginnen ein neues Leben zusammen."

An diesem Tag fühlte ich mich an einem Wendepunkt angekommen. Alles war nun so ruhig und erfüllt. Das kannte ich so noch nicht. In mir waren Glück und Trauer zugleich und ich mitten darin. Erstmals war ich nicht mit einem von ihnen untrennbar verbunden, sondern einfach ich.

Gut, dass Paulo und ich noch ein Tagwerk vor hatten. Wie in der ersten Zeit, die wir miteinander in den Wäldern gestreift waren, konnten wir ganz in der Arbeit mit dem Wald aufgehen.

Das Persönliche trat langsam in die Schatten, hinter das grüne Blättermeer. In dieser Perspektive waren alle Ereignisse, wie aus einem höheren Zusammenhang sichtbar. Ich verfing mich nicht, in Gefühlen oder Vorstellungen, sondern sah lediglich Zusammenhänge.

Am Abend machte ich noch einmal einen Spaziergang. Diesmal sang ich ab und zu eine kleine Melodie zwischen die Stämme und lauschte auf die Antwort der Umgebung. In diesem friedlichen Wechselspiel zog ich entspannt dahin und ließ mich treiben.

Wende

Mit meinem Lebenssinn spürte ich meiner existenziellen Lebensverbindung nach. Mit diesem Meer grünen Urwaldes zusammen, lebte mein Herz auf und fing an, die Führung zu übernehmen. Ganz zart anfänglich, dann immer deutlicher, fühlte es sich an, als ob es wuchs. Mein Körper bekam eine andere Polung als bisher. Das Zentrum aller Kräfte lief nun in mir über einen anderen Ort. Die Ampel meines Lichtorganismus hatte die Farbe geändert. Die Lebensphase in der ich in dieses Land gekommen war, war von der gelben Welle, vom Solar Plexus, ausgestrahlt. Über meine Augen und anderen Sinne hatte ich ein Meer von Grün in mich getrunken. Diese Strahlung hatte mich ganz erfüllt und einen Konzentrationspunkt im Herzen gebildet. Von dort ging nun die Führung aus. Wie mit einem neuen Körperteil empfand ich Richtung in meinem Leben. Meinen inneren Kompass nannte ich es. Dieser Urwald hatte mich in

Farbtherapie genommen und so meine Lebensmitte akti-
viert. Mit 27 Jahren durfte ich beginnen aus meiner Mitte zu
leben. Das war mehr als Weihnachten und Ostern zusammen. Mindestens noch Pfingsten dazu.

Weiter wanderte ich durch den vertraut gewordenen Wald,
während diese neuen Räume in meiner Seele zu Bewusstsein kamen. Meine Beine gingen einfach weiter, es gehörte
zu dem, was mich neu durchziehen wollte dazu – in Bewegung sein – lebendig leben – neu werden.

Meine Mitte schlug nun aus, nach einem neuen Lebenszug,
ihn zu beginnen. Mein Ich kam wie eine kleine Wärmewol-
ke näher über meinem Kopf heran und wollte dort hinein
und bis ins Herz zur Umsetzung treten. In meiner groß und
größer aufatmenden Brust blieb eine offene Stelle stehen.
Ein Freiraum entstand, etwas, das aus der Zukunft in Erfüllung treten wollte.

Langsam wurde mir deutlicher, wie dieser Raum beschaffen
war und welche Formen das Leben darin in mir Gestalt annehmen wollte. Eine Landschaft entstand, wie ein Bild und
eine Plastik. Aber aus Kräften, die mich so durchzogen,
dass der Wald und mein Inneres vereint waren, nicht getrennt. Von innen heraus plastizierte sich Leben, wie ein Sa-
menspross heraus und brachte eine Lebensform hervor, bis
nach draußen. Alles was ich bis dahin erlebt hatte, war eine
solche Plastik, aber der Vergangenheit. Sie endete hier.

Die Neue keimte auf. Farben, Bilder und Formen wollten
sich neu gestalten und prallten an dem, was meine Augen
sahen, draußen ab. Es verging oftmals wieder und baute
sich von neuem auf. Stundenlang ging dieser Prozess des
Aufbaus und Abprallens, bis daraus ein Gedanke dämmerte,
dass ich einen anderen Ort aufsuchen musste, wo diese
neuen Keime nicht mehr zerplatzen mussten. Dieser Wald

konnte nicht mehr der Lebensmittelpunkt für mich sein.

Von innen war eine Zukunftsessenz in mich getropft, wie ein Vorbild meines weiteren Lebens - dieses Lebens. Ich war durch diesen Wald bis ans Ende der Welt gewandert. Das Ende meines früheren Lebens. Vielleicht war ich vormals schon hier gewesen, an träumerisch heimeligem Hort, mit meinen damaligen Angehörigen. Und nun, da ich den Gedanken gefasst hatte, konnte ich wie in einem Filmstreifen eine Zusammenfassung dieser meiner Vergangenheit sehen. Mit dieser Reise hatte ich meine Heimat gesucht und hatte diesen Ort aufgesucht, da ich ihn kannte und unbewusst geahnt hatte, dass meine Transformation ins Grüne Herz hier möglich war. In meinen Vorstellungen hatte ich Heimat mit den Indianern und ihrer Form des Zusammenlebens verbunden. Das hatte meine Suche nach ihnen motiviert.

Dieser Moment lehrte mich, dass die Heimat ein Zustand mit dem Sein war, der mit Menschen, aber auch ohne sie in der erfüllten, erhöhten Natur erfahrbar war. Nun sah mein Geist die Linie von zwei Jahren Entwicklung. Die Anbahnung des Zustandes hier wurde deutlich. Darin lagen Lehren, die sich wie Schätze ins Bewusstsein und in der Seele anhäuften.

Von neuem schlug mein Herz die Mitte für dieses Leben auf und gab mir Sinn, zu diesem Leben und für meinen Geburtsort in Südwestdeutschland. Dieser Sinn spannte sich in mir auf, wanderte durch meinen Körper und dann vorne heraus. Wie ein Gummiband fing er an, an meinem Körper zu ziehen.

Da stand ich nun mitten im Urwald. Schweiss und Regen tropfte an mir herunter und der letzte Schleier von fixer Idee und Vorstellungen zog aus meiner Stirne weg. Zugleich fing ich an zu lachen und zu weinen. Wie lächerlich zeigten sich nun meine lange Suche und die Überwindungen, um bis an diese Stelle zu kommen. Und die Illusion, die darin lag, dass es nur ein Abziehbild einer schon gelebten Vergangeheit war, der ich hierher nachgejagt war.

Wie herrlich war das Geschenk dieser Enttäuschung, des Falschen und die Enthüllung einer Zukunft, die noch nicht im Geringsten begonnen war. Wie eine treue Frau die auf ihren Liebsten wartet, den sie ahnte. Dieses Leben sollte in seinem Sinn erst anfangen. Das wartete auf mich und nicht hier, sondern in dem Land, in das ich geboren war.

Unendlich trauerte ich, denn ich musste wieder fort von hier. Unendlich freute ich mich, da ich meinen Lebenssinn bekommen hatte. Der Kopf war wirklich zum ersten Mal in meinem Leben leer, ganz leer. Und nicht leer leer, sondern voll leer, luftig frei. Ein stressiger Krampf, der ihn immer befallen hatte, ließ nun los. Er durfte sich ebenfalls seiner passenderen Aufgabe widmen.

Alle Vorstellungen zogen ins Grüne ab. Alles Weglaufen hatte nun ein Ende. Das Ziehen des Bandes wurde deutlicher und zog vorwärts nach Europa. Die Anfangswurzeln dieses Lebens begannen sich zu regen. Sie steckten im Boden und warteten, dass einer käme und einen Weg bahnte, wo noch nie einer zuvor gegangen war. Auf dem Boden des anderen Dschungels, dort drüben … im Dschungel der Zivilisation. Ihn wollte ich nun betreten und meine Schritte tun.

Paulo sah mich zuerst, als ich aus dem Wald zurück kam. Er schaute mich aufmerksam an, wie ich meine Schritte auf die Station zu machte. Als ich bei ihm ankam, hatte er verstanden und strahlte.

Er legte seine Hände auf meine Schultern, ich hielt ihn

ebenso.

Er sagte: „Ich sehe du bist durchgekommen. Jetzt siehst du anders aus. Hast du erkannt, dass du kein Tier bist, auch keine Pflanze, kein Indianer oder gebildeter Musiker, kein natursehnsüchtiges Kind und auch kein böser Mensch, der anderen Schlimmes antut?"

In diesem ruhigen und in guter Weise enttäuschten Moment erkannte ich etwas von mir: „Ich fühle und sehe mich jetzt mit dem Leben sehr verbunden. Gleichzeitig habe ich hier, wo ich doch Neues finden wollte, vor allem ganz viel verloren. Alte Lasten und Vorstellungen, Zwänge dies und das zu erreichen und eine Menge Vorwürfe und Schuldgefühle.

Wenn ich zurückschaue auf den, der ich bis jetzt war und aus Distanz anschaue, wer ich bis jetzt glaubte zu sein, sehe ich vor allem Trugbilder von mir selbst. Sie waren alle assoziiert, wenig zutreffend. Hättest du mich gefragt, wer ich bin, ich hätte dir eine falsche Vorstellung erzählt. Alles was ich über mich zuvor dachte, war ich nicht. Die Annahme, was in meinem Leben wichtig wäre, war eine vorgekaute Idee, ein Bild, wie eine Rolle aus einem Filmskript. Der Grad meiner Illusion wurde mir bewusst.

Ich bin sie alle nicht, auch nicht mein Körper, meine Lieblingsfarbe, oder meine Gedanken. Ich bin viel mehr! Nur bin ich es jetzt in diesem Moment auch nicht mehr. Es gehört ein bestimmter innerer Zustand des Bewusstseins dazu. Und den kann ich scheinbar nicht halten. Ihr und dieser Ort habt mir geholfen dahin zu gelangen.

Drei Lebensbilder zusammen anzuschauen war für mich sehr wichtig: die fernere Vergangenheit, die Zeit dieses Lebens bis jetzt und meine Zukunft, die sich über Gefühle zu Gedanken und Bildern formt. Vor allem die zusammenhängende Verbindung dieser drei lässt mich einiges erkennen. Am nächsten war ich ihm, als mich die Augen aus dem Wald ansahen und als ich im Licht Liebe war."

Freudestrahlend antwortete Paulo: „Ich freue mich sehr, dass du so weit gekommen bist. Tatsächlich bist du einer Gaukelei des Intellekts gefolgt, hierher zu uns. Meist pressen wir unser Leben in eine feste Vorstellung. Manche nennen es sogar Vision. Trotzdem ist das nicht wahr. Am wichtigsten ist, die Täuschungen zu erkennen. Wenn wir klar sehen, was wir nicht sind, ist der Schleier schon weg. Aber zur Lösung von falschen Bildern ist manchmal so eine Reise wie deine nötig. Hättest du deinen inneren Impuls nicht ernst genommen, wärst du einfach im Verstrickungs-Kino verfangen geblieben. Du musstest die Rolle durchspielen, dann loswerden. Und dabei konnten wir helfen. Glücklicherweise war das Motiv deiner Reise näher an deinem echten Selbst, als deine vorige Lebensführung. Als wir uns trafen, schien mir der Schleier der Selbsttäuschung bei dir schon rissig. Aber, hätte ich dir das anfangs ins Gesicht gesagt, wärst du sofort gegangen, stimmts?"

- „Stimmt!"

Er fuhr fort: „Auch ein Schuldgefühl über frühere schlechte Taten zu pflegen wäre ein Fehler. Die Lebensstationen sind eher wie eine Stufenleiter im Lauf des Lernens und Wachsens anzusehen. Das ist Leben. Wir müssen alle erst Stufe für Stufe hinaufwachsen, zur ganzen eigenen lichten Größe und machen eine Menge Fehler dabei. Manchmal dauern sie ganze Leben lang an. Dann entstehen erste Lichtblicke, wie bei dir jetzt."

Ich nickte und schwieg. Nun wusste ich also von einigen Saschas, die ich nicht war. Doch ein volles Selbstbewusstsein konnte ich gerade auch nicht finden. So beschloss ich

Paulo zu fragen: „Kannst du mir sagen wer ich bin?"
Er drehte den Kopf zur Seite und lachte. „Wenn ich dir darauf jetzt eine Antwort gebe, nützt sie dir nichts. Weil du dir deines Selbstes selbst bewusst bist, oder eben nicht. Aber vielleicht hilft dir etwas dabei. Lass uns einmal nach da drüben gehen."
Er zeigte auf einen schönen und mächtigen Baum, der nahe der Station stand. Seine Wurzeln hatten dicke Ausläufer, auf die wir uns setzen konnten. Dann hob er den Blick zur Krone hoch, wie zur Kuppel einer Kirche, atmete tief durch und fuhr dann fort, mir zugewandt: „denke an die vielen besonderen Situationen, die du hier im Wald erlebt hast. Schau sie dir an, schau zurück, schaue auch auf Licht und Dunkelheit in deinem Herz, wie erscheinen sie dir? Und dann schau auch auf dich darin."
Diese Worte kamen mir so seltsam bekannt vor. Wo hatte ich sie schon einmal gehört? Bald fiel mir ein, dass Frankas Yogalehrerin etwas ganz Ähnliches zu mir gesagt hatte, kurz bevor ich hierher kam.
Vom Wald umhüllt und unter diesem alten Baum, fiel es mir leicht, die vergangenen Wochen mit meiner Erinnerung zu bereisen. Ungeheuer viel war mit mir passiert. Ich schaute zurück auf die letzten Wochen, wie in einem Übersichtspanorama. Mit dem heutigen Tag fing ich an und dann weiter rückwärts. Diese Erlebnisse bildeten mit dem Ort an dem sie passiert waren eine Einheit. Also löste ich den Blick aus meiner persönlichen Perspektive heraus und stieg höher. Die Erlebnisse und die Umgebung nahmen zusammen Gestalt an. Ich sah das ganze Waldgebiet, wie eine von Licht durchleuchtete grüne Wolke, eine Aura von Wissen strahlte darin. Viele Farben waren darin enthalten, doch vor allem eine. Farben schienen mir inzwischen nicht mehr

zufällig, in der Welt. War dieses grüne Licht eine Form von Lebensbewusstsein? Immer mehr schien mir, dass Leben in Licht und Farbe eine Daseinsform hatte. Der Grad des Bewusstseins schien Helligkeit und Farbe zu bestimmen.

Dann sah ich in dem großen grünen Feld kleinere farbige Lichter. Nach einer Weile erkannte ich in ihnen Formen und Körper. Manche davon bewegten sich. Es waren die Tiere. Ich fühlte durch die Farben zum Teil seelische Verwandtschaft mit ihnen. Sie hatten stärkere und mehr Farben, mit weniger aber bunterem Licht, als die Pflanzenumgebung.

Dann sah ich einige besonders große und komplexe, vielfarbige Lichtfelder. Auch diese Erscheinungen wurden konkreter, als ich mich auf sie konzentrierte, nahmen Form an, bis die dazugehörigen Körper sichtbar wurden. Das waren wir, die Menschen.

Eine Erscheinung trat hervor. Dann erkannte ich mich, in diesem Lichtkörper und wie er in klarem Bewusstsein heller, farbiger wurde und in verträumten, ängstlichen Situationen dunkler. Situationen der letzten Zeit konnte ich aus dieser Perspektive miterleben und sah die Veränderungen von Gefühlen, Licht und Bewusstsein.

Bei Begegnungen gab es Übertragungen von der einen Aura auf die andere. Zuerst fand das bei den Wanderungen im Wald statt. Das grün fächerte Schleier durch mich. Und ich sendete mit meinen Wahrnehmungen farbige Schleier in die Umwelt. Vor allem aus meinen Augen und der Brust traten sie heraus. Beim Trinken aus dem Baum wurde es stärker. Beim Essen und sprechen der Menschen gingen solche Schleier ständig ein und aus. Jeder Bissen Essen und jedes Wort trugen die Lichter umher.

Dann sah ich die Momente, in denen mir das Licht und die

Farben ins Bewusstsein traten, als herausragend. Hier war eine viel größere Aura von Licht über dem ganzen Ort angeschlossen. Ich konnte dieses große Bewusstseins-Lichtfeld sich anschließen sehen, wenn Selbstbewusstsein auftrat und vor allem in den Momenten, in denen aus Liebe gehandelt wurde, wie die Geburtssituationen und meine Begegnung mit Yara.

Zuletzt ging das Panorama auf, in ein Geflecht von Lichtern, so weit und dicht wie ein Sternenhimmel. Dann noch weiter. Die ganze Erde war in solch einer Lichthülle, leuchtete selbst auch. Die Erdatmosphäre war der Ort an dem wir alle diese Daseinsform teilten. In ihr war das Licht den Gesetzen unterworfen, wie wir sie hier erlebten. Das gesamte Lichtnetz tauchte wieder auf, das ich im Wald einmal kontaktieren konnte. Jedes Lebewesen war damit verwoben. Wir Menschen hatten freie Spielräume darin, Freiheiten. Wir hatten die Möglichkeit in Dunkelheit als winzige egoistische Einheit zu leben, oder in Bewusstheit in die größeren Zusammenhänge aufzugehen und licht zu erstrahlen.

Die Helligkeit hing von solchen Entscheidungen ab. Meine Gefühle und Gedanken schlossen sich zusammen zu der Erkenntnis, dass das ein Bild war, für das Lebensgeflecht, in dem wir standen. Alle bewegten und feststehenden Dinge, alle Motivationen, Wünsche und Ziele, Zeiten und Gefühle gingen in das farbige und weiße Lichtmeer ein. Und mir wurde klar, alles war Bewusstsein, Liebe. Das ganze Leben, jede einzige Zelle und alle Ideen kamen daraus, waren darin, immer verbunden, nur meist vergessen in seinem Zusammenhang.

Das war der Ort, wo ich hingehörte. Ich fühlte es. Ich wusste es. Und wo ich eigentlich immer war. Nur war ich mir nie darüber bewusst gewesen. Ohne Bewusstsein hatte ich hier keine Daseinsform, denn hier gab es meinen Körper so nicht.

Nun sah ich die Umgebung, die ich mit meinen Leben und Taten aufgebaut hatte. Es war ein Garten mit farbigen Blumen, stillen Nischen und auch einigen weniger heimeligen Ecken.

Die Musik die ich aufgenommen und gespielt hatte, war hier lebendige Lichtschleier, die alles durchzogen. Die Grenze zwischen Licht, Liebe und Musik, die gab es nicht. Auch meine Worte bauten daran. Selbst ich war in diesem Panorama ein Teil davon. Mein Körper war als vorübergehende Manifestation erkennbar, wie ein wunderschönes Fahrzeug, für autonome Lernprozesse, das sich wieder auflösen musste. Ich tauchte zurück ins Alltagsbewusstsein.

Es brauchte keine besondere Situation auf der Erde mehr gefunden werden, solange ich in dieser Verbindung stehen konnte. Es war ein Gefühl der Erfüllung dabei.

Dann sah ich Paulo wieder an und antwortete ihm: „Ich bin ein Bewusstseinsliebeslichtlied aus dem großen Sternenhimmelmeer, der Erdatmosphäre und zu Gast in diesem Körper."

Er schwieg noch, schaute mich an und flüsterte erst nur ein einziges wort: „Issu! So ist es!"

Mein Zustand währte nicht mehr allzu lange. Als er ganz sicher war, dass ich wieder ein relativ alltägliches Bewusstsein zurückerlangt hatte, sagte er langsam: „Nun weißt du wie es geht. Tauche ein, in deinen Erinnerungen, in diesen Platz, und die Zustände, die du hier erlebt hast. Sie sind Türen, durch die du mit deiner Erinnerung jederzeit wieder gehen kannst. Es reicht die Konzentration und dieses Gefühl dazu. Diese Schau ist genug, um zu wissen, wie du dir in Zukunft innerlich Orientierung suchen kannst, um klar im Leben weitergehen zu können."

Wir standen auf und gingen noch etwas umher und sprachen über weniger bedeutende Dinge.

Am Ende lachte Paulo und sagte: „Und nun, torna a casa!, fahr nach Hause!" Er schlug mir fest auf die Schulter.

- „Aua!", ich nickte: „d´accordo, einverstanden", und schlug ihn ebenso fest. Dann schlug er noch fester zu und ich zurück. So konnten wir uns besser trennen. Das war gleichzeitig kraftvolle Anerkennung und Dank für das, was wir miteinander geteilt hatten. Es nahm auch Schmerzen des Abschieds vorweg, nach dieser guten freundschaftlichen Zeit.

Als ich am nächsten morgen in den Jeep stieg, um die Station wieder zu verlassen, kamen Paulo, Carlo und Raul, um mich zu verabschieden.

Dankbar und etwas wehmütig umarmte ich Paulo und sagte: „Ich danke dir und euch allen. Sag es bitte auch Yara."

Großzügig antwortete er: „Com prazer, amigo. Mit Vergnügen, mein Freund. Denke einfach daran, wenn ein anderer Hilfe brauchen kann."

Ich schwang mich auf den Sitz, hob den Daumen, wie sie auch. Die ganze Fahrt über zogen Szenen der letzten Wochen vor meinem inneren Auge vorüber. Es hatte sich so vieles Bedeutende ereignet, dass es mir als ein großer Reichtum erschien.

Ich dachte dabei: „Wenn ich heute sterben müsste, hätte ich nicht mehr das Gefühl, etwas versäumt zu haben. Doch ich fühle, es kann heute kein Tag zum Sterben sein, das Leben zieht mich voran, es wird mich jetzt nicht verlassen!"

Zwei Stunden später war ich aus den Wäldern heraus.

Manaus schluckte mich wieder in sich herein.
Interessanterweise hatte ich keine Schwierigkeiten, mich wieder mit einem sicheren Lebensgefühl in der Stadt und der Zivilisation zu bewegen, abgesehen von einem verstärkten Bedürfnis nach Ruhe und wenig Worten.

Nun bewahrheitete sich doch Yaras Vorsehung. Eine neue Perspektive hatte sich aus der inneren Wende ergeben. Dadurch entstand eine Priorität. Sie zeigte mir, wie wichtig es war, das Leben in Europa neu anzugehen. Ich fühlte aus der Zukunft Neuigkeiten herankommen. Mein Leben hatte etwas mit mir vor, dort, fühlte ich.
So ließ ich wieder alles hinter mir, verbrachte keine weitere Zeit in der Stadt oder mit Yara. Diesmal hinterließ ich die Wunderwelt des Urwaldes, meiner dazugehörigen Vergangenheit und meines Herzensfreundeskreises. Die Verbundenheit mit ihnen würde nie im Geringsten schwinden – zu beiden nicht!
Die letzte Kunst, die mich Paulo gelehrt hatte, alles als ein Lebensgeflecht anzuschauen, blieb für mich interessant. Diese Perspektive nahm ich nun öfter ein.

Vier Monate waren inzwischen vergangen, seit meiner Ankunft in diesem Land.

5. Konzentrationsstufe des Daseins
Tonstufe SOL – Farbe: Blau
Element: Äther - Sinn: Sprechen, Hören
Eigenschaft: Fließen, Fülle, Kommunikation
Körperzone: Bronchien, Hals

Rückkehr in die Zivilisation

Die Rückreise sollte mit dem Bus, über das Landesinnere gehen. So konnte ich mit der Landschaft noch etwas verbunden bleiben, während der Fortbewegung. Ständig schaute ich aus dem Fenster und beobachtete wie meine Sinne sich langsam wieder zusammenzogen. Nun konnten sie nicht mehr ungehindert in Fühlung zur Umgebung in einem weiten Radius bleiben. Die langsame Art der Fortbewegung tat gut, denn ich brauchte etwas Zeit, mich umzugewöhnen, an die zivilisierte Welt. Die tausende Kilometer lange Busfahrt führte irgendwann aus dem Urwaldgebiet heraus, vorbei an interessanten Nationalparks und schließlich in eine herrliche Stadt an der Ostküste.

Salvador, dort wollte ich den Carnaval erleben. Carnaval war in Brasilien so vielfältig wie die Musik und von Staat zu Staat recht unterschiedlich. Man erzählte sich, im Staat Bahia, mit Salvador als Hauptstadt, sei er besonders musikalisch und afrikanisch. Das sollte also den Schlusspunkt meiner „Auswanderung" setzen, mich mit der Zivilisation befreunden, mich wieder „normaler" machen.

Auch diese Stadt lag an der Atlantikküste, immerhin noch in der subtropischen Zone. So gab es auf den Straßen Kokosnüsse zu trinken und andere leckere Früchte. Wieder fiel auf wie schön die Menschen hier waren.

Mit der Gewöhnung an das lebendige Treiben dieser Stadt fiel es mir erstaunlich leicht. Jede Rückkehr aus dem Urlaub in Europa fiel mir schwerer. Trotzdem bewegte ich mich behutsam, mied anfangs die lauten Orte und Menschenmengen.

Seltsamerweise tauchte die Atmosphäre dieser Stadt vor allem mit zwei Farbtönen in meinem Inneren auf. Die Stimmung des Ortes nahm ich vor allem in Rosé- und Blaufärbungen wahr. Langsam wandelte sich die Allgegenwart grüner Strömungen in meinem Blick und meiner Seele. Dass nun zwei Farbfelder zugleich in mein Bewusstsein drangen, machte mich wacher. Ich tauchte nicht mehr in einen Farbton träumend ein, sondern wechselte zwischen ihnen.

Wieder musste ich über Wahrnehmung nachdenken.

Obwohl ich mich nun in einer sehr veränderten Umgebung bewegte, blieb mir die gerichtete Herzkraft, die ich in den Wäldern erlangt hatte, mit ihrem Daseinsgefühl und Tatenziel erhalten. Hier floss sie in Begegnungen mit ein, wie ein Strahlen, aus dem Wald. Die Menschen reagierten darauf freudig. Etwas an mir war anders, als das letzte Mal in einer Stadt.

Ich versuchte mir vorzustellen, wie es für ein Kind des Waldes sein musste, das erste Mal in eine Stadt zu kommen. Eine Mischung aus Abenteuer, Angst und Faszination erlebte ich darin. Eine Freude an Begegnungsmöglichkeiten paarte sich mit Distanz zum denaturierten Leben in der Zivilisation und ihrem Drang zum Handel.

Auf einer Insel im Meer vor der Stadt, hatten sich Rastas zu einer Art Kommune zusammengetan. Sie hatten meist dunkle Haut und trugen die Haare in dick verfilzten Knoten. Bei uns war es eine Haarmode. Rasta sein war in ihrer Auffassung eine Religion, wozu ein umfangreiches philosophisches System gehörte.

So erklärte mir Baku, mein Gastgeber auf der Insel. Er unterwies mich, wie ein Großvater seinen Enkel, entspannt und ständig sprechend. Wir spazierten vom Strand über die Staubpisten des Ortes und trafen andere Leute, die dort gingen. Sie grüßten ihren Nachbarn.

Diese Menschen waren der Natur sehr zugetan, abgesehen davon, dass sie viel Marihuana rauchten. Gute Ernährung war ihnen wichtig. Die meisten hatten ein Gärtchen vor dem Haus mit Fruchtbäumen wie Papaya, Mango, Avocado.

Sie empfanden es als selbstverständliche Aufgabe, sich ein Haus mit den eigenen Händen zu bauen und sie ließen dabei ihre eigenwillige Ästhetik spielen. Erstaunliche Kreativität wurde bei den Holzkonstruktionen an den Tag gelegt. Das machte das Viertel schön und würdevoll. Die Häuser und Hütten waren zum Beispiel schön angestrichen. So fiel es weniger auf, dass sie mit wenig Geld errichtet waren.

Bakus Haus war achteckig und zweistöckig. Sein Bau war schon einige Jahre her. Jetzt war er ein alter Mann, vielleicht 70 Jahre. Trotzdem unterrichtete er noch Capoeira.

Auf manchen Rodas hatte ich noch ältere Greise langsam aber biegsam und mit viel Humor Capoeira tanzen sehen. Überhaupt gab es viele Capoeiristas, die sehr gesund und ausgeglichen wirkten. Vielleicht lag das an einer guten Verbindung von Schönem und Kämpferischem, Körper und Spiritualität, sowie einer Arbeit, die in Lehren, Lernen und Feiern bestand.

Mein Kontakt zu Baku war in Salvadors Altstadt, dem „Pelourinho" zustande gekommen. Zahllose Musik- aber auch Capoeiraschulen warben dort für ihre Projekte mit spektakulären Vorführungen.

Das beeindruckendste Projekt fand ich Olodum. Diese

Trommelschule holte Kinder von der Straße und gab ihnen eine Perspektive. In mehreren „blocos", Lerngruppen, waren sie nach Können untergebracht. Und die erfolgreichste Gruppe durfte auf die internationalen Konzertbühnen reisen. Sie hatten mit Sängern und einer atemberaubenden Trommel-Tanz-Choreografie eine professionelle Band, mit einem Bühnenkonzepte, das mich restlos begeisterte.

Die präsentierenden Gruppen im Pelourinho verbanden ihre Übtreffen mit Touristenansprache, Freundschaftspflege und Lebenslust. Alle schienen sich zu kennen, unterstützten sich gegenseitig mit Anfeuerungen, oder dem Beitrag einer Attraktion.

Ich stellte mich spontan in eine der Capoeira-„Rodas", den Tanzkreisen. Alle Tänzer, Musiker und Zuschauer standen singend und klatschend in einem großen Kreis, in dessen Mitte sich zwei spontan zum Tanz oder Kampf zusammenfanden.

Manche von ihnen waren sehr beweglich, lustig und charmant in einer Begegnung die in ihrer Charakteristik irgendetwas zwischen romantisch liebevoll und hart aggressiv sein konnte. Es kam dabei nur darauf an, wie die zwei spontanen Teilnehmer miteinander umgingen. Ein gewisses Maß an Kraft und Aggression wurde nicht negiert. Man wusste um gute Verläufe von starken Kräften. Denn ein starker Mensch brauchte auch ein ebenbürtiges Gegenüber, um sich gut einordnen zu können. Einen pauschalen Anspruch von Gewaltlosigkeit gab es nicht.

Besonders gut beherrschte ich diese Kunst noch nicht. Also nahm ich kurz und behutsam teil. Baku leitete die Roda und ließ seinen schönen Gesang dabei über den Platz fluten. Die Menge antwortete mit den chorischen Rufen und rhythmischem Klatschen. Eine schöne Begeisterung entstand. Und die Roda ging eine ganze Weile, da immer weitere Menschen sich im Kreis einfanden. Ständig sprangen weitere Spieler in den Kreis, um die aktuell agierenden einzuwechseln.

Danach sprach Baku mich an: „Legal", sagte er „gut, wie du singst und tanzt, für einen Weißen." und lachte ein warmes breites Lachen, tief aus einem zufriedenen Bauch.

Es verwunderte mich, dass er gerade mir das sagte. Ich hatte doch kaum zwei Minuten mitgetanzt. Doch ich bedankte mich bei ihm für die schöne Roda. Dann hörte ich ihm weiter zu, denn gleich sprach er wieder: „Komm mit zu mir nach Hause, auf die Insel, dort drüben!"

Er zeigte vom Aussichtsbalkon, der höher liegenden Altstadt, hinunter auf eine Inselkette: „Dort haben wir heute Abend auch eine kleine Roda. Willst du mitkommen? Wir können zusammen essen und dann zeige ich dir, wie Rastas miteinander Angola tanzen."

Capoeira hatte zwei Hauptströmungen ausgebildet. „Angola" nannte man die lange Zeit verbotene, ältere und traditionellere Form. In den Wehrdörfern entflohener Sklaven, den „Quilombos", war Capoeira gepflegt worden. Diese, in alten afrikanischen Kriegstänzen wurzelnde Form, wurde tiefer am Boden, langsam, lyrisch getanzt und von vielen Schwarzen bevorzugt. „Regional" nannte man die sportlichere, akrobatische Form. Sie ermöglichte die Aufhebung des Verbots.

Von den meisten Capoeiristas wurde ihr Tanz und Gesang mit Spiritualität gleichgesetzt. Es war ihre Religion. Jede Roda begann mit einer Anrufung guter Geister und setzte mit Liedern fort, die christlichen Ursprungs sein konnten, aber auch frivol, oder das Geschehen im Tanzkreis humorvoll kommentierten. Die Intensität, mit der sie das Ereignis feierten und die schiere Lautstärke der Instrumente und Gesänge bereiteten mir oft Gänsehaut. Sie brachten vollen Einsatz.

Als ich in der berühmten Schule von Meister Bimba, einem der Ur-Lehrer des Capoeira, trainierte, wurden Körperübungen wie Gottesdienst ausgeübt. Dinge als tief bedeutend und transzendent anzusehen, bewunderte ich und erinnerte mich an Zen-Buddhisten.

Was ich hier gelernt hatte, empfand ich als essentiell. Deshalb fühlte ich mich auf dem Rückweg nach Europa seltsamerweise als Botschafter der brasilianischen Art von Verbundenheit mit dem Leben.

Es kam weniger darauf an, was man unternahm, sondern dabei mit dem Leben und untereinander verbunden zu sein. Beim Sprechen ging es mir auch wieder so. Die Haltung und der Ton, in dem man kommunizierte, machte die Worte weniger bedeutend. Man verstand aus Geste und Klang. Es war schlicht auch eine Tempofrage und keine Zeit zum Nachdenken. Man war schon wieder zum nächsten Ziel unterwegs. Leicht flog man durchs Leben und fand immerhin stets Werte in Schönheit.

Nachdem ich mehrere Klimazonen dieses Landes und Menschen verschiedener Ethnien getroffen hatte, glaubte ich einen Grundzug der brasilianischen Mentalität ausmachen zu können. Ich erlebte sie als sehr natürlich und spirituell.

Die Metamorphose zurück zum Europäer, sollte aber noch völlig unerwartet verlaufen.

Martina und der Sprachgenius

Bei dem alten Baku stand ich am Abend singend mit anderen in der Roda. Dort fiel mir eine junge Frau auf, mit schwarzen Löckchen und fester, wendiger Gestalt. Im selben Moment gab mir Baku ein Zeichen. Er wies mit dem Kopf zu ihr, hob die Augenbrauen und zwinkerte mir zu. Vermutlich dachte er, sie könnte meine „enamorada", meine Geliebte, werden. Man konnte hier sehr schnell zusammen finden.

Sie sang aus Leibeskräften und doch gefasst. Zuerst bemerkte ich, dass sie anders war, als die anderen Frauen. Dann fiel mir eine besonders wache Atmosphäre an ihr auf. Sie musste kulturell anders geprägt sein, dachte ich. Denn sie stand sehr unabhängig da.

Während die Roda lief, ergab sich nicht die Gelegenheit, miteinander zu tanzen, da andere schneller in den Kreis einwechselten und sie nicht lange tanzte.

Es hatte eine besondere Feierlichkeit und Würde, wie hier Angola getanzt wurde. Fast alle hatten dunkle Hautfarbe und Rastazöpfe. Die Langsamkeit des Angolastils schuf viel Begegnungsspielraum. Lustige und kuriose Geschichten passierten dabei in der Mitte.

Nach der Roda fragte ich sie: „Voce vem da onde? Woher kommst Du?"

Sie lachte und rief zwanglos heraus: „Bist du nicht Deutscher? Wir können uns auch auf Deutsch unterhalten, wenn du willst. Ich bin Martina aus Kassel. Es ist zwar eine Ewigkeit her, aber ich glaube ich kann diese Sprache noch. Und außerdem würde es mich freuen!"

Es freute mich auch sehr und so ging ich gerne auf sie ein: „Du, ja, na klar, gerne! Ich bin Sascha aus Würzburg. Wie lange bist du denn schon hier im Land?"

Sie musste kurz nachdenken: „Lass mal sehen, ich kam an Ostern hier an. Oh ja, über ein Jahr inzwischen! Ich fühle mich schon fast wie zu Hause hier … "

Eine halbe Stunde lang tauchten wir in vollen Zügen in diese Begegnung, in unserer Geheimsprache, denn jetzt verstanden uns die Brasilianer natürlich nicht mehr.

Zuerst machte es mir Freude, wieder einmal die Muttersprache zu sprechen. Während weniger Minuten entwickelte sich in unserem Gespräch eine starke Kraft. Nach ein paar Sätzen, hatte sie eine solche Intensität, dass es wirken musste, wie eine Aussprache von Zweien, die sich gut kannten und sich lange nicht mehr gesehen hatten.

Ich war überrascht, weil ich nicht vermutet hatte, dass sie Deutsche war und darüber, dass dieser starke Sog entstand, während wir kaum aufhören konnten, weiterzusprechen. Besonders eigenartig war die Wirkung, in dieser so anders vertrauten Sprache, als Brasilianisch.

In den letzten Monaten war alles, was mich deutsch machte, in zunehmende Ferne verdämmert. Das betraf auch die Sprache. Ich hatte eine Kommunikationsform aus Bildern, Gefühlen und meinem einfachen Brasilianisch entwickelt. Begriffe und Gefühle hatten sich mitverändert. Meine Gesten stammten inzwischen eher aus dem hiesigen Kulturraum und sogar die Mimik war anders geworden.

Das war langsam vor sich gegangen. Deshalb hatte ich die Veränderung kaum bemerkt.

Jetzt setzte ein Rückverwandlungsprozess ein. Mit jedem deutschen Satz kamen plötzlich wieder andere Dinge zum Ausdruck, als in den letzten Monaten. Andere Gefühle, Gedanken, Gesten und sogar ein anderes Körpergefühl zog so schnell wieder ein, dass ich es bemerken musste.

Ich dachte: „Mein Gott, was geht hier vor? Ist das ein kol-

lektives deutsches Selbst, die durch unsere Sprache hier wirken, oder sind das in mir aufbewahrte, eigene Anteile?"
Weitreichende Zusammenhänge lagen offensichtlich in der Sprache. Davon hatte ich nichts geahnt. Auch hatte ich niemanden davon einmal reden hören.
Inzwischen hatte ich viele neue Formen, mich auszudrücken gelernt und auch damit identifiziert. Anscheinend hatte ich durch den Landesaufenthalt ein brasilianisches Pendant zum deutschen gebildet. Vielleicht gab es hier ja auch so ein kollektives Selbst des Volkes, das mir erleichtert hatte, die Sprache und anderes zu lernen. Der Kontrast zwischen beiden, stand nun so stark wie eine Ohrfeige da. Und ein zwiespältiges Gefühl ging damit einher.
Wieder fiel mir eine Formveränderung des Selbstbildes auf. Auch der brasilianische Teil, durch Taten hier eingelebt, war ich nicht ganz. Während unserer Konversation löste er sich zum Teil wieder auf.
Der brasilianische Sascha der letzten Monate, war mir lieb geworden. Anfängerbrasilianisch und Gesten hatten eine Menge möglich gemacht. Vor allem mein Herz hatte sich stärker in Kommunikation gebracht. So sah ich mein brasilianischen Selbstanteil als besseren Menschen und wollte ihn auch nicht verlieren.
Trotzdem hatte ich eine Menge Freude bei der Begegnung mit Martina. Die Genossenschaft als Brasilienentdecker gab uns reichlich Themen zum Austausch. Sie erzählte mir einige ihrer hier erlebten Geschichten und ich ihr meine. Sie fand es auch ein wundervolles Land mit echter Lebensart. Sogar die Arbeitswelt konnte sie eine Weile schmecken, denn sie hatte ein halbes Jahr in einem Kindergarten mitgearbeitet.
Wir konnten uns Bestätigung geben, über die wenigen be-

fremdlichen Situationen, die man hier so erleben konnte, als Europäer. Manches war aus Frauenperspektive natürlich noch einmal anders. Obwohl dieses Gespräch so angenehm zwischen uns verlief, blieb mir eine leichte Identitätskrise davon zurück. Meine grünes Herz wollte ich nicht mehr aus dem Leben ausklammern. Nun fürchtete ich, dass es möglicherweise nur in diesem Land erhalten bleiben würde.

Als ich Martina in Salvador am folgenden Tag nochmals traf, ging es mit unserem Gesprächen schwungvoll weiter. Sie hatte auch ungewöhnliche und abenteuerliche Erlebnisse zu erzählen. Da fühlte ich mich gleich weniger exotisch.

Mit der Zeit gelang es mir, noch ein anderes Gefühl zu meiner Sprachidentität zu bekommen. Denn ich merkte, während wir die deutsche Sprache pflegten, dass es gelang, einige Dinge die bisher nur in brasilianischer Sprache in meiner Seele gelebt hatten, ins Deutsche zu übersetzen. Auch mit neuen Wortkreationen und Martinas Hilfe.

So wuchs mir das Vertrauen, dass sich meine Seele in allem ausdrücken konnte. Menschsein schien mir universell und in jeder Sprache ausdrückbar. Vielleicht war es schwierig, in deutschen Ausdrucksweisen, brasilianische Erlebnisse zu erzählen, doch möglich schien es mir jetzt.

Was ich hier erfahren hatte, war mir so wichtig, ein Erlebnisschatz. Er war aus einem inneren Reich und nicht von Sprachbarrieren beeinträchtigt. Durch diese letzten Gedanken bekam ich Zuversicht und damit eine andere Aussicht auf Europa. Die herzerwärmende Art zu sprechen musste ich nicht loslassen, sondern konnte sie mitnehmen.

Ich fühlte die Sonne in mir scheinen und sie würde nicht untergehen, wenn ich hier wegflog. Die Sonnenstrahlen würden in Handlungen und in der Sprache ihren Weg finden, vertraute ich jetzt und freute mich auf Deutschland!

6. Konzentrationsstufe des Daseins
Tonstufe LA – Farbe: Indigo
Element: Klang, Äther
Sinn: innere Sinne, Geruch, Intuition
Eigenschaft: Übersinn, Bewusstsein, Glaube
Körperzone: Endokrines System, Gehirn

Zurück auf Los

Als ich in Deutschland landete, war es Spätwinter, März. Kaum ein Blatt hing an den Bäumen. Und doch, wenn ich hier nun wieder durch die Wälder streifte, war es so eigenartig vertraut. In diesen Wäldern lebte ein anderer Geist als im Urwald. Das war im direkten Vergleich nun überdeutlich. In europäischen Wäldern war mitgewachsen, dass Menschenarbeit sie mit hochgezogen hatte. Die Atmosphäre trug das. Das war wieder ein Beweis für mich, dass Naturräume zu Trägern der Kultur werden konnten, wenn man in ihnen Hand anlegt und geistvoll etwas sinnvolles Gestaltete. Den meisten Europäern, so schien mir, war es nicht bewusst, was für einen riesigen Schatz da unsere Vorfahren als Kulturraum in den Wäldern ablegten.
Und in meinem Herzen war der Grünschatz nun geborgen, das Geschenk von Brasilien,"regalo do brazil". Trotzdem vermisste ich den Urwald noch lange.

Eines Morgens hielt mit eisernem Quietschen der Zug am Würzburger Bahnhof und spuckte seine Passagiere aus. Sie strömten über den Bahnsteig, umarmten sich, winkten einander zu, oder schauten sich vorbeigehend direkter als sonst in die Augen.
„Ein Ort der Begegnung", dachte ich, „Menschenwege trennen sich, oder finden wieder zusammen. Ich komme

wieder hierher, an den Ort meiner Auswanderung, damals - nun meiner Ankunft, an einem neuen Lebensabschnitt."

Die alte Wohngemeinschaft wollte ich wieder besuchen und die letzten Habseligkeiten holen. Ich hatte noch den Fernblick, der mir seit den weiten Landschaften eigen geworden war. So schweifte ich langsam durch die Hallen zum Ausgang, ohne recht irgendetwas außer der Atmosphäre zu fixieren.

Dann sah ich von weitem einen Mann vor den Flügeltüren stehen. Er hatte eine seltsam aufrechte Haltung. Sein Kopf war höher gehoben, als bei einem der geradeaus schaut, eher wie in einem Konzert, beim Zuhören. Mit einem Stock pochte er vor sich auf den Boden, nahe einem kleinen Körbchen für Münzen. Er war sichtlich in Spannung.

Ich ging näher und sah die Blindenbinde an seinem Arm. Während meiner letzten Schritte dachte ich noch, dass der Unterschied zwischen mir und einem Landstreicher nicht groß war. Auch ich hatte keinen festen Wohnsitz, kein festes Einkommen, wenig äußeren Halt und Freunde. Lediglich dass die Situation frei von mir gewählt war, war anders. Ich legte ihm eine Münze ins Körbchen und wollte weiter, als er mich ansprach: „Danke! Woher kommst Du?"

Seine Stimme war so klar und fest, dass ich staunte. Das hatte ich nicht erwartet. Es lag so viel Betonung in der Frage, dass ich nicht nur kurz anwortete: „Heute komme ich nur kurzen Wegs her, doch ich komme derzeit auch von einer langen Reise, zurück, aus Brasilien!"

Er sagte: „Ah, das Land der schönen... alles mögliche. Wohl Sextourist wie so viele?"

Der gründige Ton gab seiner Direktheit etwas Sanftes mit.

Ich entgegnete: „Ganz und gar nicht! Eher Natourist, wenn man so ein Wort erfinden könnte. Im Urwald war ich hauptsächlich."

Er hob die Augenbrauen: „Oho, ein Abenteurer! Das größte Waldgebiet überhaupt, die Sauerstofflunge unserer Erde, nicht wahr?"

Ich bestätigte. Offensichtlich war er gebildet und interessiert. Wir kamen in ein Gespräch.

Irgendwann fragte er in seiner ruhigen Direktheit wieder: „Was war das wichtigste Erlebnis, dort für dich?"

Ohne zu zögern antwortete ich: „Das Grün!"

Er runzelte die Stirne und sagte: „Wie das Grün?"

Ich sagte: „Ich war hier schon oft im Wald und konnte ihn auch genießen."

Er fiel mir humorvoll ins Wort: „Der Deutsche und sein Wald!"

Ich fuhr fort: „Doch dort drüben im Urwald hatte ich zum ersten Mal ein veränderndes Erlebnis mit der grünen Farbe. Mit den vielen grünen Farben. Es ist schwer zu erklären."

Er lachte: „Drüben im Urwald, lustig, das klingt, als sei er hier um die Ecke."

Ich bestätigte: „Ja, ich glaube, das wird mir für immer bleiben. Irgendwie bin ich auch jetzt noch sehr mit meiner Seele dort. Trotzdem kommt es mir so vor, als ob ich zum ersten Mal richtig hier ankomme."

Er sagte: „Gratuliere! Hast auch die Sonne in der Stimme, Kleiner, nicht wie die anderen Leute hier, mit ihren trüben Regenwetterstimmen. Und das kam dir durch das Grün, sagst du?"

Ich sagte: „Ja!" und es folgte eine vielsagende Stille.

Er murmelte: „Verstehe, ein Wunder, hmm?"

Er schwieg einen Moment. Dann fragte er mit neuerlicher Entschiedenheit: „Kannst du mir einen Gefallen tun?"

Wieder hatte er einen Ton in seiner Stimme, der mich neugierig machte. Ich nickte, als ob wir schon in einem vertrauten Gespräch und unter vier Augen wären. Dann fiel mir ein, dass er mein Nicken ja nicht sehen konnte.

Doch er fuhr schon fort: „Ich bin blind, schon immer, kann keine Farben sehen, fast gar nichts. Aber bitte, versuche mir einmal zu erzählen, wie das ist, mit der grünen Farbe!"

Jetzt erst schaute ich ihn richtig an und bekam ein Gefühl für seine völlig andere Art im Leben zu stehen. Wie oberflächlich ich ihm erst begegnet war. Aber da er nun diese Bitte ausgesprochen hatte, konnte ich tiefer gehen. Ich atmete ein paar mal tief, schloss die Augen und tauchte wieder ein, ins Blättermeer. Es zog mich wieder herein, zum Rauschen der Wasserfälle, dem Licht das dort so schön durch die Blätter des Waldes und auf meine Haut gedrungen war. Ich hörte sie wieder, die Tiere und Geräusche von dort und ließ die Wandelkräfte des Urwaldes aus meiner verbundenen Seele auftauchen. Ich ließ die aufsteigenden Bilder, Gefühle, Gerüche und Klänge sprachen mir aus dem Herz: „Grün ... ist unaufdringlich, sanft.

Fast alle Pflanzen haben diese Farbe.
Es gibt sie in vielen unterschiedlichen Farbtönen,
je nach Pflanze, Jahreszeit oder Tageslicht.

Der Regen lässt es zur vollen Geltung anschwellen.
Die vielen grünen Blätter der Pflanzen sind wie eine sanfte Waschung.

Grün ist wie ein frischer Atemzug,
der von vorne über deine Brust ins Herz
und durch alle Kanäle deines Körpers
und weiter in alle Winkel deines Seins hereinweht,

frisch und leicht.

Da kommt Leben und Liebe und Freude mit,
auf den Wellen dieser Farbe.

Es gibt sie in so vielen Variationen wie die Töne.
Eine ganze Symphonie von Möglichkeiten sind sie zusammen.

Es ist Nahrung durch und durch, beatmet jede Zelle.
Keine wird ausgelassen.

Grün ist die Mitte zwischen Natur und Geist.
Es ist auch die Mitte der Farben,
von der aus man zu allen anderen Farbtönen gelangt.

Es ist wie der Hauptbahnhof hier, den du dir als Ort zum
Sitzen ausgesucht hast, von dem du alle anderen bunten
Orte der Welt erreichen kannst.

Es trägt dich immer weiter, lässt dich nie ermüden,
lässt dich aber auch ganz in Ruhe, wenn du sie suchst.

Es ist wie ein Blatt in einem dicken Buch,
mit so vielen Seiten,
wie alle Bäume der Welt Blätter haben,
vielsagend für den der es liest
und schweigend für den, der es nicht tut.
Es ist so geduldig wie eine Mutter,
die sich auf ihr Kind freut, ganz still.

Und das Rauschen der Bäume,

das kann dir viel erzählen, vom Grün der Welt.
So wie das Rauschen an jedem Ort ein wenig anders ist,
so ist das Grün auch anders.

Und doch ist es immer eines - ganz, rund und geformt.

Es hat Richtung und ist doch nie hart dabei.
Wie ein Lied Rhythmus hat, und Reim und Melodie,
so ist es, organisch, strukturiert, das Leben selbst.

Es ist wie ein Duft, so dezent und zurückhaltend,
ähnlich wie das Wasser.

Es ist Lebenssaft, der durch die Augen ins Blut einzieht.

Es ist ein Anfang, voller sanfter Spannung
und Erwartung auf das Wachsen.

Es ist die Brücke zum Licht, zur Sonne,
ein Kraftwerk, so stark wie die Welt.

Nur Musik und Gedanken sind noch so ähnlich,
ohne dass man etwas sehen muss.

Manche Gedanken leuchten auch durch die Seele, wie das
Grün und beatmen mit Lebensmut immer neues Tun.

Hast du es nicht mehr, ist es wie eine Begegnung ohne
Worte, arm und macht sofort verspannte Schultern."

Nach diesem Erguss von lebendiger Erinnerungspoesie,
tauchte ich aus der Farbenwelt wieder heraus zur Realität

der Dinge und endete: „Wegen all dem, was ich dir jetzt erzählt habe, finde ich den landläufigen Spruch: ´Grün ist die Hoffnung´ recht passend.“

Der Ruf

Während meiner Erzählung hatte der blinde Mann in so tiefer Stille zugehört, dass es mich stark in die Erzählung gesogen hatte. Am Anfang wusste ich gar nicht, wie ich es ihm mitteilen könnte. Sein Sog hatte geholfen, die Erinnerung aufleben zu lassen. Er hatte den Kopf die ganze Zeit über gehoben, als ob er zum Himmel aufschaute. Seine nebligen Augen waren heller geworden und schwammen in meinen Worten und seinen inneren Erlebnissen.

Jetzt war ich der Lauschende und wartete, wie er reagierte. Er begann sich zu regen, lächelte und strahlte. Dann sagte er: „Herrlich! Junge, du bist ein Poet! Lass das nur viele Leute hören! Ich habe es noch niemandem erzählt, aber ich habe auch ein Schauen. Nur nicht mit den Augen. Auch ich habe Reisen gemacht, wie du, aber in mir drinnen. Mein Geist reist in meinem Körper, wie in Länder. Brauche kein Visum, hahaha. Dort hatte ich Erlebnisse, die so sind, wie du es beschrieben hast. Daher weiß ich auch, dass alles was du mir erzählt hast, wahr ist. Ich sage dir von mir dazu: Grün ist auch die Wahrheit.“

Ich rief: „Stimmt, die Wahrheit kann alle Farben haben!"

Er sprach weiter erhobenen Hauptes: „Ich danke dir für deine Erzählung. Nun konnte durch dich zu einem Geheimnis, das in mir schlummerte, zum ersten mal einen Begriff bekommen. Kein Mensch kann alleine Leben, ohne so eine Mitteilung seiner Wahrheiten.

Das Grün ist von nun auch Teil meiner Welt, wir haben es geteilt, vergrößert. Und ich kann es jetzt sicher mit den

„Äuglingen" ansprechen. Du hast mir diese Verbindung geschenkt, die sonst nur Sehende haben. Für mich war da eine schwarze Wand, solange ich Farben nicht beschreiben konnte. Die hast du gerade für mich eingerissen. Und ich ahne, dass du anderen Menschen, mit deiner Erzählung vom Grün ein Riesengeschenk machen könntest. Und dass du vor allem den blinden Sehenden damit helfen könntest. Denen die Augen haben, aber nicht mehr in die Tiefen ihrer Seele tauchen. Wie sie in die Tiefen des Grüns eintauchen können, kannst du zeigen. Sie können die Brille der Abstumpfung, die sie über ihre offenen Augen gesetzt haben, ablegen. Du bist der Botschafter der Farben und solltest möglichst vielen Menschen von deinen Erlebnissen erzählen. Du wirst ihre Welt vergrößern helfen und mit Farben beschenken.

Und auch dir selbst könntest du damit helfen. Die Seele lebt im Licht, immerhin das weiß ich sehr gut. Die Welten, die wir erleben, wollen verbunden werden, durch lebendige Erzählungen. Wenige Menschen machen sich die Mühe, von ihren Erlebnissen zu erzählen. Und wenn einer dann so in der Sprache lebt wie du, dann leuchtet Bewusstsein daraus. Das Leben geht auf und hilft menschlicher zu werden. Jeder hat etwas, das wert ist, zu erzählen. Doch nicht jeder hat die Seele so fein mit der Sprache verschmolzen wie du. Also tu es, bitte. Teile es mit. Erzähle und Schreibe!"

Er war der erste, der mich auf die Idee brachte, dass meine Odyssee nicht nur für mich alleine gut gewesen sein könnte. Wieviele Menschen gab es, die aus verschiedenen Gründen nicht auf eine Reise gehen konnten? Die nicht den Mut, die Kraft, oder die Freiheit empfanden, ihre Träume zu leben? Meiner hatte sich verwandelt. Was konnte ich nun real in der Gesellschaft daraus werden lassen?

7. Konzentrationsstufe des Daseins:
Tonstufe: TI - Farbe: Violett, Weiss, Gold
Element: Seele, Energie, Licht
Sinn: Erkenntnis, innere Schau
Eigenschaften: Empathie, Richtung, Quelle, Licht
Körperzone: Nervensystem, Schädeldecke

Selbsterziehung

Langsam war die Zeit reif, für einen neuen Kulturimpuls. Ich wollte nach inzwischen langer Zeit unverwurzelten Lebens nicht mehr nomadisch leben, sondern etwas aufbauen und wieder sesshaft werden.

„Auf in die Gesellschaft!", dachte ich, „Jede Pflanze muss wurzeln, um zu wachsen. Nur so kann sie in Verbindung stehen, zwischen Himmel und Erde."

Bei einem Besuch der Stadt Freiburg fiel mir eine weich nährende und dämpfende Kraft auf, die vom Schwarzwald bis in die Stadt wogte. Sogar an den Straßenkreuzungen konnte ich sie noch wahrnehmen, wie sie den Lärm der Autos dämpfte und Lebendigkeit trug. Diese Auffassung nahm ich als Wink. In dieser Atmosphäre wollte ich mich der Zivilisation wieder eingewöhnen und bezog hier mein neues Zuhause.

Auf einem Bergrücken des Schauinslands, konnte ich einen Altenteil eines Bauernhofs mieten. In der Küche hatte ich Quellwasseranschluss. Hier war die Natur noch nah. Auch ein Bach floss unweit, ich konnte ihn plätschern hören. In der warmen Jahreszeit ging ich fast täglich zu ihm hinunter, um zu baden.

Meinen übersprudelnden Kräften folgend, begann ich immer länger werdende Wanderungen im Schwarzwald, die bald in ein Marathon-Training mündeten. Einen Radius von

zwanzig Kilometern in dieser schönen Landschaft auf eigenen Beinen zurücklegen zu können, gab mir in diesen Monaten ein Gefühl von Freiheit.

Die Wohnung war zwar klein, doch hatte sie einen großen
Freisitz. Damit konnte ich meinem Wunsch nach Gesellig-
keit folgen und veranstaltete kleine Rohköstlertreffen und
Wanderungen mit Bekannten. Allmählich konnte ich mich
an die vielen unnatürlichen Gegebenheiten der Stadt und
der Zivilisation gewöhnen.

Eines Morgens erwachte ich mit einem besonderen Gefühl.
Ich war stinksauer, auf mich selbst und dachte laut: "Jetzt
reist du jahrelang durch die Weltgeschichte, bis ans Ende
der Welt und wieder zurück, musst dir von der Mutter deiner Tochter anhören, dass du unverantwortlich bist, weil du
in der Zeit kein Geld ablieferst. Dann erlebst du ach so Tief-
greifendes, bildest dir eine Menge darauf ein und philoso-
phierst darüber auch noch. Und jetzt, was hast du davon?
Nichts! Du verdammter Versager!!"

In diesem Ernst und Ton hatte ich meine innere Stimme
noch nie vernommen. Ich ging spazieren und ging zu der
Bank, die am Rand des Ortes auf einer Bergkuppe stand.
Von dort konnte ich auf Freiburg hinuntersehen. Der Platz
vermittelte Überblick und Klarheit. Es war Winter. Ich
konnte dort unten den Nebel sehen und hier oben war die
Sonne. Ich mochte den Platz sehr. Als ich dort ankam, meldete sich meine Stimme wieder: „So! Jetzt setzt du dich hier
hin und stehst erst wieder auf, wenn du endlich beschlossen
hast, wie es für dich weitergeht. Los!"

Ich gehorchte dieser neuen, unendlich strengen und liebevollen Autorität in mir. Und irgendwie war es mir an diesem
Morgen erstmals möglich, alle säuselnden Gefühlsanhaftun-

gen und sonstigen Vorstellungen weit wegzuschieben. So gelang es mir, klar und kühl überschauende Gedanken zu fassen, die meinen Lebensweg betrafen. Ordentlich planend ging mein Geist durch alle Themen, die in der Vergangenheit aufgekommen waren und bleibenden Gehalt hatten. Die Musik, die Bewegung, die Arbeit mit Menschen, das Wissenschaftliche, das Natürliche und Gesundheitsorientierte sollten bleiben. Dann sollte das Neue in klarem Begriff gefasst werden. In den letzten Jahren hatte ich so viele spirituelle Erlebnisse, dass dies als neuer Zug ein fester Bestandteil meines Lebens werden musste. Aber gründlich und gut geschult sollte er sein.

„Ich brauche einen guten spirituellen Lehrer", dachte ich, noch nicht genau wissend, wer das sein könnte.

Die antipathische Geste meiner inneren Führung war eine gute neue Errungenschaft. Hier half sie mir erstmals weiter. Zuletzt forderte die strenge Geistesstimme, dass alle gesammelten Gedanken und Begriffe in ein Berufsbild münden sollten. Zu all diesen Attributen fiel mir zuerst das Berufsbild des Pfarrers ein. Doch Pfarrer zu werden schied für mich aus, da ich meine Entdeckungen als Naturspiritualität wahrnahm und deshalb eine freie Geisteslehre, ohne kirchliche Organisation, vorziehen musste. Ich folgte weiter der inneren Aufforderung, in der Vergangenheit nach Anhaltspunkte zu suchen, wo sich im Leben das Richtige schon einmal gezeigt hatte. Dann wurde es klarer.

Einmal hatte wundersamerweise ein außergewöhnlicher Angestellter des Arbeitsamtes gefragt, was ich eigentlich alles gerne machen würde. Als dieser meine etwas längere Liste betrachtet hatte, sagte er: „Das alles können Sie nur als Waldorflehrer verwirklichen!"

Dieser kleine Satz gewann jetzt, Jahre später, große Bedeutung und ich ging dieser Empfehlung nach. Den Tag eines neuen Lebensentschlusses vergisst man nicht. Es ist wie ein Donnerschlag, durch den vieles wieder neu zusammengefügt wird. Von der Bank meiner Klausur, mit der schönen Aussicht über Freiburg und das Rheintal, erhob ich mich nun wieder und ging das Neue an. Die Spur war in Gedanken gelegt. So konnte der nächste Schritt noch am selben Tag gelingen, dem Entschluss auf dem Fuß.

Nach einer Schulhospitation bei einem netten Musiklehrer einer Freien Waldorfschule in Freiburg, war ich sicher, daß mir dieses Berufsbild passte. Also machte mich an ein neues Studium, die Waldorfpädagogik. Alles Nötige dafür fügte sich. Damit betrat ich einen gänzlich neuen Menschenkreis, den der Anthroposophen, in Stuttgart. Bewusst wollte ich dabei europäisches Kulturgut aufnehmen. Ich dachte an die Volkslieder der Länder und die Musik Beethovens und Tschaikowskys.

In anthroposophischer Vermittlung von Naturkunde lag ein hermetischer Natur-Erkenntnis-Weg vor. Darin fanden Wissenschaft und Geisteswissenschaft zusammen. Geistesgrößen unseres Kulturkreises waren auch mit Goethe und Schiller oft anwesend. Das lernende Wachsen hatte mich wieder und tat gut. Diesmal fand es in der Gesellschaft statt. So sah ich die tiefgreifenden Erlebnisse der letzten Jahre nicht als Abweg, sondern als selbstergriffene Initiation, die in gefassten Lehren in Europa weiterführten.

Rudolf Steiner war es gelungen, Naturwissenschaft, christlichen Urgrund und Naturreligionen in würdigen Zusammenhang zu stellen und behauptete, dass die Naturreligion später einen wichtigen Einfluss nehmen würde, wenn sich eine universelle spirituell-wissenschaftliche Lehre ausprägen würde. Dann würden sich auch die Weltreligionen in etwas Neues vereinen können, hieß es.

Das wäre das Ende kriegerischer Auseinandersetzungen im Namen von Religionen.

Auch die Ernährungslehre hatte ihren Platz. Die auf Zaratustra zurückgehende Getreideernährung war hier eine Neuenteckung für mich. Doch auch die Rohkost war besprochen.

Eine Reihe von Wissenschaftlern und Geisteswissenschaftlern hatten gründliche Vorarbeit geleistet, um diesen Kulturkreis wirklich weiterzubringen. Das machte mir wirklich Hoffnung. Manche dieser Forscher formulierten Menschheitsziele, die ich teilen konnte. Es gab mir Boden, um einen neuen Weg zu nehmen.

Selbstverständlich war in diesem neuen Gebiet neben seinem Licht auch Schatten zu finden. Selbst in diesen Kreisen gab es Probleme.

Wie konnte sich bei höherem Bewusstsein der Beteiligten eine gute Zusammenarbeit erhalten? Das Soziale war eine Herausforderung. Bald bemerkte ich, dass sich nicht alle grün waren. Auch hier menschelte es. Na und?

In der Entwicklung einer neuen Natürlichkeit lag für mich die Antwort, sowohl als menschliche Grundhaltung, aber auch als vermittelbare Lehre für die Zukunft.

Nach meinen transformierenden Erlebnissen hatte ich vor allem die Frage, wie unser Sehsinn mit dem Herzen in Verbindung stand.

Wie gerufen kam eine aufschlussreiche Lehre im Studium. Zu dieser Zeit lehrte uns noch der altehrwürdige Naturwissenschaftler und Anthroposoph Ernst-Michael Kranich. In seinen Vorlesungen über Biologie und Menschenkunde erfuhr ich Wichtiges über das menschliche Herz. Er hatte einen wunderbaren Stil zu lehren. Während er leidenschaftlich in das Thema eintauchte, schaute er uns mit gütigem Blick aufmerksam an. Mit Fragen bezog er uns Studenten in die Denk- und Erkenntnisprozesse mit ein.

Er erzählte: „Das Herz ist keine Pumpe, wie die Schulwissenschaft behauptet. Das Blut zirkuliert im menschlichen Fötus schon lange, bevor sich das Herz bildet. Zuerst ist da Bewegung. Diese sedimentiert sich langsam aus ihren Strömungsformen zur Herzform.

Lassen Sie sich das bitte einmal auf der Zunge zergehen. Wir haben hier das Urbild eines Schöpfungsvorganges, zum Leiblichen hin. Eine Bewegungsform verdichtet sich zu Körpergewebe. Das Herz ist also nicht Verursacher der Blutbewegung, sondern Resultat.

Und meine Damen und Herren, ich frage sie, wird denn hier Materie aus Materie? Nein, da ist erst ein Konzept in einer anderen Daseinsform da. Und daran lagern sich in der Folge Stoffe.

Dass da Bewegung ist, wird niemand bestreiten. Aber hier ist noch viel mehr zu entdecken. Welche Formen da strömen, das ist plötzlich ein wichtiger Hinblick. Lassen sie uns einmal Formen malen, die das Blut auf seinem Weg durch die Herzkammern macht. Sie erinnert uns entfernt an …

Und schauen sie, die Bewegungen werden zum Träger von etwas anderem. Die schnellste Bewegung in unserem System macht das Licht. Denken sie bitte, was das bedeutet.

Und Rhythmus haben wir da auch, denn es wird beschleunigt, dann wieder gebremst. Hin und her geht das Leben. Form wird gebildet und zerstört, chaotisiert. Da geht dann also Licht hinein.

Wenn ein Mensch herzkrank ist, sind die Formen nicht in Ordnung. Die Dinge leuchten ihm nicht richtig ein.

Und dann schauen sie einmal, wie eng Herzschlag und Atmung miteinander verbunden sind. Atmen sie schneller, geht das Herz mit. Haben sie Herzschmerz, beeinflusst es ihre Atmung. Auch die Lungen atmen nicht nur Luft.

Die Blätter der Pflanzen wachsen in den lichten und luftigen Raum hinein. Ihr Wachtum ist Rhythmus, wie Lungenatmung.

Und so wie das Herz nicht nur irgendeinen Saft transportiert, geht bei der Lunge noch etwas Weiteres mit. Wer kann sich schon denken, was das ist? ...

Wenn ein Kind geboren wird atmet es erstmals selber. Es wird erstmals in seinem Selbstsein aktiver Teilnehmer und Gestalter auf der Erde. Davor im Mutterbauch lebte es auch schon menschliches Leben, aber noch unirdisch. Mit der Geburt wird vieles anders, in seiner Form. Auch das Nervensystem geht plötzlich anders.

Der Mensch ist ungeheuer komplex. Hier hängt alles miteinander zusammen. Und so weiter, und so fort, wir sind ein ganzes Universum, als Mensch, ein Wunderwerk. Was im Großen vor sich geht, wird im Kleinen wiedergefunden. Wir müssen nur lernen, es zu denken, es wahrzunehmen und zu erkennen!

Lernen Sie, liebe junge Leute! Es hängt die Welt davon ab, dass sie diese ganzen Prozesse erkennen lernen!"

Die Ausführungen wurden mit der Zeit noch deutlicher. Nach der Begegnung mit Kranich und weiteren war mir klar, dass ich angekommen war. An dem Ort, wo ich in einer Kulturströmung unserer Gesellschaft eine Lehre lernen konnte, die mir all die rätselhaften Erlebnisse der letzten Jahre erklärte. Die brennenden inneren Fragen waren aufgegriffen. Denn sie sahen den Menschen ganzheitlich, wohin mein Sehnen gerichtet war. Die Suche war zu Ende und hatte sich gelohnt.

In meiner Mitte stand und blieb er, der grüne Hain, der sich in der Urwaldzeit aufgetan hatte. Durch mein Herz blieb ich in einer spürbaren Verbindung. Die Brücke zu dieser Oase überschritt ich mölichst täglich.

Der Transformationsort Urwald wurde nun durch die Natur Südwestdeutschlands ersetzt. Ruhig und lebendig schlug der Puls darin, des Lebens, mein Puls, mein Herz und das der Natur zusammen. Die Landschaft lag immer da, still und wartete. Ich musste nur hineingehen, barfuss, oder mit dem Gefühl, in Gedanken, allein und mit anderen.

Auch äußerlich fand sich ein Garten. In ein paar Jahren schweißtreibender Arbeit und biologischer Gestaltung von mir und anderen, wurde der „Lebensgarten" Treffpunkt von Menschen und Initiativen. Und ich versuchte zu erklären, dass eine Wende für die Gesellschaft davon abhing, mit sich und der Natur in ein lebendigeres Verhältnis zu kommen.

Grüne Politik war zwar seit den 80ern in der Öffentlichkeit angekommen. Doch die Umsetzung in Kultur, die innen und außen in gleichberechtigte Verbindung brachte, stand noch aus. Vor allem positive Formen fehlten noch.

Der Gesellschafts-Dschungel meines neuen Lebensabschnitts, hier in Deutschland, in der Schulwelt, in der Lebensschule, barg noch mehr Abenteuer. Aber das ist eine weitere Geschichte, einer neuen Farbe gewidmet … !

Danksagung

Hier möchte ich noch allen danken, die besonders zur Entstehung dieses Buches beigetragen haben.

Allen voran danke ich meiner Mutter, dass sie jedes meiner Projekte, sei es noch so verwegen, moralisch unterstützte.

Mein alter Freund Heiner Gutbrod machte mir ein Riesengeschenk, indem er mir vor über 30 Jahren das Schreiben nahelegte.

Meine liebe Tochter Rebecca sagte eines Tages, genau im richtigen Ton: „Nun schreib endlich dein Buch!"

Ich hatte ihr von meinen kleineren Wandergeschichten vorgelesen. Beiläufige Zurufe von Kindern, das hatte ich in den Jahren als Lehrer gelernt, sind ernst zu nehmen, denn sie tragen meist hohe Keimkräfte in sich. Auch wenn die Äußerungen der Kinder leicht und beiläufig klingen.

Gabriela Beutler machte beim Anhören der ersten Buchentwürfe so „große Ohren", dass daraus ein weiterer Raum für das Projekt entstand.

Sophia Gerhold ergriff viele Möglichkeiten, meine künstlerische Arbeit, wie auch dieses Buch zu fördern. Vor allem durch ihr tiefes Interesse und Korrektorat.

Natalia Nicola lektorierte einen Teil des Buches in herzlicher Begeisterung für eine moderne romantische Sprache.

Lieben Dank auch an meine Schwester Georgette, die mich bei allem Administrativen begleitete.

Zuletzt einen herzlichen Dank an alle Leser und Zuhörer, die diese Sätze in Leben wandeln.

Zum Autor

Sascha Denzer wurde 1971 als zweites Kind einer Krankenschwester und eines Industriekaufmanns in Germersheim am Rhein geboren und besuchte das ernährungswissenschaftliche Gymnasium.

Seine berufliche Laufbahn begann er als Musiker in Latin- und Jazzformationen (Conga und Schlagzeug) und gewann u.a. den Sigmaringer Jazzpreis mit dem Klaviertrio „Luna".

Als seine erste Tochter geboren 1990 wurde, schrieb er bereits erste Texte.

Er studierte Musik in Würzburg und begab sich knapp vier Jahre auf Weltreise, wobei ein Großteil der Erlebnisse gemacht wurden, die diesem Buch zugrunde liegen.

Es folgte das Studium der Waldorfpädagogik in Stuttgart, Ausbildung in Erlebnispädagogik und die Leitung von Kinderlagern und Musicals.

13 Jahre verfolgte er seine Lehrtätigkeit an Musik- und Freien Waldorfschulen, sowie Leitung phantastischer und musischer Ferienlager (zB. Atlantis, West Side Story).

Parallel gab er Seminare, setzte sein künstlerisches Schaffen fort und nahm die Schule der Stimmenthüllung auf.

2008-09 lebte er in einer Berghütte im Südschwarzwald. Darauf folgte in den Jahren 2009-15 bildnerisches Schaffen.

2011-14 Veranstaltung von Künstlertreffen und Entwicklung von Performances mit Musik, Text, Choreografie und Licht. Aufbau des „Lebensgartens" für Menschen in Lebensübergängen und diverse Veranstaltungen dort.

Seit 2012 verstärkte Schreibtätigkeit. Teilnahme an den „Tagen neuer Dichtung" in Freiburg. Kursleitung von „Lebendig Schreiben" und Lesungen auf Poetenbühnen.

1100km Wanderschaft auf dem Jakobsweg riefen ihn auf, ein Konzept zur Natur- und Wanderbegleitung zu entwickeln. Übung der Sinne, Biografie, Menschenkunde, Kunst, Naturwissenschaft, Geomantie und Geisteswissenschaft komponierte er zum „Odilienseminar".

2015 erste Veröffentlichung von „Menschliche Aspekte in Mediation",

2016 „Lichtgeschichten" (Kurzgeschichten, Gedichte, Bilder),

2017 „Das grüne Herz",

2018 wird „Das grüne Herz" als Hörbuch erscheinen.

In wichtigen persönlichen Fällen, oder bei Interesse an Seminar und Vortrag ist Kontaktaufnahme per Mail möglich: sascha-supernatural@gmx.de

"Das grüne Herz" veranstaltet:

Odilien-

Seminar und Wanderung

19.–25.5.(Pfingsten) oder 26.7.–1.8.2018

Für Einzelpersonen und Gruppen:
Der Odilienberg im Elsass, ein spannender Kraftort des
Erdorganismus, berührt heilsam. Seine Natur ist einzigartig.
Die Odilie war im 8. Jhd. Kämpferin des Grales mit spirituellen
Mitteln. Die Äbtissin gründete einen Heilort und spirituellen
Strom, der meist unbemerkt bis heute Seiten der Kultur
berührt. Diese Lehren schlummern heute u.a. in der
Anthroposophie. Wir folgen ihrer Geschichte und ihrem Weg
ins „Dreiland".

Erkenntnis:
Wir entdecken auf spannende Weise die Odilien-Sage und
finden Parallelen in Kulturleben und Biografie. Worin lagen die
Schritte des Grales, so dass Leid zu Stärke werden konnte?

Sinn(e): Übungen in Wahrnehmung und Kunst eröffnen Zugang an Kräften der Natur und des Schöpferischen – eine Quellen zur Lebensgestaltung.

Taten formen die eigene Zukunft. Überwindung von Hindernissen im eigenen Tun ist Schüssel zur Bereicherung des Lebens. Wahrnehmung öffnet das Tor und gemeinsam auf-dem-Weg-sein stärkt nachhaltig.

Tag 1-3, Seminar am Odilienberg, mit Wanderungen und Sinnes-Übungen in Künsten, Natur und Odilienaspekten. Diese 3 Tage sind einzeln buchbar für Teilnehmer, die keine langen Wanderungen schaffen, oder einen engen Terminkalender haben.

Tag 3-7, Wanderung auf dem Jakobsweg/Odilienweg im Elsass südwärts, unter Berücksichtigung der Kondition der Teilnehmer, Rheinüberquerung, Freiburg, Markgräflerland, bis max. Arlesheim.
Erkundung schöner Odilienorte, Vertiefter Kontakt mit Stille, Natur und Übungen.

Fragen und Anmeldung:
Tel: 06207-9248752
mail: sascha-supernatural@gmx.de